奧修禪卡占卜書

以塔羅元素為鑰，貫穿靈性與現實兩層面的終極占卜

天空為限——著

【作者序】

遇見奧修禪卡

我認識奧修，甚至先於占星和塔羅牌，導因是我的第二隻貓咪Armanni，不到一歲就因先天體質而病逝了，那時我瘋狂地閱讀各種有關生死的書，真正打動我的，就是奧修的書。然後我開始大量吸收奧修系統的思想，也開始能夠接受靈性界的概念（在這之前，我覺得這種虛無縹緲的東西跟我是不相干的）；後來再經由朋友的示範接觸到占星學，才終於踏入神祕學之門。

◆奧修，難道只能待在形而上的世界？

研究占星、塔羅牌的初期，我在網路上成立了神祕學論壇，當時算是很熱鬧的一個網站，分享的網友很多，當中也有許多各式牌卡的研究高手，讓那個時候還是神祕學界菜鳥的我眼界大開。那時我研究塔羅牌，還是停留在看書認識牌義的階段，尚未發展出自己的建構系統；而不管是中文書或是號稱經典的翻譯書，甚至是網友好心翻譯給我看的外文資料，也都是著墨在牌義及牌圖象徵上（其實現在情形也一樣），所以對我來說，牌義感覺上好像沒有什麼太大的差別。因此，在選擇自己想鑽研的塔羅牌時，我仍然很膚淺地以牌圖漂亮與否為主。那時，我最喜歡的就是托特塔羅牌及奧修禪卡。

對我來說，奧修禪卡的牌圖真是美到不可思議，但是可以參考的資料卻非常少，因此雖然喜歡（也買回來供著了），但對我這種一向沒什麼靈性的人，禪卡書中那些意境深遠的文字，看著還是覺得深奧得摸不著頭緒；而關於禪卡結構分析或牌義探討，全世界唯一的參考資料，就是創作奧修禪卡的作者那本原作專書——《生命的遊戲》（*The Game of Life*），當中記錄著奧修大師對每張牌的講評。另有一本更厚的奧修禪卡書（也是同一位作者），還是不脫專書中原有的內容，只加了一些奧修大師的話語，基本算是同一本書。這些都不能幫助我深入認識奧修禪卡，而這樣模稜兩可、不上不下的情形，讓我在解牌上很沒有安全感。

嚴格說來，當時網路上並不是沒有人在分享奧修禪卡的解讀心得，也同樣有人在網路或現實生活中，用奧修禪卡為大家解牌，偶爾也會有一些奧修禪卡的研討會、講座或交流會之類的活動，也就是說，使用奧修禪卡的人並不少。然而聽他們的解牌或說明往往讓我更覺困惑，通常就只兜著牌名打轉或加上一些靈性、能量的術語，往往無法切入重點，或是深奧得根本讓我們這種普通人無法聽明白。所以我慢慢就放棄了奧修禪卡，無奈地把禪卡收進櫃子裡，幾乎沒再拿出來看過。

◆奧修，痛失所愛的經驗帶給我的禮物

後來我對托特牌的研究，也從占星符號擴展到牌面上的色彩（托特牌的色彩豐富且精準，與牌義的對應不但完整，還可延伸出更豐富的思維，傳達出人格及情緒面），並透過四大元素的分類及生剋，把抽象的牌義還原成具體而真實的事件原貌。幸運的是，占星符號和色彩學的含意，同時都具備心理面及實際面的詮釋，這讓我一看到牌，就能建構出這組牌結合起來的狀況，落實到物質層面時又代表了什麼。不管是托特牌或奧修禪卡，當時普遍都被認為只能讀出心靈面或情緒面，但我經由托特牌上的精細結構，已經開始抓到我要的塔羅牌邏輯了，只是當時因為經驗中的挫敗，沒能

讓我興起研究奧修禪卡的念頭。

二〇〇七年，我生命中的第一隻貓咪咕姬，在六歲多的時候病逝，那一段時間，我整個人陷入無邊的沉痛中，開始讀起一些與靈性哲學相關的書，也漸漸看懂裡面講的某些狀態是什麼樣的感覺了。直到有一天，我感覺悲痛的情緒又襲上心頭，卻看不下書，只好胡亂翻出久未接觸的奧修禪卡，想看看它有沒有什麼話是要勸我的？

在占卜之前，我還是很想仔細地看著它美麗的牌圖，所以先一張一張拿在手上看，越看我自己越驚奇。或許是因為過去這段時間，塔羅牌的結構已經在我腦子裡生根了，所以我能認出所有相關的細節；或許是因為失去心愛的貓咪，心房開了一個缺口，讓我能更直接地被觸動到，或許……，總之我發現我知道奧修禪卡在說什麼了，每一張禪卡，我都可以認出跟它對應的塔羅牌，而且從一般牌義中，看到禪卡的同一張牌做了什麼詮釋、改變了哪些角度、要表達的地方有哪些異同，我真是不敢相信！一直到今天，我還是認為，這是那次痛失所愛的經驗帶給我的禮物。

◆給你一把梯子，讓你更親近奧修

然後我開始用起了奧修禪卡，不同於托特塔羅牌，這次是禪卡一拿到手上，甚至還沒有走完認識每張牌的過程，我就可以讀牌了；碰到沒印象的牌圖，看著它的元素對應以及與塔羅牌的相關性，還有我個人以前對奧修思想的認知，這張禪卡的含意竟然就能在我腦中鮮活而清楚地顯現，並且可以經由牌面看到實際狀況發生的事件。

在教授、使用奧修禪卡這些年後，我心中的奧修禪卡邏輯結構越來越成熟，但是看到別人討論奧修禪卡時，還是在牌名及表面牌義上打轉，不免嘆惜大家對奧修禪卡「只能用於心靈成長，不能拿來占卜」這樣的誤解。因此，我想把我眼中所看到的奧修禪卡，做一次整體性的描述，也許不是很完備，只希望能提供另一個角度讓喜愛奧修禪卡的朋友重新認識這副牌。

或許站在奧修思想的立場來看，有人會覺得我這樣的詮釋方式太過「頭腦」（指語言、文字等知識性的東西）了。但我說過，奧修大師書中的內容通常針對的對象是他的門徒，或是那些已經到了某種境界的人，攀登到這種層次，頭腦是必須被丟棄的。然而，認識真理之初，還是需要頭腦來當作階梯的，沒有頭腦，連入門都辦不到。我認為，奧修大師是要我們超越頭腦，而不是叫我們沒有大腦。藉由「頭腦」這個梯子我們可以往上爬，爬上去了自然要把梯子丟掉；但是如果沒有梯子，我們永遠只能停留在下層，主動拋棄梯子和從來得不到梯子，這兩者是截然不同的。

目錄

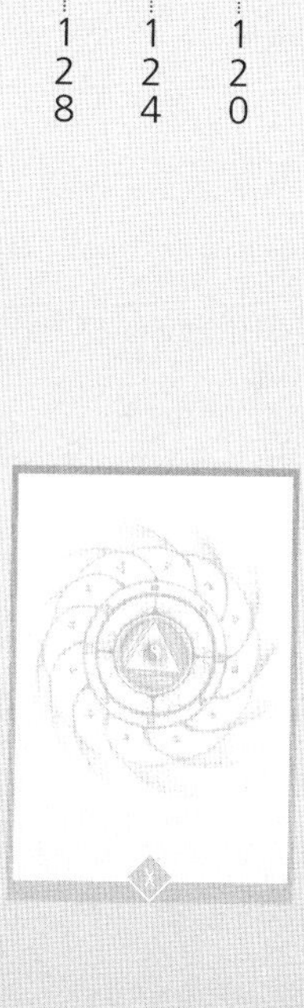

宮廷牌組

王牌

宮廷牌組

后牌

宮廷牌組

騎士牌

宮廷牌組

小兵牌

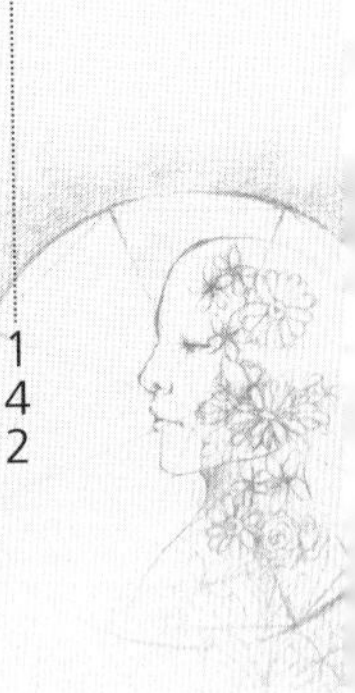

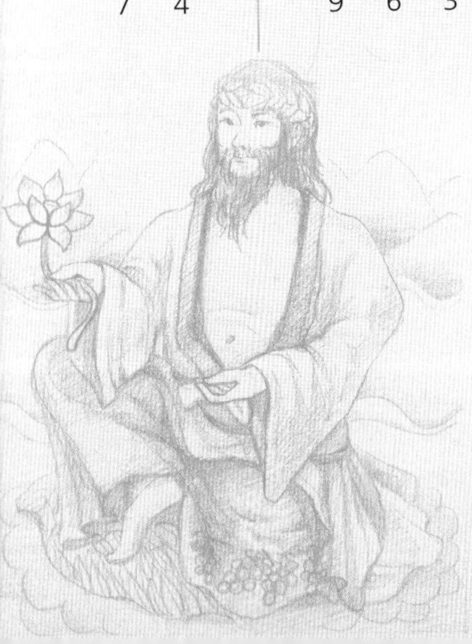

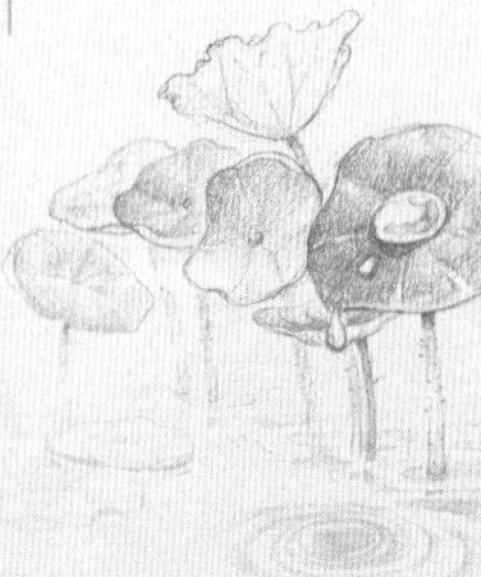

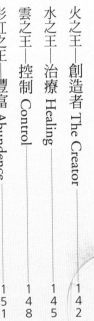

數字牌組 1號牌

數字牌組 2號牌

數字牌組 3號牌

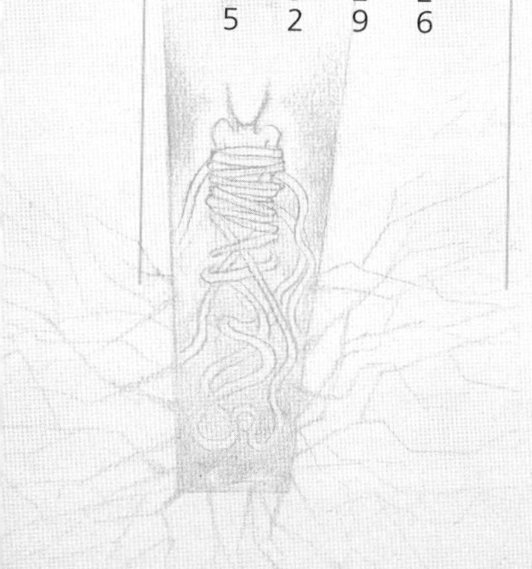

數字牌組 4號牌

數字牌組 5號牌

數字牌組 6號牌

數字牌組 7號牌

數字牌組 8號牌

數字牌組 9號牌

數字牌組 10號牌

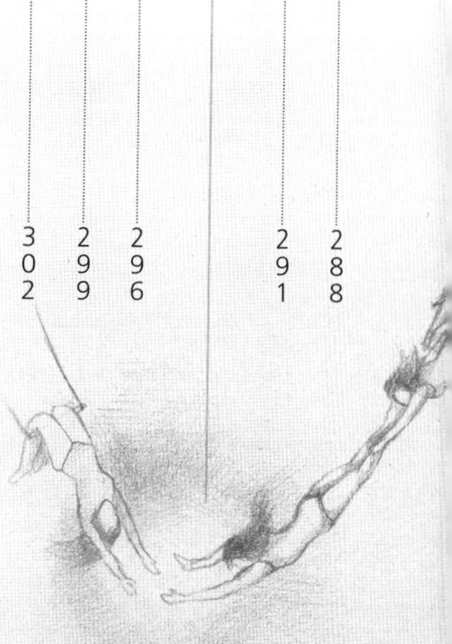

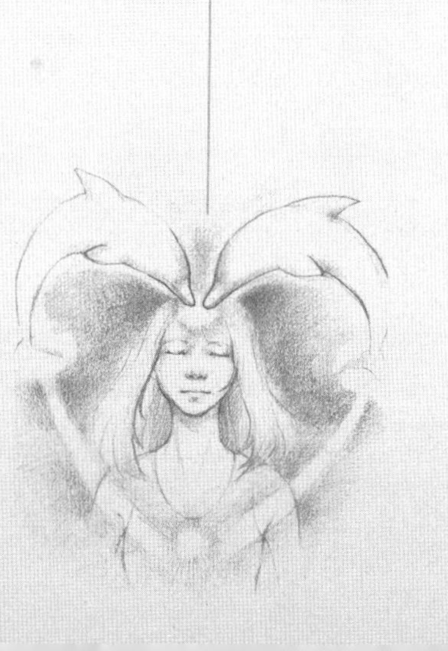

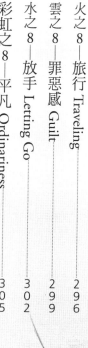

【導讀】

奧修禪卡與塔羅牌的關係

◆以塔羅為鑰，先從塔羅牌看起

奧修禪卡與塔羅牌，是一樣的東西嗎？

這個問題，在我剛接觸塔羅牌，同時也發現奧修禪卡時，也有過同樣的疑問。如果對塔羅牌的結構認知不是很清楚的人，也許會因為某些牌的含意上，塔羅牌和奧修禪卡不同；或是因為大分類的不同，就認定塔羅牌跟奧修禪卡是完全不同的兩種占卜卡。不過，光從名稱來說，「奧修禪卡」的英文Osho Zen Tarot（奧修禪宗塔羅牌），就已開宗明義說出它就是一副塔羅牌了。

但要完全釐清這個問題，我們還是要從源頭的塔羅牌談起。塔羅牌種類有上千副，其中分為以下三大系統（這三大系統的分類法，一開始是由「女巫神算館」網站的魔法版版主超音所提出，謝謝他提供的方式）：

一、馬賽系統

這是最古老的塔羅牌版本，代表牌為「馬賽塔羅牌」（Tarot of Marseilles）及十五世紀義大利發現的「維斯康提塔羅牌」（The Visconti-Sforza）。當時印刷術並未普及，因此塔羅牌跟著吉普賽人流傳到各個歐洲國家，每到一個國家，手繪出來的塔羅牌就會隨著該國的風土民情與造型而有所不同；小祕儀演變成之後的撲克牌，特色是小祕儀並未有故事性圖案，而是像撲克牌一樣，單純以花色和數量做搭配，例如寶劍3就是三把寶劍、聖杯5就是五只聖杯。當然馬賽牌還有其他特點，但本文僅供選牌時的辨識，就不多談。

二、偉特系統

現在世界上銷量最大的塔羅牌是偉特塔羅牌（Waite Tarot），是由原「金色曙光」（The Hermetics Order of the Golden Dawn，維多利亞時代的一個魔法師組織）成員的偉特（A. E. Waite）所設計，一開始推出時是黑白牌卡，因為受歡迎，後來由史密斯女士（Pamela Colman Smith）上色。這副牌的特點是小祕儀的數字牌部分，均以具體的故事形態呈現，讓初學者也可以望圖生義，因此被公認為最適合入門者上手的塔羅牌。因為圖案的表達方式簡明易懂，遵循這種構圖手法的塔羅牌多達數百副，凡是依照偉特塔羅牌的構圖來創作的塔羅牌，現在稱之為「泛偉特塔羅牌」或稱「偉特系統的塔羅牌」，是目前塔羅牌數量最大的一個系統。

三、混合系統

這幾天我搜出網路資料，發現很多人都把第三個系統稱為「托特系統」，這應該是這個分類法公開後輾轉產生的誤傳。「托特塔羅牌」（Thoth Tarot，又稱圖特或透特）只有一副，並不構成一個系統。為了方便解釋，我稱第三個系統為「非主流系統」，也就是不屬於上面兩個系統，而是創作者揉合自己其他方面的神祕學或專業知識，用來表達他個人對塔羅牌義的詮釋。通常「非主流」系統的牌較難理解，資料也不多，所以不易普及。「托特塔羅牌」與「奧修禪卡」算是其中最出名的兩副牌。

非主流系統中的每一副牌，根據、來源及學習方式都不同，比如說「托特塔羅牌」是由克勞力（Aleister Crowley）創作，他的兩個綽號分別是「全世界最邪惡的人」及「二十世紀最偉大的巫師」（有人介紹說托特牌是世界上最古老的牌，這也是誤傳，這副牌才推出幾十年而已），融合了魔法、色彩學、占星學、象徵學及少許易經；而「奧修禪卡」當然就是融合了奧修師父獨特的觀點及思想所創作出來的，所以這副牌也是「混合系統塔羅牌」的一員。

◆禪卡 vs 塔羅

就結構而言，塔羅牌的既定結構是七十八張牌，當中包括二十二張大祕儀（又稱大阿爾克納），以及五十六張小祕儀（又稱小阿爾克納）。其中五十六張小祕儀又分為四組，按塔羅牌的傳統分類法，分為「權杖、寶劍、聖杯、錢幣」四組，這四樣圖騰，其實都只是一種「象徵」——權杖象徵的是權力和衝勁，寶劍象徵世俗智慧演變而成的傷害，聖杯象徵包容和情感，錢幣象徵具體的事物與財富。

「奧修禪卡」的結構與所有塔羅牌一樣，都是由二十二張大祕儀（在禪卡中稱為「主牌」），以及五十六張小祕儀（在禪卡中稱為「副牌」），包括四組花色，每組花色有四張人物牌，加上十張數字牌）所組成。不同的是，這裡加進了一張由奧修大師的照片所代表的「師父牌」，因此總共有七十九張。

在禪卡系統中，塔羅牌的「權杖、寶劍、聖杯、錢幣」四組象徵轉成了「火、水、雲、彩虹」四組花色——權力和能力的本質用火來當象徵，情感用水來當象徵，頭腦（世俗智慧）造成的傷害則用雲來象徵，而我們仰賴的物質世界用彩虹來象徵。

換句話說，這四種本質，奧修禪卡和塔羅牌都一樣具備，只是使用的象徵符號不一樣而已（至於禪卡為什麼用火、水、雲、彩虹來代表這四種本質，在本書中會有詳細說明）；只要跟著書中的解析，弄清楚符號背後指向的意義，就可以很清楚地看到奧修禪卡與塔羅牌之間的同質性。

「奧修禪宗塔羅牌」是以塔羅牌的結構，來詮釋表達奧修的主要思想。目前，不管是中文書或原文書，可以當作奧修禪卡參考書的都只有一本，就是中譯為《生命的遊戲》（*The Game of Life*）這本書（另，中文版《奧修禪卡》隨牌附贈的書，內容就是從《生命的遊戲》中摘錄出來的，所以這兩本應該算是同一本書）；奧修禪卡是由美國籍靜心藝術家，也是資深的奧修門徒帕德瑪（Deva Padma）所創，據說她本人對傳統塔羅牌的構成原理認知並不深，奧修禪卡的牌圖都是指導靈展現給她看的（著名的偉特塔羅牌及托特塔羅牌，同樣也是繪者根據指導靈傳來的訊息畫面而繪製），所以在《生命的遊戲》一書中，並沒有說明奧修禪卡的組成邏輯及基礎的學術依據，書中講的是奧修說過的話，以及她對這張牌的理解，每一張牌的牌義說明都是較為抽象的。

由於《奧修禪卡》是照著《生命的遊戲》書中的解釋，由此領略到每一張牌深層的含意和能量，用來與自己對話，會是非常美好的經驗；但因為語義晦澀深奧，要具體從牌上講出一些物質層面的狀況，就會很不容易。

◆聽說「奧修禪卡」只能拿來觀照自己，不適合拿來占卜用？

很多人一講到靈性就會把它捧入雲端，因此往往認為奧修禪卡是一副靈性的、靜心的牌，所以不能用來解釋物質層面的現象。但我認為，「靈性」距離我們並沒有那麼遠，物質也是「靈性整體」中的一個層次。靈性既然是「身心靈」三個層次中最高的一層，當然應該能涵蓋及解釋所有的層面，如果說「物質」的高度是十樓，那「靈性」的高度就有一百層樓，一幢一百層樓的建築物一定包括了底下的十層樓。

換句話說，指向靈性層面的奧修禪卡，必須能同時看到人心與物質的層面，才能顯示出真正的靈性高度。所以一般塔羅牌可以做的，奧修禪卡當然也能游刃有餘；相反的，透過物質面或具體化的一般塔羅牌，要來看出靈性層面的能量運作模式，就很難辦到了（話說回來，如果占卜師本身的素養夠，不管用什麼牌卡，都可以看到身、心、靈三個層面，重點在人而不在牌卡）。

◆心靈牌陣，奧修禪卡的牌陣只適用在心靈層面？

在《奧修禪卡手冊》中，有許多為奧修禪卡專門設計的牌陣，聲稱是心靈牌陣，很多人認為奧修禪卡只適用這些牌陣。這種觀念顯然狹隘了點，「牌陣」這東西只是為了占卜師方便使用，必要時你自己也可以弄個新牌陣，所以當然一般塔羅牌也可以用《奧修禪卡手冊》中的牌陣，而奧修禪卡也可以套用一般牌陣，只要你知道怎麼使用。甚至連撲克牌占卜、盧恩符文（Runes）占卜，也都可以沿用塔羅牌的牌陣，或禪卡書中的牌陣。

我見過許多只使用奧修禪卡的占卜師，與其說他們認為這副牌比較靈性，不如說是因為使用奧修禪卡這種公認靈性的牌，可以讓他們「利用語焉不詳的靈性言辭來打迷糊仗」。畢竟如果奧修禪卡真的如一般大眾所認定的「無法看到事實物質面的狀況」，那麼占卜師在搞不清楚狀況時就給人建議，不是很危險的一件事嗎？

另外，在我所教授的「托特塔羅牌」也常發生跟奧修禪卡一樣的問題，太多人聲稱它們是副「靈性的牌」，所以認為使用這副牌就可以虛無縹緲，說話說不到重點，凡事以「這是你的人生功課」或「傾聽自己內心的聲音」一語帶過，不然就是拿「活在當下」這種舉世通用的話語來應付客人；但事實上，奧修禪卡和托特牌都有非常精密的結構，其中都蘊含著大量的神祕學符號與事件細節，不懂禪宗思想就妄想靠直覺或牌名來解讀禪卡，結果往往是離真相越來越遠。

讀牌師必須讀懂牌上的細節，才能引導對方「如何活在當下」；也不能只叫人「傾聽內心的聲音」，你必須能掌握牌卡的內涵，才能幫人把他內心的聲音呈現並翻譯出來。這才叫建設性，也才叫指引。占卜師、解牌師不能只叫人「活在當下」，因為你隨便攔個路人都可以告訴你要活在當下，還用得著花錢花時間抽牌解牌嗎？

所以這本書，就是要告訴你，奧修禪卡不是供在案上的靈性指導，除了靈性層面之外，身心兩個層面所展現的豐富性與實用性也不能忽略，身心靈「三位一體」才能讓我們更貼近奧修禪卡深邃豐富、尚未揭露的原貌。

- **火**（比塔羅「權杖」少了許多目的性導向，更強化「自我中心」的部分，將自己的才能及意念發揮到極致）
- **雲**（「雲」等同於頭腦，是遮蔽視線和真理的障礙物，我們的頭腦會對我們形成制約）
- **水**（禪卡的「水」是流動的活水，既洗淨了許多東西，自己也不會卡住任何負面能量，除了情感、愛、慈悲之外，更象徵了一種自由的心靈）
- **彩虹**（禪卡用「彩虹」來代表土元素，意味著物質界的所有一切，都只是一種短暫的「示現」）

× **4個人物** — 王、后、騎士、小兵 → **宮廷牌**（16張牌）

- **火**（代表把自身的光與熱完全散發出去，超脫到全新領域）
- **雲**（代表「知障」——頭腦和知識會設下局限，遮住了我們的視野）
- **水**（代表生命的變化性及無限的可能性，把各種情緒都轉化為愛）
- **彩虹**（代表一場盡興又美麗的演出，就像生命在於過程不在於長短）

× **10個數字** — 1、2、3、4、5、6、7、8、9、10 → **數字牌**（40張牌）

- **權杖**（具有積極向上、唯我獨尊、追求自我的特質，有爆發力無持續力）
- **寶劍**（具有多元化、溝通、彈性、變化性等特質，主動但不積極）
- **聖杯**（具有多愁善感、情緒化、決斷力弱等特質，被動且易感情用事）
- **錢幣**（具有意志力強、重紀律、腳踏實地等特質，耐久但頑固）

× **4個人物** — 國王、皇后、騎士、侍者 → **宮廷牌**（16張牌）

- **權杖**（代表自我意識及勇於冒險的精神）
- **寶劍**（代表文字、語言、訊息等溝通介質）
- **聖杯**（代表人跟人之間的情感互動及互助）
- **錢幣**（代表具體的、與切身利益相關的領域）

× **10個數字** — 1、2、3、4、5、6、7、8、9、10 → **數字牌**（40張牌）

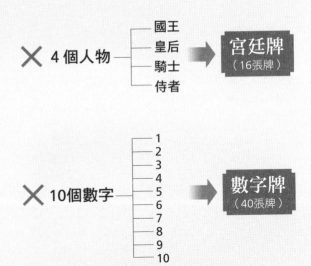

奧修禪卡與塔羅牌的結構比較

奧修禪卡

主牌（23張牌）

→從0號「傻瓜牌」～21號「完成牌」＋師父牌

1.代表一趟自我發現、自我超越的心靈旅程
2.比塔羅牌多了一張奧修的「師父牌」

副牌（56張牌）

幫助你看清自己每一刻的起心動念，以及當下的氛圍

→ 以四大元素為核心，結合人物、數字分別形成兩組牌

- 四大元素
  - 火
  - 風
  - 水
  - 土
- 四大元素
  - 火
  - 風
  - 水
  - 土

塔羅牌

大祕儀（22張牌）

→從0號「愚人牌」到21號「世界牌」

1.又稱大阿爾克納
2.偏重精神與靈魂層次的解讀

小祕儀（56張牌）

1.又稱小阿爾克納
2.偏重實際發生的狀況

→ 以四大元素為核心，結合人物、數字分別形成兩組牌

- 四大元素
  - 火
  - 風
  - 水
  - 土
- 四大元素
  - 火
  - 風
  - 水
  - 土

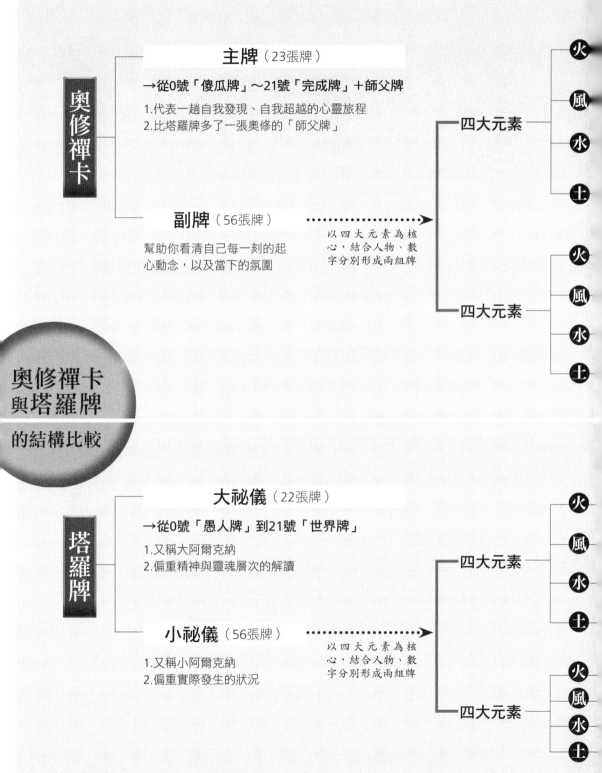

【解牌】

透過奧修禪卡看事業

禪卡問的問題往往比較隱私，所以這個案例是我替自己解的牌。就像一般塔羅牌一樣，牌面意思只是一種引導，它其實會觸動當事人很多的感覺，並幫助你看清楚整件事情中背後隱藏的原因，以及你現在正面臨的狀況。我們對於自己的處境常常有許多誤解，才會有身在福中不知福的人，也才有把吃苦當成吃補的人，透過牌卡，我們就能「鳥瞰」自己的生命藍圖，得到更完整清晰的脈絡。

問題　在事業上，我要怎樣才能發揮最大的能力，得到最大的成就呢？

我這個問題非常世俗：「在我目前的事業上，我總覺得沒能得到真正的發揮空間，雖然已經獲得一些肯定，但我認為比自己預期的還有一段差距。我要怎麼樣才能發揮最大的能力，得到最大的成就呢？」這確實是個名利心很重的問題啊，幸好我的讀者都知道，我本來就是個很世俗的人，所以不會有形象破滅的問題，誤傷了一堆玻璃心（哈哈）。

◆牌陣與解牌

我的占算方式，不拘使用奧修禪卡專屬牌陣或用一般的塔羅牌陣。針對這個問題，我用的是一

抽牌順序與擺放位置

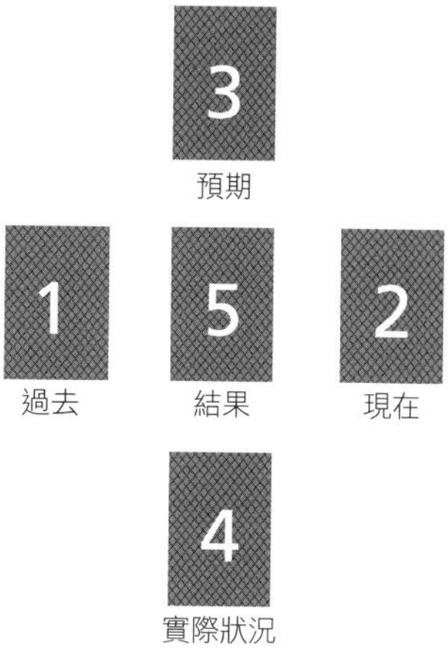

實際抽到的牌

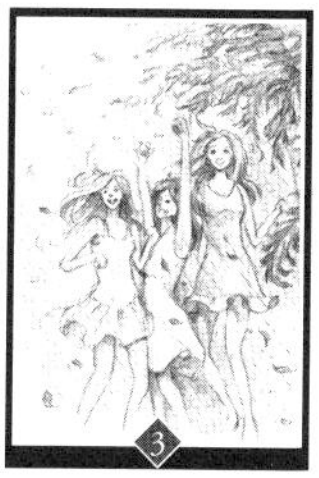

水之3—慶祝

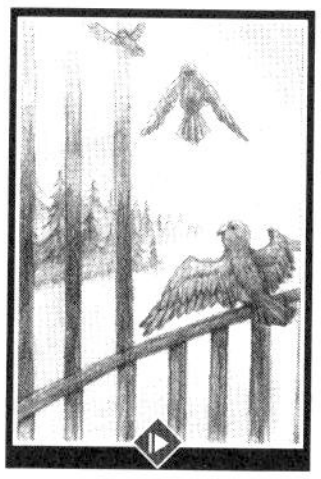

水之小兵—了解

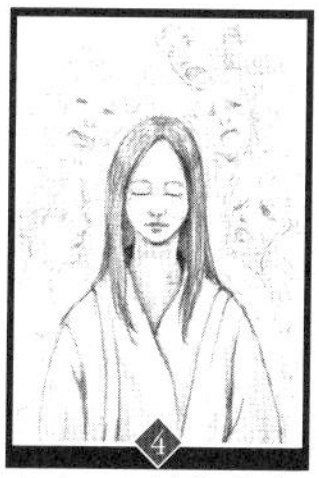

水之4—轉入內在

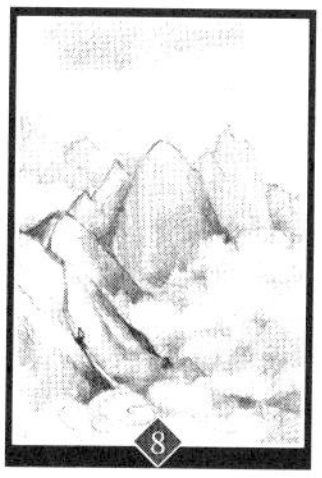

火之8—旅行

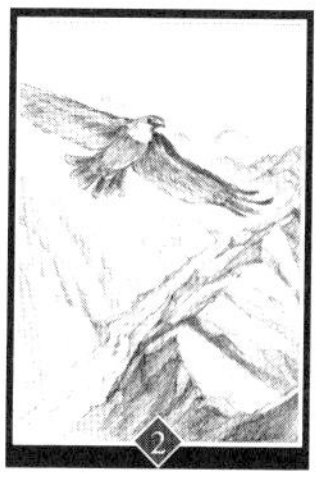

火之2—可能性

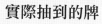

般塔羅牌的「大十字牌陣」。

我抽好牌後，幾個學過奧修禪卡的朋友馬上搖了搖頭，我問他們怎麼了？他們神情嚴肅地說：「有很多飛翔的牌，表示妳要解放自己的束縛和靈性。所以我想妳是某些地方卡住了，成大事的能量才會出不來。」我問他們那要怎麼做？他們說：「這就要看妳自己的體會了。」唉～這就是我不喜歡所謂直覺式解牌法的原因。

很多人非常強調直覺，對於每張牌擺放位置的意義都放到最後才考慮，甚至不考慮。我不反對這樣的解讀方式，因為每種方式都有它可以讀到的意義，但並不能宣稱「奧修禪卡只能使用這種解讀方式」。像這樣的解法，從一個大方向來看，不能說有錯，但是這樣的答案卻可套用到每個人的身上。因為不論是誰，只要進展不順或心中有所糾結，必定是體內某個地方的能量卡住了，這不用抽牌也可以猜得出來。像這樣提不出「具體」的解決方案，不等於有人問你：「我要怎樣才能擺脫貧窮？」你給的答案是：「那就去賺很多錢啊！」這不是廢話嗎？原因在於你無法告訴他，要怎麼賺錢？或是他賺錢的方式、心態、做法上要做什麼樣的調整？如果你無法給出具體的建議，只能說一些當事人自己也知道的事情，那麼這個占卜就沒有太多意義了。

身為當事人，我倒是有被這副牌「點醒」的感覺。

因為從事的是神祕學相關行業，所以對事業滿不滿意，用我們個人的觀點來看，當然也取決於我們對自己的認知有多深、我們的能量可以發揮到多大，以及我們的心中夠不夠清明。

「了解」這張牌出現在「過去」位置，乍看之下讓我有些疑惑，因為這張牌的元素是「水中之風」，代表以往束縛我的一切，我都已經看清楚其實都是假的，也就是我很清楚「外在的環境往往抵不過自己的認知和心念」，就像牌圖中的那隻鳥被關了很久後，發現除非是牠自己願意待在籠子裡，否則這個牢籠根本無法困住牠，一旦領悟後牠就展翅高飛了。而在象徵學中，「鳥」通常代表了「靈魂」。

「了解」居然出現在「過去」的位置？這樣看來，我當下應該不會有這個問題呀！但接著看「現在」位置的「火之8—旅行」，前後兩張牌對照之下，意思就很清楚了。

前面的「水之小兵—了解」，元素是水中之風，完全都是意念上的認知及理解，但光是風和水元素的「認知」，並不能取代真正的「經驗」，經驗這種事跟火土兩個元素比較有關。所以「現在」位置的「火之8—旅行」，就元素上來看，是從「水中之風」進展到火元素，代表我的狀況是從「一種新的感受和認知」，轉變為「實際去體驗的行為」。這就像我們有了一個新的念頭，再怎麼想也只是念頭，唯有透過實踐，才會知道可不可行，才能真正和我們學到的新東西融為一體。這也像「悟道」與「得道」的差別。

至於「旅行」這張牌，重點不在目的地，而在旅行的過程，這一點就指出了：為什麼我一直沒有得到足夠讓我覺得「滿意」的成就？那是因為實踐的過程本身就會改變我自己，改變我的想法和心靈，「旅行」這張牌是沒有目的地的（或者說目的地在於那顆永遠不會到達的太陽），真正的答案不是任何我所渴望的那些外界的名利和肯定可以給我的，當我去實踐自己的理念、做自己該做的事情時，答案自然就會成形。這個目的地不是去「尋找」出來的，而是要靠我們自己「創造」，答案往往就只能在我們自己身上，無法外求。而我還走在「追尋」的旅途當中，我真正需要的，是這趟旅程的經驗和蛻變，而不是要去得到什麼外在的事物。

這兩張牌的前後比對，同時也呼應了：「了解」這張牌表示我們掌握了一個真理的核心，但不透過「旅行」，這個核心就只是一個青澀的概念，永遠不會發展成熟，也不會讓我們產生轉變。

再看到我下一張的「水之3—慶祝」，我自己不禁失笑了。這張牌是水元素，牌圖上是一種純粹的快樂，無懼於肉體經驗的風雨，任何事情都不能減少這三個女人的快樂，代表這張牌是一種全然的自在和放鬆，沒有任何未被滿足的要求。不過這張牌出現的位置是「預期」，預期不代表真正會發生的狀況，而是「我認為接下來應該要發生的事」，代表我想要更多物質的這種心理狀態，不是我想追求名或利，而是我覺得世俗的成就會帶給我一種安全感，抵擋這個世界的無常（「無常」就像牌圖中的風雨一樣，而我認為我一定可以經由所謂的成就來達成這種不受外界影響，可以停留在快樂中的狀態）。進一步解釋，我雖然問的是事業成就，但我心中預期的狀況卻跟成就無關，因為這張「慶祝」不帶有任何建設性，它只代表了一種自身的心境。

第四張牌代表「實際發生的狀況」，這個位置代表另一個角度或觀點，或許跟當事人眼中的狀況不同。在這個位置，抽到的牌是「火之2—可能性」。

很有趣，在過去「位置」出現的鳥兒，到了這裡卻變成一隻老鷹，我們可以比對出「過去」和「現在發生的狀況」的不同點了。

鳥兒代表的是自由自在，老鷹卻代表一種超越和遼闊。過去的「了解」意味著我擺脫了一些過去制約我的束縛，但也只是擺脫而已，靈魂自由了，但並沒有太確切的方向（當然並不見得一定需要方向，只是就我提問的問題而言，方向是需要的），老鷹代表一種高度，看的東西越遠越廣，越不會局限在小小的範圍中，就像老鷹飛得越高，看到的獵物就越多，當然就可以好好挑選，不需要看到任何生物都急急忙忙撲上去。所以這張「可能性」出現在這個位置，代表我先前體會到、經驗到的事情還不是全部，我還有更多的東西要學要看。因此，現在如果有了我要的成就，那等於是結論下得太早了，「可能性」代表我還會再發生其他的變化、發現更新的事物，想要的東西就會和現在不同（現在我想要的是世俗成就，看來以後會改變）。這張牌也往往暗示，在未來等著我們的事物，比我們自己預期的還要好、還要廣大。這張「可能性」，等於在呼應前一張牌「旅行」。

最後一張牌是「結果」，抽到的牌是「水之4—轉入內在」。這張牌不像會發財或拿到什麼國際獎項之類的，哎！不免大失所望啊。但仔細推敲，這張牌跟我估計的狀況也相去不遠了。因為在「預期」的位置，抽到的牌剛好是「水之4—轉入內在」的上一張牌「水之3—慶祝」。表示事情的走向，會比我預期的走得再遠一點或再深入一點。我本來認為我應該可以達到「高高興興過自己的日子，活在自己很滿意的狀況中，不管生活中發生什麼不好的事，都可以保持心情的平衡」，而「轉入內在」代表的是「外在的一切對我都不再重要了，內心領域更深更廣，只要走進內心，就會開始更有價值的探索，對於原來渴望的一切，也不會再那麼在意了」。大家應該可以看出，發展到這一張牌，同樣是重複前面的重點。

所以說，我對世俗成就的需求，很快會被其他東西取代，看完牌心情就放鬆下來了。整副牌的意思等於在說：「妳很清楚名利不可能是任何人最終的目的，所以妳也知道妳只是習慣性的想緊抓住一些東西，當成安全感的來源。但是無妨，等妳走到下一步，自然就會放掉妳現在想要得到的這些東西了。」

這雖然不是告訴我怎麼去賺錢，卻點出了「賺錢」可能不是我真正渴望的東西，我只是對於人世、物質界的無常還有著眷戀及恐懼感，因此想要自我保護而已。等到我知道沒有什麼需要被保護時，名利、安全感也就不再那麼重要了。

【解牌】

透過奧修禪卡看愛情

我挑的這個問題，對每位占卜師來說，一定是客人最常問的前三名問題之一，那就是「我跟前男友會不會復合？」

我在接觸占星跟塔羅牌之前，在網路上寫的是兩性方面的話題，如果單就自己的本能反應，我會勸她對感情不要太執著，努力幫她把注意力拉回自己身上，可能很多占卜師也會這樣做。因為現在兩性觀念都比較正確，大家大概都有這樣的認知，不管男人女人，應該優先關注的都是自己。

但是當了最常需要建議別人的占卜師之後，我反而不會這麼做了。除非重複次數太高（太浪費錢了），我都會盡量讓個案問任何想不開的蠢問題，只要不要逼我占卜一些明顯違反原則的事就好。我覺得這種不甘和不捨，是很正常的分手過程，就算告訴她未來的復合機會不大，而對方還是堅持想問如何復合，我一樣會幫她占卜。因為這種事，她抽到的牌自然會告訴她，我認為不需要讓自己的價值觀介入太多。

問題　我跟前男友會不會復合？

這個心情紊亂的女孩對自己的事沒有說太多，也沒有說分手的原因，也沒有問一些太深入的問題。在我告訴她，雖然不是沒有復合的可能，但牌面顯示，就算復合了，還是很快會再分手，因為

「冰凍三尺非一日之寒」，他們兩人之間有太多微小的問題了。她沉思了一會兒，問我說：「如果我還是想問怎麼做才能復合，妳會不會覺得我太傻？還是妳不願意算這種鬼打牆的問題？」我說：「不會，因為妳不是無止盡的重複，一時想不開是非常正常的，如果我是妳，也會很想知道啊！」我沒說出口的是，讓妳現在心情穩定點沒什麼不好，也許再過一陣子，妳就會後悔花錢買時間問這個問題了（哈～）。

◆牌陣與解牌

針對她的問題，我用的是「時間之流」的牌陣，三個位置分別是「過去」、「現在」、「未來」。「未來」這個位置會顯示出復合方面的困難點，但同時也可以從中看出要突破的方向；而「過去」和「現在」則顯示，現在分手對案主來說有何意義。

如果用一般字面解釋，可能會說：「你們過去會在一起是因為雙方的妥協，現在認清的事實是彼此不太適合，但未來可能還有緣分，只是不

抽牌順序與擺放位置

1	2	3
過去	現在	未來

實際抽到的牌

彩虹之6—妥協

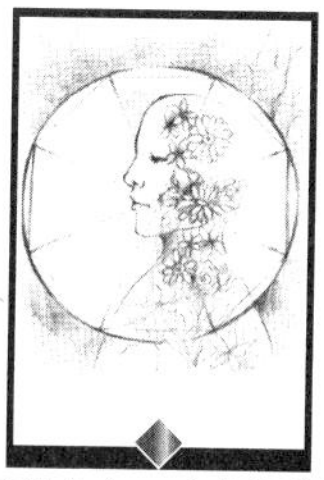
彩虹之么—心智圓熟

主牌：前世

會太愉快。」基本上，這樣解牌也沒錯。但我們都知道，我們對自己的狀況不見得是清醒的，奧修禪卡的「妥協」、「圓熟」也不見得是一般我們常用的解釋，案主聽了之後，可能會認為你在否定她的愛情或悲傷。有時太過堅持我們的解牌，認為問題都出在案主身上，可能會變成一種高高在上的優越感：「我沒耐心用妳的語言告訴妳我看到的事，妳最好自己長點智慧，都是因為妳自己程度太低不理解，不是我的錯。」即便是滿口講愛與光、柔聲細語的占卜師，沒有任何態度不佳的問題，但是與案主溝通的模式也會流露出這樣的心態。像這樣，為案主帶來負面效果的言行，都是占卜師不夠專業。

最好的方法是透過這三張牌更深入解釋，讓案主認清並接受自己目前的情境，良好的改變才會發生。這樣做，遠比我們說一百次「妳要改變想法」，甚至跟她起爭執來得有用。

出現在「過去」位置的「彩虹之6—妥協」，是土元素加數字6，土元素是現實和物質，6是和諧與共存，這樣的組合在塔羅牌「錢幣6」是代表互助的、供給與需求的互動，定義上是互相給予的。但在奧修禪卡中，土元素的彩虹卻沒有一般土元素「占有」的特質，因為不要忘了，禪宗觀點下的物質世界是無法被擁有的，不管是錢財、房子、肉體，都是宇宙中最短暫的存在，擁有這些東西根本沒意義，我們只能去經驗它。所以數字6的互相依存，在奧修禪卡系統中會被視為是一種依賴。而我們的肉體是要拿來經驗這個世間的一切，如果我們為了一些環境或物質的需要而選擇安全感，卻限制了自己去經驗新東西的可能性，這就不符合彩虹的土元素訴求，因此土元素加上數字6，人與人之間的連結一定會削弱個人的獨特性，不然是無法遷就對方的，這就是「磨合」。不磨掉自己的一些特質，兩個人就合不起來，所以這張牌叫做「妥協」。雖然安全、雖然看起來完整，但是卻發展出不完整的兩個人。

我說：「其實你們的問題不但存在已久，而且可以說是一開始就存在的，你們之間看起來問題好像不大，但我認為本質上就是不對盤。可能你們過去在交往中刻意忽略了這一點，或是想試試看。就這張牌來說，這段感情本身就帶有一種妥協或刻意營造的特質。」尤其是，感情牌陣的「過去」和「現在」，卻沒有火也沒有水，可見純感情的因素不強，很有可能兩人交往是為了「對方是我理想中伴侶的樣子」或「對方的條件符合我未來另一半所具備的」，也許兩個人都自認為是愛情，但經過選擇與考量，這種愛情就不是這麼純粹了。退一步來說，如果連事先選擇過的結果都無法走下去，其實就代表雖然條件上看來適合，但本質上還是不對盤的。

不過這些話我沒有跟她明說，她只要知道大方向及「實際事件」是什麼就夠了。這些事，她以後自然會懂，現在的她還在愛與思念的沮喪情緒下，這些觀點會讓她消化不良。

數字6在一般數字學中，代表社會性，也代表一種互相依存。但第二張牌卻是數字1，兩張牌的元素相同，我們可以很單純的視為從6轉變成1，也就是從「一段連結的關係」回復到「一個人自我的本質」。所以「現在」位置出現「彩虹之么—心智圓熟」，代表她只是擺脫了一段會限制她個人發展的關係而已，根本不是壞事。而土元素1號牌，不管是在一般塔羅牌或奧修禪卡中，都代表「本質」，只是奧修禪卡的本質，比一般塔羅牌認為的個人本質，層面更廣更深而已。

我跟她說：「其實你們兩個人從一開始交往，就不是自然而然的，是因為你們都覺得交往這事需要經營，所以互相都犧牲或退讓了一些。你們可能覺得這是為對方付出，不過很明顯的，這種互相遷就反而會造成兩個人都沒辦法做自己，對雙方都沒有好處，現在只是回到你們各自該走的常軌上而已，你們會各自有更好的對象。」她沉思不語，我又換一種更白話的講法：「如果妳要跟這個男人繼續交往下去，有很多妳必須放棄的，那妳就當不成妳自己了。當然這是妳個人的選擇，不過既然現在交往不下去了，表示命運對妳的安排不是要妳去配合這個男人的。」她只淡淡地說：「我們是因為覺得適合才在一起，也就是雙方都對彼此的條件滿意，我們沒有經過朋友的階段。」嗯，那就符合先前「彩虹之6—妥協」的含意了。

但重點在第三張牌，第三張是他們要「如何才能復合」的關鍵牌，我對前兩張牌的設定只是讓我了解狀況，這樣我才知道搭配第三張能給出什麼建議。這張是主牌「前世」，對應的是塔羅牌的「月亮」牌，相同點是兩張牌都帶有一些隱憂，並有情緒上的混亂及狀況不明等意思。不同點是，「前世」還代表著：以往的記憶或經驗會干擾案主當下的感受，也就是她會記住這段感情美好的那個部分，但那種美好雖然的確存在過，卻早已變質了。所以她追求的只是一種幻覺，就算兩人再交往，「前世」牌「無法抹去過往」的特質，顯示出導致他們分手的問題仍然存在，一旦復合，還是會因為同樣的問題而分手。那要怎麼解決呢？

「前世」是水元素牌，這張牌代表和記憶中的人事物無法切割，因為無法擺脫舊有的影響，因此新的模式和力量無法發展出來。要改變「前世」的最好做法，就是「切斷過去的影響力」。所以我跟她說：「如果妳一直想回到過去，你們復合會失敗。現在最好的方法是，承認這段感情終結了，去過妳自己的生活，這時妳才能繼續前進、繼續成長；等妳成長到某個階段，他或許也改變了，你們都變成跟以前不一樣的人，復合才有可能長久。」接著我強調：「你們需要的不是回到過去，因為過去的模式已經證明失敗了，你們需要的是，真正的重新開始。而這必須要你們兩個人都更新過自己了，才辦得到。」她尋思了好一陣子，到最後看起來像是開始明白我講的話了。

雖然她在占卜過程中話一直不多，但旁邊的友人倒是頻頻點頭，我笑著對她朋友說：「那就交給妳了，妳要記得提醒她我今天說過的話。」至少到這個時候，有感受到她身上開始轉向正能量，言語間也輕鬆起來了。剩下來的事，就只能靠她自己去面對了。

【解牌】

透過奧修禪卡看工作

這個案例比較特別，在某一班奧修禪卡課中，有個學員本身是特教班的老師，她為了能讓自己和特殊學生的溝通更有效，所以才來參加奧修禪卡課。在課程進行中，就已經看得出她的工作壓力頗大，「特殊教育」原本就不是容易的工作，每個需要特別溝通的學生，身上都有不一樣的故事，要跟他們溝通都是一種全新的挑戰，加上資源稀少，我可以想像她的心力一定都有極大的損耗。

問題　我是否該讓學生轉校？

最後一堂課我開放同學發問，讓全班一起開牌幫當事人解答。這位特教老師告訴大家，她最近有件事非常苦惱：「我的班上有個十歲的小男孩，因為經歷過很大的創傷，身心受到長期虐待……現在他的症狀是完全不說話，偶爾一開口就是尖叫、摔東西、哭鬧，沒辦法好好講話，對外界有很強烈的敵意。」其他同學從來沒接觸過這種需要幫助的兒童，他們很難想像到底是什麼樣的經歷，會讓一個才十歲的小男生無法承受到如此地步？畢竟兒童身心都是很有彈性的，能夠把小孩逼到崩潰，想必是非常巨大的痛苦。

她接著說：「我們學校裡的資源不多，已經在這個孩子身上花了很多資源和力氣，但進展真的不大，現在其他人都把重心轉移到其他個案，只有我跟一位醫生、一位助教，還是希望能再試試看。但是政府單位前幾天來函，說這個小孩的程度已經太嚴重了，不是我們學校可以處理的，公文內的指示是，要我們讓他轉到另外一所學校。」

我問：「那樣有什麼不好呢？也許新學校的資源比你們多啊！」她搖著頭說：「我實在放不下心，處理這樣的孩子最困難的地方就是取得他的信任，我們已經跟他培養這麼久的感情了，如果換到陌生的地方……也不是一定不好，但我就是怕他們得從頭再來，先前累積的一點點成效就都前功盡棄了。」

◆牌陣與解牌

我請她抽一副「大十字牌陣」，但將最後一張「結果」位置的牌，改換為代表「建議」的牌。因為她現在最需要的，就是下這個重大的決定：是讓學生去資源更多的學校比較好呢，還是留在她的單位繼續努力比較好？哪一個選擇會讓這個小男孩進步最多？

雖然乍看之下，這副牌沒有顯現出很明顯的吉凶，不過至少四大元素都到齊了。看來應該不至於是無法解決的狀況，只是可能需要花點時間。

第一張牌是「過去」位置的「彩虹之6—妥協」，從這張牌幾乎就可看出來，這個小男孩的療癒及教育資訊並不是很充裕，因為數字6有靠各方支持的意味，而彩虹對應的土元素，代表外來的支援就是在教育的部分。幸好土元素和數字6都沒有匱乏的含意，因此雖然有時資源不太充足，但是該做的一切輔導和教育，都還能夠維持進度。只不過，牌圖上「妥協」的象徵，代表的是兩個人都沒有得到自己想要的，只是互相遷就把表面關係維持在「尚可接受」的程度而已。這一點讓我覺得，這個孩子所需要花費的心力可能需要額外補充，這樣會不會壓縮到其他小孩的受教權呢？那個特教老師說：「有時候難免，但是資源分配通常我們是挖東牆補西牆，以調度方式來處理，因此必

抽牌順序與擺放位置

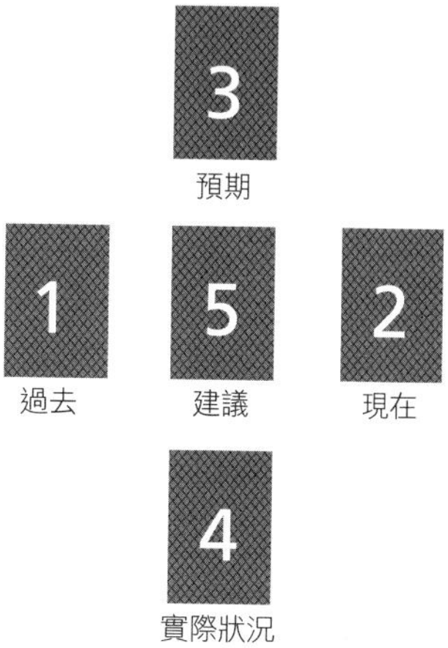

實際抽到的牌

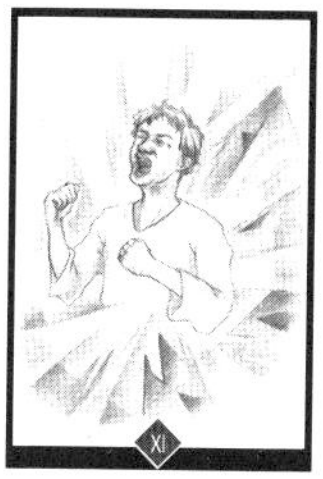
11號主牌：突破

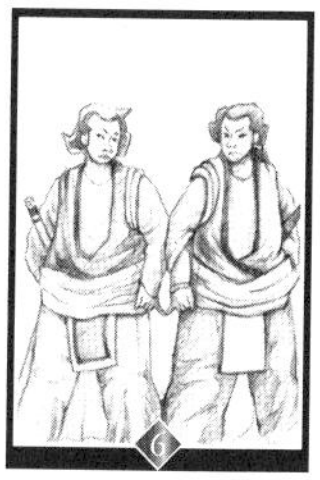
彩虹之6—妥協

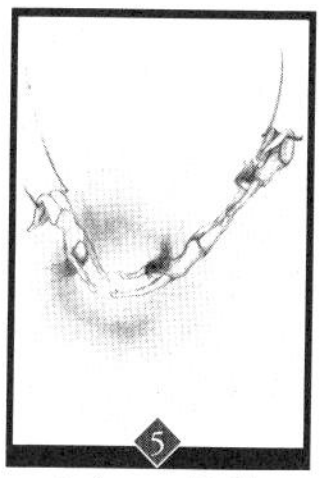
火之5—全然

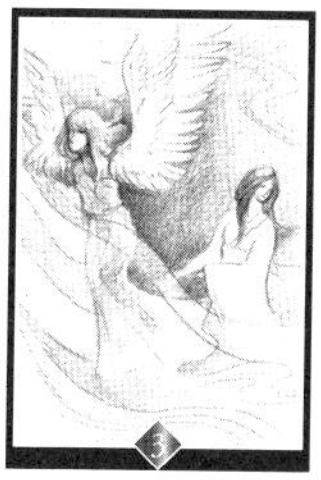
彩虹之3—引導

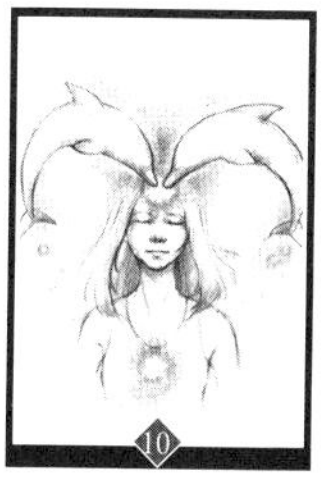
水之10—和諧

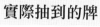

要時，我們會額外補課或治療，讓大家都能跟上進度。」這樣一聽也很合理，因為數字6雖然不算非常充足，但也是一個可以保持平衡與和諧的數字。

「現在」位置抽到的是「彩虹之3—引導」，直接點出該學員心裡的想法。「引導」的牌圖中，是一位穿著羽衣的仙女騰空而去，代表前往更高的境界，現在這位老師確實無法判斷究竟是哪個決定，才能對這名小男孩幫助更大。而土元素代表所有的經歷都是踏實的，數字3代表正在前進當中，只是還沒有到目標；這意味著無論小男孩離開或留下，她都希望可以在這名學生身上投注更多助力。於是我問她：「妳似乎鐵了心一定要讓學生的狀況有突破，一般這麼堅持的話，表示妳認為只要時間足夠，他一定能夠復原囉？」她很確定地點了點頭。

第三張在「預期狀況」的位置，出現了11號主牌「突破」。這張牌很有意思，雖然牌圖充滿了爆發力和新氣象，看來很像火元素牌，但實際上它的屬性卻是風元素，而風元素代表「信念上」的原則及行為模式。在本書中，我對這張牌定義是「長期遵循既有的模式之後，可以從中發現不足之處，並加以革新突破」，看來這張牌代表了這位老師的信心來源。我說：「妳覺得你們已經跟他相處夠久了，快要抓到可以突破他的方法，這些都是不熟悉他的人無法做到的？」她說：「沒錯！雖然他很不穩定，但只要有症狀，就有其規律性，這讓我們知道怎麼跟他相處，也才有機會讓他卸下武裝。」

在「實際狀況」的位置抽到的牌是「水之10—和諧」，看到這張牌大家都鬆了一口氣。雖然這張牌沒有「水之王—療癒」那麼強烈的治癒性，但也代表小男生的狀況至少可以保持在一個穩定的程度。在牌圖中出現的海豚，也讓我們想到曾經應用在自閉症兒童身上的「海豚療法」，海豚的特性有撫慰及平靜的作用，所以療癒能力已經比其他禪卡還要高了；而水元素的被動性，以及10這個數字，則代表要治療這個孩子，不管是留在現有的學校或去新單位，都必須耗費比她想像中還要長的時間，才能有所成效。她雖然有點失望，但還是表示，事情只要有進展就好，多花時間總比放棄孩子來得好。

重頭戲是最後一張的「建議」，抽到的牌是「火之5—全然」。牌圖上是三位空中飛人齊心協力的狀態，因此大家都了解，想幫助這個孩子，一定要相關人員的通力合作。有同學發言：「但是這張牌，好像還是沒有告訴我們該做什麼樣的決定，到底是去是留？」

其實這是有暗示性的，我說：「最後的建議，必須是相對於現在的困境所提出的解決方式，因此要把最後一張『建議』牌，拿來跟『現在』位置的彩虹之3做比對。」我接著說：「彩虹之3是土元素，代表老師希望可以在有保障有資源的狀態下教育這個小孩，並讓他有穩定的進度；而最後一張火之5，數字是由3變成5，數字3是最小的團體，數字5也是團體，但規模比3大。」然後我回頭問這位學員：「新單位比你們大嗎？」她點頭，這時另一位同學就說：「那就是應該讓這個孩子去新學校的意思囉？」我說：「基本上是這樣沒錯。但要記住一件事，火之5不像偉特塔羅牌的權杖5有敵對的意思，奧修禪卡中的火之5，是勢均力敵的兩方結合在一起合作。而彩虹之3的數字是3，點出了現有單位人力不足的問題，對不對？」該學員苦笑說：「大家手上還有其他的學生要忙，所以……」我說：「所以建議牌是把彩虹之3的土元素變成火元素，把少少的3變成5，意思是？」馬上就有同學接口：「新舊單位的人員要一起合作？」我說：「對，這不僅僅是單純的建議轉校或留下，火之5跟彩虹之3的對比，代表他留下的話，你們也需要其他單位的專業支援；而如果他轉到新學校，你們也必須嚴密追蹤，並提供新學校所需要的一切報告和病歷，最好是先跟新學校的老師合作一陣子，再慢慢換手交給他們。換句話說，新學校的老師和醫生，也可以變成你們治療團隊的一員，這樣一來，在這個孩子身上下工夫的人數就會比原來多。但這可能需要用到妳的私人時間，因為火元素是一頭衝進去的。」她點頭說：「這無所謂。」

這時有人提問了：「老師，那『過去』位置的妥協牌是彩虹6，『建議』位置卻是火之5，是不是代表就算跟新學校合作，成效還是沒有過去好？」我說：「不是，因為火之5是有進度及衝勁的火元素，數字5在面對陌生的狀況時會激發出行動力，而數字6是維持一個平衡，所以一加一減，狀況並不會比先前差。」

懸宕已久的心事，終於有一條看來似乎可行的路了。雖然看起來療程會很漫長，但是有了心理準備，該學員覺得，終於有信心去應付這場長期抗戰了。我們也相信小男孩一定可以擺脫過去的陰霾，成長得越來越健康快樂。

建立你的禪卡日記

對於自己，你能否理直氣壯地說「我了解」？對於工作，你能否安身立命地說「我適合」？對於愛情，你能否甘之如飴地說「我找到了」？

與奧修禪卡來一趟身心靈的交流之旅，從日常生活中描繪你人生各層面的起伏線，看出暗藏在工作、感情、行為模式背後的警示與含意？我們可以仿照一般塔羅牌「塔羅日記」的形態，每天抽一張禪卡，在一天結束後，看看這張牌告訴你的是什麼，讓禪卡與自己對話，是非常美好的經驗，也許你能從中獲得啟發與釋然。

即使有幾天連續出現同一張禪卡，也可能象徵不同的事件，藉由這樣的對應，可以讓你熟悉奧修禪卡的變化性，以及不同事件中相同的節奏，建立起對奧修禪卡的熟悉度。

Step 1

每天早上起床後馬上洗牌，抽出一張牌蓋住，先不要看是哪張牌。（有人是閉著眼睛抽牌，再拍照存證，等到晚上再看照片是哪張牌；有人則會專門準備一副日記專用的禪卡）。

Step 2

詳細感受當日發生的事，要很清楚今天引發你的情緒或讓你印象特別深刻的事件，並且記錄下來。

Step 3

回家後，把筆記與抽到的那張牌對照，看看牌跟事件之間有無符合或呼應的狀況。

Step 4

禪卡日記至少要進行一個月以上，再回顧每天不同的牌，就能觀察出你這段時間的生命課題是什麼，以及你生活中最常出現哪一類的事件。

15
10
1

主牌

奧　修　禪　卡　的　大　祕　儀

奧修禪卡是「奧修禪宗塔羅牌」的簡稱，共有56張副牌及23張主牌（比塔羅牌的大祕儀多了一張「師父」牌）。

主牌從最開始的「傻瓜」到旅程最高點的「完成」，代表一趟自我發現、自我實踐及自我超越的旅程。每一張牌圖都有色彩豐富、寓意蘊藏的設計圖案。在本書介紹時，會先從相對應的偉特塔羅牌談起，再加上奧修思想的概念，一起綜合來談奧修禪卡的牌義。

要特別說明的是，本書的每張主牌都是根據原始奧修禪卡描繪的簡筆示意圖，與原圖會有出入，僅供讀者參考。建議讀者應用時，務必使用原始禪卡。

0 傻瓜 The Fool

牌名：傻瓜

- 元素：風。
- 白玫瑰：象徵純潔、熱情。
- 身上的衣服：有代表土、水、火、風四元素的顏色。
- 懸崖：代表勇於冒險犯難，什麼都不在乎的勇氣。
- 數字 0：一切的起始。

對應塔羅牌的「愚人」

牌名：愚人

- 元素：風。
- 數字 0：代表一無所有或是無限的可能性。
- 白玫瑰：象徵純潔、熱情。
- 狗拉住褲角：象徵社會性的常識阻止他前往懸崖。
- 懸崖：代表勇於冒險犯難。
- 權杖： 代表權力的權杖被拿來掛包袱，表示他不認識權力與世俗的價值。扛在肩上的包袱，代表他沒有把資源拿出來運用。他想要的是開創新局面，而非運用舊有的東西。

愚人

塔羅牌中的「愚人」是一張離經叛道的牌，代表一種社會邊緣的性質，獨立於所有的法理之外，不受任何經驗法則的限制，也幾乎沒有常識與原則可言；在人群中被視為不是天才就是瘋子，總而言之不在「正常人」的範圍之內，所以它也是一張代表所有「超乎常人想像及理解範圍之外」的牌。而在社會化族群的眼中，天才不受經驗限制，而笨蛋記不住教訓，這兩者是分不出差異性的，同樣都被視為「愚人」。

傻瓜——保持純粹的信任，禁得起任何打擊，不畏失敗

奧修禪卡的「傻瓜」牌與塔羅的「愚人」牌，有相同的定義（英文原名其實是同一個字），但禪卡是從較源頭的角度來看待這一張牌。「傻瓜」的反義詞是「聰明」，聰明通常來自於學識及判斷力。要知道，我們所謂「學習」的第一步，就是要學著「分辨」，知識其實只帶有「提醒」的作用，例如你曾經吃過蘋果，「蘋果」這兩個字就會讓你想起它的外貌、香氣及滋味；但是對於從未吃過蘋果的人而言，「蘋果」這兩個字對他就不具任何意義，可見「定義」是抽象的，並不能直接被當成真相來看待。可惜的是，在人類社會中，智識就代表一切，所有的事情都必須用「已知的」來解釋眼前的所有事物，進而消滅了任何新的可能性。我們的社會稱思維的定型為「教育」，但實際上這是一種「訓練」，把我們每個人都塞入同一個模子中，而非雕刻出我們所應該具有的特質。奧修統稱這種人類思維、邏輯一類的心智為「頭腦」，頭腦不同於感情，它只是一個記錄器，反覆播放之前發生過的一切，包括你的認知、情緒、感覺，都是一旦銘刻下來就形成模式，永遠是依照著內建舊有的模式來回應外界發生的事物，以至於看不到事情真正的原貌。

頭腦是記錄器，習慣會變成規律、變成制約，因此奧修一向主張要摒除頭腦的框架，才能回歸

到中心，看到一切事物本然的樣子，讓自我完全開展。傻瓜跟上文所述的聰明人是相反的，他沒有經驗法則，所以被人認為學不乖；沒有抓住任何東西不放，所以像是沒有企圖心。然而，他也不會在心裡形成任何制約，永遠都可以從新的地方開始，不會自設邊界，不受自己的經驗限制，當然更不會受外來的既定觀念所綑綁。

傻瓜不是聰明人，不能循前例趨吉避凶，但傻瓜不會留下創傷，因此能夠保持純粹的信任，而這種因信任而產生的強大內在及樂觀，使他能禁得起任何打擊，能量也可以保持在最充沛的狀態。人之所以會失敗，往往不是能力不足，而是先被自己的沮喪及絕望打敗。傻瓜不畏懼失敗，因為得或失並不重要，失敗跟成功的經驗都必須經歷過，人生才會完整。

●〇號牌，代表一切的起始，也是最根本的樣子

這張牌是〇號牌，代表一切的起始，也代表我們必須回歸到這樣的狀態。〇不是什麼都沒有，而是一切萬物處在一種平衡共存、沒有界線的狀態，就如同傻瓜身上的衣服具備了副牌中四個元素的顏色一樣。如果能夠去除掉種種由貪瞋癡各種妄念所形成的偏執人格，等於是整合自己的各層面，這是開悟的狀態，就像傻瓜手上拿的白玫瑰：白色是所有色光綜合在一起、無分彼此時會有的顏色。「開悟」並不是一種「成為」，而是一種「恢復」，也就是所有的頭腦訓練尚未在我們的心裡形成既定觀念的時候，而最根本的樣子，就是尚未受過任何訓練的「傻瓜」。這種天真是不社會化的，而通常越不符合社會規格化要求的人，越不會受到利用，也越能保持自己原本的特質。

「傻瓜」這張牌代表分別心還未出現時，雖然有了主體意識，但是就像嬰兒一樣潔白，尚未被輸入任何紀錄，也代表不會陷入外來的「知識」與「認定」當中，保持自己的自由及流動性，才不會很快就僵化。金庸小說《俠客行》中有一門眾人爭相研究的神功，功法暗藏在一首詩當中，各門

派的高手都用自己的所學去詮釋、推敲詩中文字的含意，再解讀延伸出各種修煉方式，多年下來卻始終沒有人詮釋得夠完美，也沒人能夠學成。最後是由從小就是孤兒、不識字的男主角，因為根本看不懂，就把所有文字視為普通線條（其實是內功的運氣脈絡），練就了詩中暗藏的武功；而理所當然認定「詩中藏有武功」一味推敲文字含意的人，就看不到如此顯而易見的地方。

只要對奧修體系稍有了解的人，就會知道奧修一向認為「頭腦」是知障，應該要打破它、捨棄它。但是我不贊同很多人因為要打破頭腦，就無限上綱「感覺」的重要性，因為奧修也曾經說過，頭腦與邏輯是貧乏的，成不了任何事，頭腦不會是真理；但心（情緒）也不會是真理，情緒同樣是片面的、殘缺的，跟頭腦一樣不完整。唯有意識能夠整合頭腦與心，因為意識是一種獨立又超然的存在，是觀照者，因此能夠在背後整合頭腦與情緒。所以「傻瓜」牌雖然沒有任何邏輯性，但也不是盲目地跟著感覺走，而是帶有一種超越頭腦與情緒這兩者的宏觀，比兩者都更接近真理。「傻瓜」牌是一張風元素牌，而「意識」就是由風元素所代表的。

回到現實觀點來說，「傻瓜」牌代表要去除掉偏見及個人主觀認定，打破既定的概念，保持新鮮的心，不該變得機械化且渺小。接受自己認知範圍以外的事物，才能不斷成長擴大，成為像整個宇宙一樣浩瀚。

元素屬性——**風**

變幻莫測、超然客觀、自由、不受限、沒有過多的情緒和思慮。

I 存在 Existence

牌名：存在

· 元素：風。
· 數字1：從空無中出一切。
· 星空：代表宇宙整體。
· 裸身的人：代表純淨的管道。
· 盤坐：接收訊息的姿勢。

對應塔羅牌的「魔術師」

牌名：魔術師

· 元素：風。
· 數字1：代表開始、創新以及新生的事物。
· 牌義：聰明、智商高、菁英份子、凡事都有辦法解套、開啟新的可能性。

以塔羅元素為鑰

魔術師

這張「魔術師」牌，我認為是「愚人」進入社會化之後的版本；少了那種離經叛道跟疏離，多了社會性常識、工作能力以及社交技巧，並懂得用邏輯化的方式，讓別人接受自己的觀點，理解能力也強。這兩張牌相同的地方，是那種不受既定規則限制的性格，以及不平凡的特質。但是「魔術師」更能讓人接受，也更擅於在群體化社會中安身立命。在眾人眼裡，「魔術師」是個聰明絕頂又受人歡迎的人，可以說服群眾、融入整體，跟大家共存，甚至帶領群眾，而不會像「愚人」一樣必須脫離軌道之外。

存在——代表「一切萬有」

奧修禪卡中的同一張牌，名稱是「存在」，我覺得這張牌跟「魔術師」是相同概念的不同角度。這張是1號牌，從0到1是一種釋放過程，0並不是虛無，而是所有未定型的可能性；1等於是從0的一片渾沌大海中，提取、淬煉、蒸餾出各種可能性。就像我們必須利用「文字」，將腦海中一大團的思緒，整理出脈絡與邏輯；我們利用「語言」，把心裡面的想法傳遞出來讓別人知道；我們利用「技巧」，將原料轉變為成品。因此塔羅牌中的「魔術師」，重點在於萃取跟溝通的「過程」、「方式」，因此這張牌帶有容易讓人接受、也很有辦法處理各種事情的含意。

然而，為什麼在奧修禪卡中，1號牌要叫作「存在」呢？因為「魔術師」這張牌看起來就像是從空無中出一切，他桌上的權杖是火元素、寶劍是風元素、聖杯是水元素、錢幣是土元素，而他用一股力量將四大元素賦予意義及形式，也就像是把麵粉變成麵包、餅乾、饅頭等等各種不同成品的能力、技巧、過程，所以1號牌更可以說是人類的思考創意，像前面說的，就是「把原料變為成品」的能力。世界上任何工具性的東西，在製造出來之前，腦袋中都必須先有個「想法」，讓你預見它的樣子、它的功能，然後你才會知道要怎麼去製造流程、找尋原料，催生你腦子裡面的東西。

但是創意是無中生有的嗎？表面上看起來是，我們可能在作夢、在看書，甚至在發呆或翻查舊資料，一個新的想法就從中成形了。所有具備創造能力的人，都需要「靈感」，不管這個靈感是磨出來的或是從天而降的。所以在「魔術師」的定義中，一切成品都是他「創造」出來的；但是我說過1是個「管道」，連結0跟其他從2之後的數字，0代表的就是你認為是無中生有的那個「無」，在奧修禪卡系統中，也代表我們的靈性層面與無意識層面，也就是所謂「靈感」的真正來源，那個來源就是奧修禪卡1號牌「存在」，也就是「一切萬有」。

● 不管好與壞，都是「存在」的組成片段，缺一不可

也就是說，「存在」是一切真實的本來如是，不定義、不分別，而「魔術師」是從整個「存在」當中，提取出我們人類可以理解的概念，分門別類、組合成形，但是人的智慧有限，因此可以理解的東西就比較片面，就像是瞎子摸象一樣，每個人摸到的部分都不一樣。比如說，同樣是觀察世界，西方人觀察到的是四大元素的存在形態，東方人觀察到的是五行的作用形態，兩者都對，只是切入的角度不同。這就像是A跟B看了同一場電影，A回家後因為這部電影的配樂而感動，觸發他寫下了一首詩；B則受到劇情感動，因此跑去看海。這部電影就是「存在」本身，它是一個來源，而「寫詩」、「看海」的行為，就是A跟B表達這部電影的方式，而其他人或許看了這部電影後寫了影評（有幾個人寫，就有幾種不同的評論角度）、跟舊情人復合、買了某樣紀念品……，這些都是存在（電影），透過我們這些不同的魔術師（管道），來表現出它的某一面。

「魔術師」這個名稱的重點，在於他是個傳達者，能從「存在」中提取出靈感，接收到創造力，成就各種可能性，表達出形形色色的創造物。「魔術師」的功能，就是把高層次的東西簡化、

具體成形，讓我們所有的凡人都可理解的一個管道。「存在」的名稱意義則是反過來，就上述例子而言，就是我們透過影評、透過詩歌、透過致敬的表現，去了解這部電影。每當我們看到一樣美麗的藝術品、一篇偉大的詩歌、一首動人的音樂、一項活動的後續效應，或甚至只是聽到一個聰明人的妙語如珠，這些都是被魔術師創造出來的作品，等於是一個階梯及管道，透過這個管道可以把「存在」的整體分割成我們可以吸收的片段（形形色色的被創造物）；同樣的，我們人類也可以經由我們所以聽到、看到、感覺到的東西（也就是魔術師的作品），去窺見「存在」的整體性。存在是蘊含一切、無所不包，所有的矛盾都可同時在「存在」之中成立。奧修曾說過：「真理是全面的，沒有二元對立的，所以真理也是矛盾的。」我們可以在好人身上看到「存在」中的光明，也會在壞人身上看到「存在」中的黑暗，所有的好好壞壞，都是「存在」的一小片，缺一不可、不分彼此。所以佛說成佛有八萬四千種法門，透過修行可以看見真理，透過藝術、透過慈悲、透過苦行、透過痛苦，甚至透過性，都可以推到盡頭看見真理。因為我們可以透過片段看到整個「存在」，就像我們身上的每個小細胞，都帶有可以看到整個身體訊息的ＤＮＡ一樣。在牌圖中也是，星空是大宇宙，人體是小宇宙，一個小局部中就包含著整體。

所以我們無須批判他人，也無須批判自己，我們每個人都是「存在」中的一部分，「存在」透過我們每個人來彰顯祂。所有人的不完美，都只會組合成一個更大的完美。安住在自己的特質中，就可以體認到自己的珍貴，發揮自己最大的可能性，同時也不必再跟其他人比較什麼了。

元素屬性——風

知性、聰明、靈活、適應力強、社會菁英、思考分析、理解力、溝通；既有開創性也有改良的能力，熟知一切理性邏輯，能掌握重點。

II

內在的聲音 Inner Voice

牌名：內在的聲音

- 元素：水。
- 中間的臉：代表內在的聲音，黑白分明的睿智雙眼代表洞察一切。
- 水晶柱：代表洞察一切，以及吸收資訊的強大能力及敏感度。
- 水：代表潛意識。
- 海豚：一左一右一上一下的兩隻海豚代表協調，取代了女教皇牌中的黑白柱子。
- 牌義：代表潛意識的力量，不是出自於頭腦，而是出自真正的本能反應。簡單來說，它是一種「內化」的智慧經驗。

對應塔羅牌的「女教皇」

牌名：女教皇（女祭司）

- 元素：水。
- 柱子：黑白柱子代表二元對立。
- 月亮：凸顯女性特質。
- 數字2：象徵進入一個整合與消化的階段。
- 牌義：內在的本質、追求心靈的成長、平靜、跟外界疏離、靈性、低調、專業、有智慧。

以塔羅元素為鑰

女教皇

塔羅牌中的「女教皇」，屬於水元素，保守冷靜、追求智慧，是一張很內心世界的牌。如果說「魔術師」是代表意識（風），那麼「女教皇」就是潛意識（水）。魔術師的聰明才智是用來表現及傳達某些訊息，必須要跟他人交流，但是女教皇的內心就是一個接收器，所有的訊息都是透過傾聽方式收集進來，並且內化成自己的答案。「女教皇」背後的一黑一白兩根柱子，就跟這張牌的號碼「2」一樣，代表一種二元對立的性質，但是「女教皇」的水元素不會有太多情緒波動，反而會用水元素消融界線的特質來消弭這種二元對立性，並能夠同時包容兩者，形成更高一層的共識。

內在的聲音——先吸收再內化，建構潛意識的力量

奧修禪卡中同一張牌的名稱是「內在的聲音」，我認為這個名稱是指向「女教皇」牌實際上的運作模式。常有人問我，為什麼女教皇既是知識又是情緒，這兩者的感覺應該是不一樣的屬性？我說，因為「魔術師」是對外溝通的，必須用言語及文字發表意見，同時也吸收別人的意見。「女教皇」也一樣，她可能不是透過語言、也未必透過閱讀，水元素的學習方式是用整個人去體會、去感受，而不是只有接受文字及語言的訊息。當我們上了夠多的課或念了夠多的書，等於我們對外收集了夠多的資料，在累積了大量的知識後，往往會發現我們的資料庫變大了，看起來好像懂的事情更多，但實際上只是腦袋裡面塞的資料更多而已，智慧並沒有進一步提升。

這時我們就應該察覺到，我們向外的觸角已經到盡頭了，再累積更多的知識也無法再進步。如果我們持續照現在的方式學習——不斷看書、吸收資訊，往腦袋裡面塞更多資料，那麼也許我們可以從一個普通人變成科學家或學者，但本質卻沒有改變，只是多跟少的差別——你的學識多，你就

是專家，學識少就是一般人，但本質不變。如果我們想要變成另外一個人，想讓自己提升到完全不同的層次，那麼應該改造的，是我們的本質，應該傾聽我們自己「內在的聲音」，往內走，從根源去改變，而不是往外去收集更多的資料。

「內在的聲音」不是你的頭腦，而是出自於真正的本能反應。簡單來說，它是一種「內化」的智慧，不像「魔術師」是靠說話或行為來表現，已經內化的智慧會透過言行舉止靜靜流露，不需要再靠言語來傳達。這就像如果你信仰一門宗教，經過多年的修行及體驗後，自然會內化到你的心裡，那麼宗教就跟你合而為一，不管吃飯、走路，甚至呼吸，你都很清楚自己在做什麼，不用時時拿一些經文戒律來管制自己，就像孔子所說的「隨心所欲而不踰矩」，你不用再擔心自己會不會開悟，會不會入涅槃，因為宗教已經是你的本質了。

相反的，如果你不具備宗教性，或者你的師父並沒有徹底地影響你，那麼你會永遠把經文掛在嘴上，深怕大家不知道你是教徒，會戒慎恐懼地遵行每一條規定，會特地進行很多神聖的儀式——因為在這些儀式之外的時間，你並不神聖。此外，你還會不斷檢討自己是不是一個好教徒，能不能得到神的恩賜，甚至把這種檢討延伸到其他不相干的人身上。但我們都知道，身教重於言教，舉世知名的德蕾莎修女或證嚴法師，會受人景仰，不是因為她們遵守宗教戒律，而是她們的無私行為徹底實踐了宗教精神，因此超越了世俗宗教與種族之間的分歧。這時候，她們什麼都不需要多說。

• 求知觸角只會讓你變成兩腳書櫥，往內探尋才能改變本質

很多人認為「內在的聲音」代表敏感、潛意識，所以這張牌的知識指的是去訓練或培養所謂的直覺、第六感。我認為也許是，但絕非首要條件。就像是學習占星或塔羅牌，我會認為基本的邏輯、學理及一些資料都必須先研讀過，然後經由親身的練習、實戰，等這些理論在你的內心累積沉

澱、慢慢發酵，跟你合為一體時，就不用再去背誦書上的定義來解盤或解牌，你的內心會迅速浮現出答案，並知道在不同狀況下該做什麼樣的調整，這才代表這些智慧已經內化成你自己的了。所以，這張牌指的是消化知識的過程，而非知識本身。

彈鋼琴的人，也是經由一個音符一個音符的練習，經年累月後，專業的訓練讓他們的手指細胞跟潛意識連結起來，一看到琴譜就能分秒不差地彈奏出來。如果要先用頭腦思考「我現在要用食指彈這個鍵，接下來中指移到這個鍵……」，那就表示人跟琴還是分開的，也就無法完美演奏。「內在的聲音」牌圖中有著兩汪代表潛意識的水、洞察一切的眼睛及水晶柱，水晶會放大任何能量及想法，代表強大的吸收訊息能力，也代表敏感度；而塔羅牌中一黑一白二元對立的柱子，則換成了兩隻代表協調性的海豚，表示這張牌不管是消化外來資訊或是連結人的內心及外界，都是很成功的。

「內在的聲音」和「女教皇」這兩張牌，永遠都是先吸收、再內化，然後從潛意識當中浮現成形；代表的是長期的薰陶及轉變，而不是單純地收集資料。以家庭為例，每個家庭中並沒有一本「家訓」可讓每個家庭成員背誦，但是經由家人間的互動及情感交流，甚至是理念上的拉鋸戰，家庭習慣及教養會在潛移默化中成形，跟隨我們一生，並決定我們的一舉一動。潛意識能接收的訊息，永遠比經由文字或語言傳布的表意識要多；同樣的，「內心的聲音」這種潛意識的力量，也比所有外界的訊息來得強大，也更應該善加管理。

元素屬性——**水**

沉靜、包容、交融、消除界線、敏感、潛意識、內心智慧、儲存、消化、非語言的訊息、昇華、更高一層的心靈。

III 創造力 Creativity

牌名：創造力

- 元素：風＋土。
- 頭上的聖光：代表愉悅感、創造力的豐富層次。
- 火燄和流水：水火交融代表「創造力」的表達過程。
- 螺旋：下方的螺旋狀代表生命湧出的能量。

對應塔羅牌的「女皇」

牌名：女皇

- 元素：風＋土。
- 心形：上面刻著金星符號，象徵母愛天性及包容。
- 金色麥田：代表富足豐收及生氣盎然；頭冠由十二顆星星串成三重皇冠，「三重」代表身心靈三個層面。
- 數字3：代表與同儕交流、集結群眾，有合作、溝通、友誼的含意。
- 牌義：溫暖、親和力強、有同理心、樂於幫助別人或受人幫助、母性特質。

以塔羅元素為鑰

女皇

在塔羅牌中，「女皇」及「女教皇」都是女性代表牌，不一樣的是，「女教皇」代表的是女性的核心本質，而「女皇」代表的是社會化的女性「形象」。「女教皇」是一種包容、吸收、成形的能力，但這些都是內化的，外人無法看到她內心深處的這些思緒，而女教皇凝聚出來的結晶，會經由「女皇」表現出來，與人分享，並且理解他人的反應，再加以進化改良。所以「女皇」牌最大的含意，就是與外界的互動溝通。不同於1號牌「魔術師」具有「展現、顯化」的性質，3號牌「女皇」所屬的風元素帶有一種雙向交流的意思，並且因為有可靠的土元素，它交流的是感覺、關懷，以及一種經由合作產生隸屬於某個社交圈的安全感，所以「女皇」是一張處在舒適氛圍中，並跟身邊所有的人都能談心、受到大家歡迎的女性。相較於「女教皇」，「女皇」更傾向世俗層面及走進人群。

創造力——柔軟而全面，展現出女性的特質

奧修禪卡中的同一張牌，牌名是「創造力」，相較於「內在的聲音」，這張牌更有一種對外的、歡欣鼓舞的味道。「內在的聲音」負責潛意識形成的人格及念頭，而「創造力」則負責塑造出一種外在形象，好讓他人接納、理解與認同，我們也可以說這是分別屬於女性的內和外兩種特質。

同樣是對外交流及展現自我，但「創造力」因為具有女性特質，比1號牌更自然，也更不帶任何目的性。「創造力」本身也是一個過程，它把「內在的聲音」（即心中真正的感覺）用自然呈現的方式表達出來，就像真正的藝術家，不是去畫出與實物最相似的圖畫，而是要畫出他內心對眼前事物的觀點，這些都不是為了炫耀，只是自然地表達出他的內在。比較同樣帶有創造性的「存在」牌，「創造力」呈現出來的，是人心對世間萬物的反映，可能是讚美或怨嘆，可能是喜愛也可能是

排斥，它帶了更多人性化的成分在內；而「存在」牌是一個大方向，把人間原本不存在的東西顯化出來給大家，更偏向教導、發明、展現的意味。「創造力」只是自然而然、旁若無人地散發自己的光彩，沉浸在自己的快樂中，不帶任何英雄主義或表現欲，給人的感覺是柔軟而生動的。

女人都有「內在的聲音」及「創造力」這兩個面，「他人」可以看到的是「創造力」的一面，因為這張牌是對外的形象；而「內在的聲音」必須經由創造的能力才能外顯。所以，相對應的塔羅「女皇」牌代表的是外貌、妻子、母親、美女……這些角色，因為這些都是「身分」而非「本質」，都是社會賦予女性的角色。

「創造力」代表的是我們看得到的女性特質，女人的創造都是全心全意的，不為了展示，也不為了外界的評論，就像女人會不費吹灰之力就把自己修整得乾淨整齊，每天奔波還是可以維持細嫩的肌膚，龐大的壓力下照樣能溫言軟語。愛美的天性，讓女人不會只為了應付特殊場合而打扮，而是成了日常生活中的習慣。

「創造力」的作品就是它自己！女人創造的都不是外在的東西，而是灌溉她自己，或者是從體內孕育出一個生命。當孩子還在體內時，她就必須開始注意胎教、注意飲食；孩子出生後，她要餵養、要教育、要跟小孩進行感情交流，懷孕的過程讓母子的關係在生命初期就很親密，這是男人無法參與的。培養自己跟培養體內的小孩，是女性最大的創造力，而她也沉醉在自己的創造當中。

• 技巧、經驗及知識只是工具，創造力才是真正的主角

我們經常聽到作家說：「寫一本書就跟生一個小孩一樣。」女人創造小孩，沒有受孕能力的男人，只能藉由畫畫、寫作、建築等等外在的東西來體驗創造過程。所以，雖然歷史上偉大的藝術家、文學家、建築師大都是男人，但是真正的創造力卻是女人獨有的，其他外在的創造

都是一種模仿（想進一步了解，可參閱《脈輪能量書》）。因此用這張帶有女性含意的3號牌來代表「創造力」，是很合理的。

這張以女性形象表達的「創造力」牌，擁有柔軟的性質，雖然它就是創造力本身，但也會隨著環境的影響而改變自己展現出來的樣貌，它是跟外界共存的，能夠自然融入每一個時空當中。真正能夠創造的人，就不會拘泥在某些特定的原料上。這些特質，恰好呼應了能夠跟他人發自內心的交流、友善受歡迎的塔羅「女皇」牌。

牌圖中女人的下方有火燄和流水，上方有神聖的光及彩虹進入，兩者在中間匯聚交融，火水混合在一起，形成一種更高的品質（很像是禪卡「內在的聲音」消化所有外來的資訊，融合成潛意識的力量一樣，火跟水上升的過程代表「創造力」的表達過程），下方的螺旋狀也代表生命湧出的能量。這張禪卡綜合了一切美好的事物，並且加以昇華；因此「創造力」的創作不是強硬有侵略性的，而是帶有一種將原有事物「改良、精緻化」的能力。

如果要問創作的訣竅，不管是繪畫、音樂、舞蹈或文學，每個創作者都會告訴你，要打開感官的敏銳度，才能體會到所有美好事物的特質，並讓這些特質深入你的每一個細胞。你沒有辦法在舊有的限制下，改良或創造出更新更美好的事物，想要讓生活變得更美好，必須先改造自己的品質。就像如果畫家想要提升他的作品，應該改變的是他自己的觀點及角度，而非去買更貴的畫具和顏料。最重要的永遠都是創造的能力，而不是創造的工具。

元素屬性——**風**（主）**土**（輔）

風：友善、社交、交流、易相處、願意溝通、接納與付出。
土：感官享受、真實、生活化、承載力、韌性。

Ⅳ 叛逆者 *The Rebel*

牌名：叛逆者

- 元素：火。
- 太陽：肩上的太陽象徵對自己全然的自主權。
- 老鷹：翱翔天際，突破限制。
- 鎖鍊：代表舊有的思想和體制。
- 火把：明燈也是權杖，象徵一種大無畏的勇氣。

對應塔羅牌的「皇帝」

牌名：皇帝

- 元素：火。
- 數字4：這是一個基礎穩固、內在能力很強的數字，代表想要奠定穩固的基礎，或是劃好自己的勢力範圍。
- 牌義：強勢、有開創性、領袖魅力強、專制獨斷、有大男人主義傾向、企圖心強、有野心、具有行動力、掌握局面、有主導權。

以塔羅元素為論

皇帝

「皇帝」牌是一張掌握權勢、霸氣十足的塔羅牌。一般塔羅書常常強調皇帝牌是有錢的，不過就這張牌的元素屬性「火」來看，我認為它真正擁有的，比較接近「權力」而非財富，加上這張牌的序號是「4」，表示在一個特定的範圍內（例如家、公司、國家、民族）擁有極大的話事權。就像一個男人在家庭中是父親、丈夫、戶長的角色，但是他並不能獨占所有資源，反而應該把得到的資源分配給家中其他成員（也就是妻小及父母），但在遇到需要做決策時，這位一家之主的意見可能會是決定最後結論的關鍵。而「在一個民族或國家中，扮演主要掌權者」的人，就是牌名「皇帝」的意思。

叛逆者——牌名強調他不願被束縛及被規範的特質

在奧修禪卡中，相對應的一張牌是「叛逆者」。我當初在比對禪卡和塔羅牌時，看到從皇帝轉變為叛逆者的名稱時不禁笑了出來，這真的是太貼切了。奧修禪卡中的火元素，其實比一般常見的火元素定義，更強化了「自我」及「突破、超越」的性質。塔羅牌的「皇帝」比較容易讓人聯想到統治者，但在我上一本塔羅牌書中，對「皇帝」的定義是：「他不會是世襲的皇帝，反而比較像開國元君，或是推翻前朝的篡位者。」因為火元素代表要衝破某些難關。「皇帝」牌本身的能量非常強大，一定是個領頭的人，不可能是乖乖等待著上一代把地位、權力安安穩穩地送到手上，還附帶一大堆規定及責任，更不可能要他去管每一件小事。奧修禪卡以「叛逆者」的名稱，凸顯了這種不願意被束縛和規範的特質，「叛逆者」不但想開創出全新的局面，更想推翻舊有的包袱及枷鎖；而數字4在「叛逆者」中，我認為代表的是那條鍊住叛逆者雙腳的鐵鍊，代表舊有的思想和體制，而叛逆者必須扯斷它，才能開啟自己的新局面。叛逆者不只要扯斷拉住他的鎖鍊，擋在他眼前的東西也會全部掃除！這張牌展現出非常強烈的陽剛味。

我覺得「叛逆者」比「皇帝」更有權威，因為皇帝畢竟只是一個頭銜、一個身分，必須有他人的認可才能成立；但叛逆者是一種本質，一種無法被取代的行為模式，就如同這張牌的原文所說的：「不論他是富有或貧窮，這個叛逆者的確是一個國王，因為他打破了社會的壓抑性制約和意見的鎖鍊，他藉著擁抱彩虹的所有顏色來塑造出他自己，他從無意識的過去那個黑暗和無形的根掙脫出來，並長出翅膀飛進天空。他存在的方式是叛逆的，並不是因為他在跟任何人或任何事物抗爭，而是因為他發現了他自己真實的本性，而決定按照它來生活。」這張「叛逆者」當然是一個掌權者，而且比「皇帝」牌更為徹底、更為廣義。因為控制自我往往比控制他人要困難許多，如果我們能夠拋開所有外界的定義，認識到真實的自己，那麼力量就會比以前來得更為強大。

● 扯斷鎖鍊、長出翅膀，以大無畏的勇氣打破現況，伸展理念

「叛逆者」在奧修禪卡書的解釋：「成道的人是世界上最大的外星人，他似乎不屬於任何一個人。沒有一個機構能夠限定他，沒有一個團體、沒有一個社會，也沒有一個國家能夠限定他。」很多人會問：那跟「傻瓜（愚人）」的意思不是一樣嗎？事實上，兩者有很大的不同。「傻瓜」是一開始就從未進入過社會組織當中，傻瓜無法在群眾中成長茁壯，因為他自始至終都不可能認同群體，「傻瓜」是一張獨立於所有既定體制之外的牌，而且它是風元素，傻瓜的自由是一種連自我都可拋棄掉的形式。反觀「叛逆者」，卻有一種自我的意志需要被實現，他的自由是擺脫所有舊形式及包袱，好讓自己的理念可以伸展；而且叛逆者還是有個理念在，傻瓜是完全沒有既定想法的。

我們要記得，「叛逆者」的上一張牌是「創造力」，「創造力」是安於群體的一張牌，並樂於與眾人分享自己的生活，它在團體內如魚得水，但凡是群體共存，就難免有必須配合他人而磨掉自己

某些特質的時候，或者是會形成一種慣性的價值觀（不管對不對，生活在群體中的人都會形成一些共同的觀點），越安逸的環境，就越是會讓人不敢突破這些價值觀，也就越沒辦法發展自我。「叛逆者」是接受過這種社會化的薰陶，並曾經是群體中的一份子，現在他茁壯成長了，所以要衝破舊有的信念，開創一番自己的世界。就像小孩子，他們接受大人的教養而逐漸成長，但到了青少年時期，就會迫切渴望自己是與眾不同的，而開始產生對大人和世界的懷疑，會開始有了挑戰既定觀念的想法。這個年紀會變得易怒、容易對世界不滿，並開始跟家人產生衝突、疏離，甚至與同年齡的人也合不來，這個時期就是我們所謂的「叛逆期」。而「叛逆者」擁有同樣的性質，只是格局大很多，相對的，不管是破壞性或建設性也都更為強大！

牌圖中有許多代表「超越」及「蛻變」特質的象徵，例如象徵翱翔最高天際的老鷹、彩虹色的頭髮，還有他扯斷腳上的鎖鍊並長出翅膀，這些都是要往上飛、往前衝的表示。肩膀上的太陽也可以象徵他對自己全然的自主權，火把不僅是他的明燈，也是他的權杖，象徵一種大無畏的勇氣。「叛逆者」是全然無懼、也不怕犧牲的，也就是因為不怕痛也不會想到失敗，所以更沒有人可以攔得住他。

我們大多數的人都有偏安習性，縱使有些理想，也總是在尋求一種最安全、最不用犧牲的方式來達成，看起來很精明，其實往往讓我們在追求理想的過程中變成了半吊子，什麼都做不成，唯一的好處就是不會對其他人造成麻煩。但是勇於挑戰才是持續往前進的真正方式，如果不每隔一段時間就當一次「叛逆者」，不打破現況更新自己，不敢顛覆舊有模式的話，那麼我們自以為的安全，只是一種察覺不到的逐漸凋零罷了。

元素屬性——火

自我、新生、突破、不受限、急躁、激進、企圖心強烈、目標明確、火力全開、上進、勇敢、想掙脫束縛、無法與群體同步。

V 空 No-Thingness

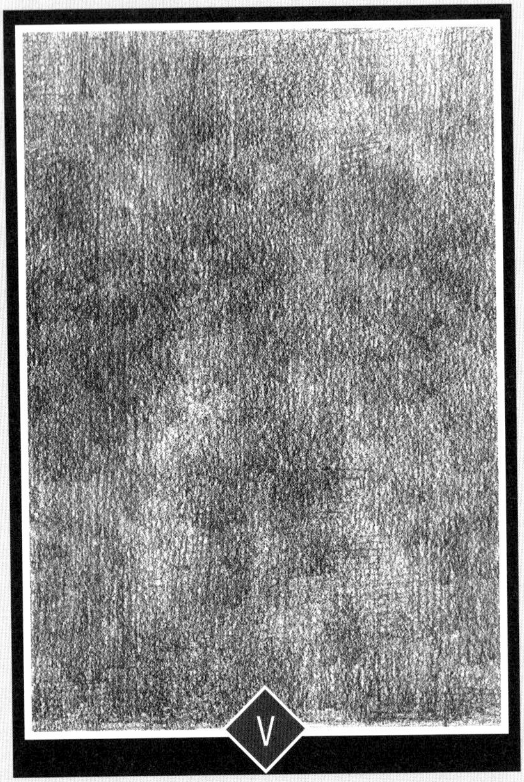

牌名：空

- 元素：土。
- 一片純黑：以色料來說，黑色代表所有顏色的總和，因此這張牌雖是無色的「空」，卻也代表什麼都有。
- 數字5：2＋3的和，代表把二元化（數字2）的界線，經由交流融合（數字3）來消除，即去除一切分別心、回到源頭的意思。

對應塔羅牌的「教皇」

牌名：教皇

- 元素：土。
- 數字5：代表跟外界的人有互動，以及領導眾人往對的方向走長久的路。
- 牌義：傳統、重視基本原則、觀念保守、固執、慈祥、宗教性、可以當重大事件的推手、尊貴卻低調、貴人。

教皇

「教皇」常常被認為是一張具有靈性、可成為心靈導師的牌，也因此很多人對這張牌居然屬於土元素感到很意外。但如果深入探尋「教皇」這個身分所象徵的意義，就會知道它跟土元素是非常適合的。在塔羅牌中，我認為「女教皇、女皇、皇帝、教皇」這四個人物是一組的，在元素屬性方面，正好是四大元素各對應一張牌。如果要說靈性、心靈的轉化，這些有關「個人內心轉化」的部分，其實應該歸屬到「女教皇」牌，當然「教皇」也不是代表全然世俗的，它跟「女教皇」的共同點，就在於它們都是社會中比較「軟性」的部分。要說教皇是「靈性導師」，只說對了一半，「靈性」不見得完全是，但「導師」就很適合由教皇來扮演了。

• 教皇牌代表的儀式、守則、戒律，只是轉化心靈的初階過程

我們想想，一個社會除了世俗部分外，還有精神的層面，精神層面則分為兩個部分：其一是非常個人化、私密的，是每個人要單獨去面對的，沒有辦法複製，也沒有兩個人的心靈是同理可證的，這種內在的轉化完全是一種私人經驗，無法以言語敘述，更無法變成公開的標準流程，只能存在個人的感受中。這種私密的心靈轉化，應該歸類到「女教皇」牌（也就是禪卡「內在的聲音」——象徵敏感、看得清真理，卻是沉默的）。

但是，像「內在的聲音」這種程度的心靈旅途因為無法被傳授，所以走在這條道路上的人非常稀少；而如果我們希望大家都能走上追尋真理的道路，一開始就必須要有一種「眾人都可容易認識、接受的固定模式」，我認為這就是「宗教組織」，也就是屬於「教皇」牌代表的那個部分。

尋求真理之初，都會對「覺察」這種事感到陌生，希望有人能告訴我們：「該怎麼做？標準流程為何？怎樣才能開悟？怎樣才能證得涅槃？」而且會以世俗的角度去思考，認為凡事一定都有一套流程及考核制度，比如念多少遍佛經就應該累積多少功德；行善就能趨吉避凶……這些都是超個人心理學者肯恩．威爾伯（Ken Wilber）稱之為「次級的轉化」的部分，也就是「在尚未有能力認知到真正的轉化之前，先用一些方式將自己慢慢帶離世俗層面」的階段。

但是，真正的靈性不是用這種方式來規範的，沒有人可以保證你打坐念經幾次就可轉化到什麼程度。這些「教皇」牌代表的「宗教儀式、守則、戒律」，都只是暖身操、只是過程而已；但這些教條及道德觀卻是非常重要的方式，不經由這種世俗、大眾熟悉的方式，真理的概念根本無法推廣開來，儀式、教條及戒律是可以複製、可以背誦及可以遵守的，對大眾來說比較簡單，大部分人不踏上這個階梯，就無法往上爬。我很喜歡美國女禪師佩瑪．丘卓（Pema Chodron）在書中提過的一件事，她的弟子問她：「師父，我們整天打坐念佛，對開悟這件事的幫助在哪裡？」她回答：「對開悟一點幫助都沒有。」弟子驚訝地問：「那我們為什麼要打坐念經呢？」佩瑪．丘卓說：「這是為了幫助你們了解，你們早就已經開悟了。」打坐、念經的過程（「教皇牌」的部分）只是一道樓梯，幫你了解這一切都是無謂的，進而體認到那個無法用言語傳達、只在我們內心轉化過程中所得見的境界。

「空」——最充沛的存在，不受任何既定形式的拘束

要解釋「空」這張牌，必須先從空的概念著手。很多人無法理解為什麼在奧修禪卡系統中，教皇牌會用「空」這個形態來代表？教皇牌靠近現實世界，擁有豐富的資源，比「皇帝」還要有錢，「空」卻代表虛無，不是嗎？

以前我也覺得「空」代表一切都沒有了、什麼都消失了，「不存在」的感覺會讓人抗拒「空」。後來我才發現，「空」其實是一個相對字，因為世人太執著於「有形」——頭腦建構出來的種種概念，還有我們自以為真實的一切；但是真實的境界卻不受世俗的法則、形態所限制，「空」等於是一切事物的「原料」，它不受存在形態的限制，所以既什麼都不是，又同時可以是任何東西。這個境界，以我們物質世界的角度來看是「空」，從虛無的角度來看卻是「有」。「空」的意思就是：它是最充沛的存在，是一切萬有，不受任何既定形式的拘束。

回過頭來看，為什麼禪卡要用「空」來對應塔羅的「教皇」牌？「教皇」代表宗教組織、宗教文化、宗教歷史，以及所有的教條和儀式。這些有教義、有組織的宗教團體，往往被人們視為通往真理的道路，想要接近神，多數人的第一個反應就是：先進入某個宗教體系。但事實不然，佛說有八萬四千種法門，歷史上每個開悟者都是經由不同的途徑達到的，開悟是無法複製及量產的一件事，每個人都必須走上自己內心唯一的道路。

台灣作家吳九箴有本書叫《你可以成佛，卻不能成為悉達多》，每個人成道（或追尋自我）的路都不會一樣。我們也常開玩笑說：「佛陀不是佛教徒，耶穌也不是基督教徒。」一旦你開始模仿某一位成道者，就注定會失敗，因為每位開悟者都是前無古人的開創者，沒有任何一個是遵循既定規則而開悟的。奧修更說過開悟不只宗教一種法門，所以他跟佛陀一樣不立文字，意味著法門不需要被定型、被綁死。有人經由藝術成道，有人經由行善成道，甚至透過性高潮也可以瞥見真理的境界。「教皇」代表接近真理（神）的唯一途徑，「空」卻代表這種途徑可以是任何路，完全不需要有固定形態。

元素屬性——土

擁有資源、追求真實、文化、禮教、價值觀、組織、儀式、傳統性、經驗、資產、原料。

VI 愛人 The Lovers

牌名：愛人

· 元素：風。
· 三角形：上三角形代表陽性，下三角形代表陰性，多個上下三角形組合在一起，則代表陰陽交融及調和。

對應塔羅牌的「戀人」

牌名：戀人

· 元素：風。
· 樹上的火：男人背後樹上的火是陽性的象徵。
· 樹上的果實：女人背後樹上的果實是陰性的象徵。
· 數字6：6這個數字有一種凡事取得平衡和諧，還有互相配合的意思。
· 牌義：良好的關係、人緣好、選擇、社交運強、讓你喜愛的事物、感情上的抉擇、溝通能力。

戀人

這張「戀人」牌的圖像表達的是男女互受吸引的狀況，男人與女人是人類的兩極，正因為相反，才會強烈受到彼此吸引。男人背後樹上的火是陽性的象徵，女人背後樹上的果實則是陰性的象徵。這張牌有很明顯的「戀愛」意味，因此很多人在詮釋這張牌時，會把自己對愛情的認知，例如濃情蜜意、山盟海誓、長相廝守等的想像投射到「戀人」牌上；但我們要注意的是，牌圖上的男女雖然互受吸引，卻還是各據一方，表示兩人還是保有相當程度的自我特質，以及某些不確定性。有人會奇怪：「愛情不是應該對應到水元素嗎？」但我認為「戀人」對應風元素是非常合理的。因為這張牌的愛情還在探索、嘗試及彼此好奇的階段，正因為不熟悉，才會產生最強大的吸引力，也才會引動戀愛中的悸動、興奮、患得患失……，稱得上是陶醉的心情。

此外，數字6也有和諧平衡的意思，會相處在一起，但不是將兩邊緊緊地綑綁，「6」沒有數字4那種將兩方關係定型的意思。

愛人——讓我們看見愛、體驗愛，證明我們有愛的能力

一旦探索期過完，就會產生兩個可能的結果：一是繼續交往，但是已經轉變成另外一種更成熟的感情；二是因為已經弄清楚而覺得索然無味，各自分開去尋找其他可能性。「相互吸引」這個狀態只是過程，讓兩個人有機會互相了解而已。很多人說「戀人」也有選擇的意味，所以可能有第三者或花心或背叛的情形，如果搭配其他相應的牌，是有可能呈現感情不專的狀況；但是單就「戀人」這張牌來說，我認為要選擇的是這對戀人接下來的發展方向，比較不是針對選擇對象的意思。

奧修禪卡相對應的一張牌，中文譯為「愛人」。在剛開始分析一般塔羅牌及奧修禪卡的異同時，我驚喜地發現，我對塔羅牌「戀人」的理解，跟奧修禪卡的「愛人」比較接近。我們都認為愛

是一種責任、一段關係，但在某些時候，「關係」會破壞愛，因為關係建立在名份上，也代表責任與義務。比如說，談戀愛時，我們往往會覺得對方有責任讓我們快樂，而我們也必須對他負責，我們的伴侶對我們有忠誠的義務、有滿足我們需求的義務、有跟我們意見相同的義務、跟我天長地久的義務、給我安全感的義務，如果做不到其中一項，很輕易就會被認為是不愛了。但人類之所以發明「婚姻制度」，就是因為知道「愛」是那麼不可確定，「愛」會變動，只好用法律框架來限制愛的變化，至少保障由愛衍生出來的權利與義務。但是「愛人」這張牌所象徵的愛，是不能被限制的，它時時刻刻都在變化中。奧修曾說過，一樣東西如果不變化，它就是死的，凡是活著的就一定在不斷的變化中。如果我們的愛是活的，它就不可能恆常不變。

塔羅牌的「戀人」處在戀愛前期，關係不穩定，彼此也不甚熟悉；而奧修禪卡的「愛人」牌則是處在愛情自由的中間點，這份愛可以轉化為靈性之愛或慈悲，也可以發展成性，在某些時候也可以轉變為友情。「愛人」禪卡不那麼深刻執著，卻有無限的可能性。牌圖上的這對愛人，往上可以連結到那股代表更高境界的靈性之光，往下可以在熱情的紅心中體驗性的接觸；中央的符號，上三角形代表陽性，下三角形代表陰性，多個上下三角形組合在一起，代表陰陽交融及調和，從肉體到心靈到精神面都包括在內。「戀人」塔羅牌的變化是橫向發展的，而「愛人」禪卡的變化則是提升或下降。

• 愛是活的，所以會變動，不可能恆常不變

我們想要永恆不變的愛，通常渴望的不是愛本身，而是安全感。人是安於習慣性的動物，我們不想要擔驚受怕，不想要突然失去所愛，所以希望不變。但是鮮活有生氣的愛，才會帶來欣喜愉悅，也才能夠有成長的空間（成長也是變化的一種），萬一雙方因為未來成長方向不同而分手，也能誠心為對方祝福，並且轉化成為另外一種愛。相反的，一旦把「愛」化約成占有及責任（這的確

是比較符合人性的方式），雖然會讓人有種可以掌握愛的安全感，但那是假象。我們都知道，法律可以懲罰婚外的性行為、可以強制履行同居義務，但是法律無法規定愛。它無法規定你的伴侶必須愛你，畢竟愛不愛無法證明。身處在婚姻中的人以為抱住自己的權利，就抱住了愛。

真正的愛是流動的、是自由的、是無法被定型的，更無法有什麼保障。塔羅牌中的「戀人」是在較世俗的層次，因為這份感情是流動而不確定的，所以「戀人」代表的牌義，就是一種兩人相遇初期的吸引力及愉悅感，這種感覺帶著很多的猜疑和不確定，但同時也帶來刺激及新鮮感。「戀人」牌的愛進可攻退可守，它還在一個嘗試的階段，隨時等著要更進一步或放棄，它的愛有趣但尚未定型，忠誠度比較不高，也不帶有承諾的性質，這是有些人會比較失望的地方。

奧修禪卡的「愛人」牌，則是從更高的角度來看，認為流動才是愛真正的本質。如果你帶有愛，那麼你可以隨時將這份愛轉化成任何關係，而不用怕失去，也不用為了愛的短暫而悲傷。「愛人」的存在價值在於：幫助我們看到「愛」的本身，還有證明我們有愛的能力。我們愛的對象並不是重點，重點是我們付出愛的過程及愛的經驗，還有愛著某人時，自己產生的變化與喜悅，甚至帶動我們往大愛和慈悲跨進的能力。這些都跟伴侶是誰無關。

「愛」不可能恆久不變，在我們還未能擺脫世俗的價值觀時，這一點確實讓人擔憂。而這張「愛人」禪卡，卻教會我們從另一個角度來看：我們不可能永遠不變地愛著一個人，時間一久，愛會變成習慣，那不是愛。如果我們愛的對象必須是同一個人，就要讓他在你眼中每天都像新生的人一樣，要時時抱著驚喜的心態去發現他細微的不同點、他的成長及每個心靈轉折，不要讓自己落入理所當然、視而不見的狀態中。這樣一來，你才能讓愛在恆常中保持自由與流動，也保持真實。

元素屬性——**風**

交流、接觸、好奇、變動、可塑性、愉悅、探索、自由、接受一切變化性、不執著、喜愛、會被不同的人事物吸引。

主牌

VII

覺知 Awareness

牌名：覺知

- 元素：水。
- 薄紗：代表業力、幻象，讓你看不到事情的原貌，往往就是指負面的經驗及過往創傷。
- 火燄：淺藍色的火燄是「清涼之火」，可以除去幻象。

對應塔羅牌的「戰車」

牌名：戰車

- 元素：水。
- 坐騎：人面獅身像代表智慧，黑色座騎代表嚴格，白色坐騎代表柔軟溫和，兩者往不同方向，隱含「心態尚未整合」的意思。
- 車上的四根柱子：柱子上的希伯來文字母是四大元素的意思。
- 戰士胸口的四方形圖案：代表堅定與意志力，四方形通常也等同於土元素。
- 數字7：這是一個晉級數字，代表透過學習、挑戰及磨練往上提升。
- 牌義：瓶頸、意志力強、決心、最後的勝利、陷入兩難、出征、守護某些事物、防禦力。

戰車

這張牌是我在對塔羅牌的定義中，與其他塔羅書差異性最大的一張牌了。就跟「戀人」牌一樣，許多學生上課時，教到元素與塔羅牌大祕儀（也就是奧修禪卡的主牌部分）的對應時，對於「戰車」對應的是水元素也深感不解，因為他們上課之前所蒐集的資料，大都顯示戰車是一張衝勁強、力量大、勇往直前的牌，這跟水元素完全不相關。但我記得，也有少部分資料提到「戰車」牌的兩匹坐騎，分黑白兩邊且是趴著的姿態，其實應該隱含「心態尚未整合」的意思，我個人比較贊成後者的說法；而我對「戰車」的定義，也跟這個說法比較接近。

其實我在這本書裡，還不打算寫到占星學對應塔羅牌的部分，不過「戰車」牌有點特別，就不得不提到一下。雖然「戰車」牌對應的是水元素，但也不是柔情似水或是毫無作為的意思，它對應的占星元素是「巨蟹座」，這個星座是「水象、基本宮」，而基本宮有一種開始、起跑、創新、萌芽、想操控現況的特質，與火元素的特質很接近，所以巨蟹座雖然外表看來陰柔，但是內心的意志力跟堅忍不拔的那一面，卻不會輸給其他人。

• 無人能及的意志力和耐力，才是「戰車」牌最大的戰力

「戰車」牌既然跟巨蟹座對應，就表示這張牌的戰鬥力並不是勇猛的那一種，牌面兩匹趴著的人面獅身像就可證明這一點。人面獅身像代表智慧，並不是衝動的勇氣，趴著就表示尚在思考及觀察狀況。就像巨蟹座的人「很愛擔心、很難下決定，但只要一決定就很難叫他放棄」一樣，「戰車」牌在出征前，會先全盤考慮所有的變數及可能性，不到覺得必勝、有把握的那一刻不會出手。這就是為什麼我會比較認同「尚未整合」這部分的牌義，戰車一黑一白的兩匹人

面獅身面對的方向不同，就表示「戰車」本身兩股不同方向的力量還在拉扯，尚未達成共識，當然也就無法出發。

但是戰車一旦出動，就不可能再撤退，頂多是遇到瓶頸僵在那裡，打長期消耗戰。這種性質的戰鬥力，乍看之下不足為懼，因為會給人一種殺傷力不太大的錯覺，但是「戰車」牌的致勝點是耐心及執拗不移的難纏性格，最後往往不是它自己攻取勝利，而是對手輸給它了！這兩者有很大的不同，不妨想想，你是害怕短時間的生死搏鬥呢？還是害怕沒日沒夜地乾耗下去？「戰車」牌老實說魄力並不夠，但是其意志力和耐力是無人能及的，這才是它最大的戰力。而數字7也代表一種要達到某個點絕不放棄的意志力，呼應了「戰車」牌的性質。

覺知──設想太多只會讓你裹足不前，要做你當下該做的

在釐清「戰車」牌的牌義之後，現在拿來跟「覺知」禪卡對照，看起來就合理多了。從上面「戰車」牌的解讀，我們可以知道，戰車之所以還沒出征，就是被種種的思慮限制住，拿不定主意該往哪個方向前進；而在「覺知」的牌圖上，我們可以看到，前面並沒有什麼實質的阻礙，垂下來的只是一層薄紗，那根本不算是障礙，卻會造成幻象。薄紗上映照出巨大的影子，帶有恐懼與掙脫的意味，我覺得這個部分，其實就點出來塔羅牌中「戰車」的問題癥結。我們都知道：「人恐懼的往往不是事件本身，而是未知。」在你想要用頭腦分析一切，也就是想要掌控一切時，往往就會害怕所有不受你控制的事物，但是這世界上，不受我們控制的比我們可以控制的事物要多太多了，如果必須緊緊抓牢的東西你才能信任它，那麼你將永遠活在恐懼之中，哪裡也去不了。

就像之前我在做活動企劃工作時，通常會先簡單決定一個大方向，然後一邊做，一邊視狀況回頭修改案子。有同事就對這樣的做法不以為然，她認為：「我們應該把以前發生過的突發狀況都考

慮進去，先擬出應對的解決方案，一切都打點好了再開始進行，否則現場會很難控制。」我的回答是：「每一次活動都不一樣，去預防突發狀況是白費力氣，因為就算你設想了一〇〇種可能會發生的狀況，到時候發生的狀況就會是第一〇一種！」我們不可能等到確定安全了再出發，想要安全，唯一的方式就是待在安全範圍內，而不是往前進。一旦出發就沒有時間考慮了，因為問題就在你眼前，不是設想出來的。這反而是好事，因為就在眼前，你可以有效率地直接處理它，不用多花時間及頭腦去恐懼擔憂。

薄紗在這個牌圖上雖然不構成障礙，卻會讓前方蒙上一股模糊的色彩，讓你看不到事情原本的樣子，能造成這種效果的，往往就是負面的經驗及過往創傷，讓你看到眼前的事物，馬上聯想到過去的傷害，就像「一朝被蛇咬，十年怕草繩」一樣。因此這面薄紗意指業力、幻象，你看到的並不是蛇，但是你對蛇的恐懼，會經由這面薄紗投射到草繩上，但這都是假的。

「覺知」牌上的恐懼影子，在淺藍色的火燄（書上說是「清涼之火」）燒開了薄紗後，你就會清楚了，你的意識讓你睜開眼睛，看到其實並沒有什麼值得害怕的事情。藍色系通常是「清明的意識」，這把清涼的意識之火穿透了幻象後，顯示出一張臉（書上說這是佛的臉），帶有一股新生的細嫩感，這表示只要你穿越幻象，就不用再迫切地想要控制一切，也不會再像「戰車」那樣想把所有未來可能的事都先想過一遍，試圖預測及控制事情的走向；相反的，你只要做你該做的，並且確定它是對的，結果不管是成功或失敗，都只是在提醒你一些當下的狀況，一點都不可怕。不用想，去經驗就是了，不要活在頭腦裡，要活在現在。

元素屬性——**水**

思慮多、優柔寡斷、無法在第一時間下決定、有耐心、容易擔憂、常看到別人發現不到的問題、尋求安全感。

VIII 勇氣 Courage

牌名：勇氣

・元素：火。
・小白花：代表順勢而生的勇氣。
・石頭：代表嚴峻的環境或考驗。

對應塔羅牌的「力量」

牌名：力量

・元素：火。
・女子：代表理性、平和、耐心。
・獅子：代表本能及不受控制的野性。
・倒8字符號：代表「無限大」，也是源源不絕的力量。
・數字8：這是一個大數字，代表在世俗層面所累積的數量已經到達最高點，可以任你運用及處置了。
・牌義：以柔克剛、內在的力量、能夠克服困難、馴服負面的性格、受到肯定、往積極面發展、事業成功、誠信、歷久彌新。

以塔羅元素為鑰

力量

塔羅牌中的「力量」，最常見的解釋就是「以柔克剛」的力量，圖上是一名看來柔弱的女子馴服了一頭本來應該是猛獸的獅子，因此可以了解這張牌要表達的意思就是：理性、平和、耐心（由女子代表）可以戰勝「人的衝動本能」（由獅子代表）。由此可見，這張牌的力量是一種更平穩更長久的持續性力量。雖然大家都知道「力量」牌是以柔克剛，還是免不了把這張牌往猛烈的方向解讀，因為「強大才是力量」啊！不過，我還是不能同意讓「力量」牌的性質跟「皇帝」這麼接近，雖然兩張牌同是火元素，但是這張牌配上數字8，會有一種更深遠、更需要長久累積的意味，當然得到的成果也會比「皇帝」牌更為持續。

「力量」牌的能量是外柔內剛的，除了有力之外，同時也帶有包容意味。就像在〈北風與太陽的故事〉中，北風用刺骨的寒風猛烈吹著旅人想剝下他的大衣，反倒讓旅人把大衣裹得更緊了；而太陽卻持續用溫暖的陽光照耀旅人，不強迫也不威脅，旅人舒服地曬著溫暖的陽光，自然而然就把大衣脫下來了。「力量」牌的強大，有時候從外表看不出來，你甚至不知道力量正在發揮當中，但是影響力卻非常明確。

勇氣——無聲無息地發揮出生命力強韌的特質

奧修禪卡中的同一張牌，名稱叫「勇敢」。其實對於「勇敢」這張牌，到底要對應的是「力量」牌或「正義」牌，我也曾舉棋不定。因為一般傳統的塔羅牌序號，「力量」應該是第11號，而「正義」才是8號牌，但在目前世界上流通性最高的偉特塔羅牌中，「力量」是8號牌，「正義」則被移到11號，至於調換的原因，創始人偉特並沒有解釋太多。雖然奧修禪卡核心的觀念系統與偉特牌差很多，但禪卡中的每一張牌都跟相對應的偉特牌有所連結，或是切入點相近，或是牌圖有關聯，或是禪卡是在解釋同一張偉特牌背後的含意或是下一步的方向。而且，在我看起來，「勇氣」的本質確實跟「力量」比較有呼應，因此我決定就採用偉特塔羅牌的順序。

「勇氣」與「力量」這兩張牌最相同的點，在於兩者都不適合在短時間內爆發出大量力氣，「力量」要經由理性與平和來馴化內心衝動的本能，這需要時間也需要耐性；「勇氣」中的小白花是由石頭縫裡長出來的，如果小花急著要冒出石縫，必定會被石塊攔截，甚至破壞。但是，由於生長緩慢，小白花每天悄悄的生長，不帶任何威脅性，也不挑戰周圍環境；正因為沒有侵略性，所以石塊也漸漸讓出空間給它。要這樣無聲無息地發揮出生命力強韌的特質，不但需要時間、耐性，也需要極大的信心及勇氣。

這樣的力量既真實又持久。凡是急著要改變一切的人，不管用意再好，那股突發性的力量必然會演變成破壞及侵略，真正有能耐的人是具有滲透性的，可以秉持著巨大的耐心及善意，漸漸融入環境中，讓大家自然而然地接受他，這是最有智慧的，不會有過多的個人英雄主義，也不會去對他人挑戰或批判。由此可見，「勇氣」的力量是建立在品格及智慧之上的，而非蠻力。

●「勇氣」牌中的小白花不帶有任何目的及企圖心，只是順應環境生長

這兩張牌同時也有冒險的含意。就「力量」牌來說，一名柔弱的女子能依靠的只有她的智慧和耐心，她手上沒有任何武器，也沒有援手，要面對一頭猛獸，當然有一定的風險。但是她的愛及勇氣產生了自信，讓她可以去面對這個看似艱困的任務。而「勇氣」牌中的小白花，要從石縫當中冒出來，必然也會遇到重重難關及考驗。「勇氣」中的小白花與「力量」稍微相異的地方是，它不帶有任何目的與企圖心，只是順應它所遇到的環境，調整自身來配合這個世界，因此可以找到存活的

空間。在這樣的情況下，不只是小白花接受了這個世界為它準備的環境，這個世界也讓出空間給小白花，這個石縫，就是小白花展現自己生命力的舞台，它通過考驗之後，開出的花朵顯得如此美麗又自由。

這張牌的勇敢帶有很強的社會性，不憤世或怨天尤人，如果這朵花代表的是一個社會人士，那麼他找尋自我舞台的方式，除了看看自己想要表現什麼之外，也同時會看這個社會有哪裡需要他。他既充滿尊嚴，又有很強的服務性。如果代換成我們人類社會來看，我們都知道怨天尤人很簡單，你可以責怪社會、責怪父母，甚至責怪前世，看似悲傷，卻是一個把所有責任都往外推的投機做法。這樣的受害者心態，讓一心想逃避的人可以找到一個不用成長的藉口，但這不是最適當的做法，因為那會讓你永遠停留在同一個地方。口口聲聲抱怨不幸，其實那就是你的避風港；而如果我們想要改變和突破，就得離開這種虛假的避風港。

「勇氣」在我的眼裡，還帶有一股天真的力量，好像不管環境再嚴峻，小白花都能興高采烈又漂漂亮亮的，它原本可以以種子的形式躲在安全的保護殼之內，卻選擇面對這個世界，選擇挑戰自己的能力，並用不驕傲的姿態展現出美麗與自信。這種過程看似自然，其實是一種寧靜革命，這比許多轟轟烈烈的成功，需要更大的力量與生命力。

元素屬性——火

能量充沛、信心、勇敢、榮譽感、有毅力、有足夠的能源、受人肯定、能力強、握有主導權、目標明確、挑戰、冒險。

IX 單獨 Aloneness

牌名：單獨

- 元素：土。
- 灰暗的周圍：代表與外界隔絕。
- 燈火：智慧之光。

對應塔羅牌的「隱者」

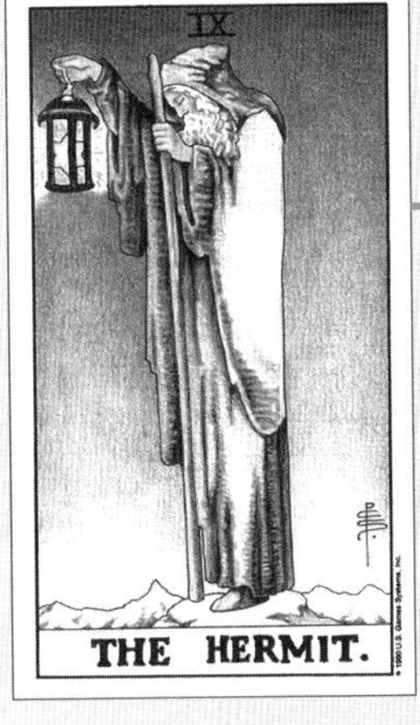

牌名：隱者

- 元素：土。
- 油燈：真理之燈。
- 燈中的六角形符號：所羅門封印。
- 燈光：潛意識之光。
- 數字9：這是代表「轉化、臨界點」的數字，就像毛毛蟲要變成蝴蝶必須經過蛹的階段，是一個轉化及蛻變的過程。
- 牌義：孤獨、隔絕、不被理解、智者、專注、孤芳自賞、道德上的高傲、固執、不為人知、隱藏、低調、長者、師父。

隱者

塔羅牌中的「隱者」，是一張低調隱晦的牌，離群索居，潛心修行，就像我們一般所認知的「世外高人」一樣，看起來很有智慧，但話不多。「隱者」牌的性質是封閉、孤僻的，照理說他的孤寂應該是曲高和寡，跟人群似乎有某程度的差異而非只是社交手腕的問題。但是他的遠離人群，比較像是不合群，「隱者」是特意隱藏自己，或許是為了不受干擾，或許是要摒除雜念。就算這張牌有種智者的味道，但我總覺得「隱者」雖然認真且對自己要求甚嚴，卻有種「小隱隱於野」的感覺，因為知道自己容易受影響、修為還不夠，所以必須隔離外在的世界才能靜下心來。

這就像雛雞在發育完成前，需要蛋殼來保護一樣，真正成熟的人就像發育完全的小雞，繼續躲在蛋殼裡是會悶死的。這就是土元素認真、不屈不撓，但又不太知道如何跟外界溝通的特質。數字9通常也是一個「獨立、個人化」的數字，對知識比對世俗有興趣，跟「隱者」的性質算是很契合。

「隱者」跟「女教皇」這兩張牌表面看起來很相似，但是「女教皇」牌是水元素，就親和力來說，稍稍比土元素的「隱者」來得強一些。「隱者」的疏離，展現在人格及言行舉止的不合群上；而「女教皇」的疏離感，則是來自於她內心世界與外在世界根本上就是不同的，她可以處在人群中、有正常的社交圈，但還是保有自己內心的空間。相較起來，「女教皇」比較接近「大隱隱於市」，她天生就活在這個境界中，沉浸在自己的世界裡，沒有太多的企圖；而「隱者」則是透過自我要求，努力要達到某一種境界。

單獨——不同於孤單，單獨是懂得享受自我、包容一切

奧修禪卡中，同一張牌的名稱是「單獨」，這兩個字需要先釐清。只要熟悉奧修相關著作的

人，應該都記得「單獨」是一個很美的字眼，不是指孤單，更不會寂寞，就只是單獨。不同於「隱者」，「單獨」雖然也是自己選擇的，但是它比較沒有「隱者」的執著及對知識的渴求，反而揉合了「女教皇」那種享受自我世界的味道。「隱者」是隔離世人，「單獨」是真的覺得這世界只有他一個人，所有變化萬千的人事物都是他的一部分，這種性質又超越了「女教皇」，更接近包容涵蓋萬物的感覺。不是他躲在自己的世界，而是整個世界都是他一個人的。

這個定義，也更接近數字學中具有大智慧的數字「9」。這樣的人，反而更容易放得開一切事物，因為當你什麼都不缺時，自然不會產生太多的貪念與權力欲。

如果你是「孤單」，就會有一種被遺棄的感覺，似乎得不到別人的支持和關懷，就沒有足夠的能量。但是「單獨」不同，它代表你有足夠的力量不需靠他人的支撐，能夠為自己的一切負責並持續前進，甚至可以讓別人一旦靠近你，就獲得了正面的力量（不是你去支持別人，而是你散發出來的影響力，讓別人也可以獨立）。這種狀態除了帶來圓滿的感覺之外，還帶來自由。這種情形好有一比，一個是人緣不佳，整天除了關在房間打電腦，對什麼事都沒興趣的宅男；另一個是生活圓滿、事業成功，因為別無所求而不再追逐其他東西的成功人士，兩者是不一樣的。

•「單獨」是一種最健康的狀態，唯有身心健全的人才能單獨存在

有一句話大家一定聽過：「每個人都是孤伶伶來到這世界，最終也是孤伶伶回去。」這句話的原意帶有一種「其他人都無法依靠，只能靠自己」的感傷，但我覺得，這卻顯示出「單獨」是一個人最本然的樣子，也是最合理的存在狀態。只是我們一進入娑婆世界後就迷失了，忘了這種自我圓滿的喜樂狀態。直到要離世前，不得不一個人上路時，才會又重新回到單獨。這樣看來，單獨無須感慨，而是值得慶賀：因為我們又回到「自己就是核心」的時候了。如果永遠在渴望期待他人的支

持及給予，就永遠無法讓自己獨立。

談論到兩性觀點時，常常會提起這樣的話：「要先愛自己，才有辦法愛別人。」多年前我在跟一位女性朋友聊天時，她用一種憧憬的語氣說：「我真希望有人非常非常愛我，沒有我會活不下去。」我當下就告訴她：「如果是我，我不希望我的對象沒有我就活不下去，不管是生活或心理上。因為這麼一來，他跟我在一起，只是因為無法忍受少了我的感覺，那麼他跟我在一起還是為了他自己，這樣我的壓力會很大。我希望他沒有我，也能過得很好。他之所以選擇跟我在一起，是出於他的自由意志。」雖然這是年少無知時出於耍帥的說法，但是現在回頭看看，我發現從另一個層面來看，這種態度反而是對的。因為生活是一種分享，而不是互相填補對方的坑洞。

很多時候，「單獨」其實就意味著「完整」，在占卜現實狀況時，這張牌與「隱者」牌不太一樣。「隱者」其實代表溝通能力不是很好，或者對方還沒找到可以順利與隱者溝通的方式；但「單獨」禪卡不同，不是表示不能跟其他人溝通相處，相反的，如果我們是不健康的，那麼會被我們吸引來的人同樣也會是不健康的，只有能夠單獨存在（也就是健全的人），才能建立健全的關係。「單獨」，才是一種最健康的狀態。

元素屬性──土

低調、沉默、不易受他人影響、整體性、完整、持續前進、堅持、不善表達、累積、緩緩成長、認真、執著。

主牌

X 改變 Change

對應塔羅牌的「命運之輪」

牌名：改變

- 元素：火。
- 太極：代表陰陽互相作用，以滋生萬物。
- 三角形：上三角形是火元素符號，代表生命力及新生。
- 彩虹：代表物質世界。
- 八卦：生生不息。
- 星座：12星座都到齊了，代表完整性。
- 閃電及漩渦：代表有新的事物要產生。

牌名：命運之輪

- 元素：火。
- 三重輪圈：最內層是創造力，中層是凝聚力，最外層是顯化到物質面的力量。
- 輪子上的蛇：埃及神話中的邪惡之神Typhon。
- 輪子上的狼：埃及神話中的冥界守門者Anubis。
- 輪子上的人面獅身及劍：都代表智慧。
- 數字10：10是代表圓滿、完成的數字，又是二位數的開始，表示每一個舊的結束，都是為了另一個新的開始做準備。
- 牌義：好運、機會、事情往好的方向前進、可能性、順勢而為、命運安排的出口、適合改變現況、擴充。

命運之輪

「命運之輪」是一張想拓寬眼界、求知欲很強的牌，跟上一張「隱者」一樣，都想要不斷提升自己的程度。如果「隱者」所用的方式是讀萬卷書，那麼「命運之輪」採用的方式就是行萬里路。同樣是追求真理，「命運之輪」是起而行的人，它想要經驗、想親身去體驗每一樣新的東西，而非紙上談兵。所以這張牌就是既有知識份子求知的風範，同時又是一個活潑外向、不會為自己設限的開放型人士，代表的是一種實證型的求知態度。

火元素一向是莽莽撞撞的，但是這種橫衝直撞的個性，如果搭配上求知欲，就是一種很好的組合。因為許多事情如果思慮過多，就會看不見最顯而易見的事實，想追尋一個目標，親身投入會比閉門研究資料來得有用多了。就像一個整天坐在辦公室裡吹冷氣的政府官員，不管他的工作是擬定農業、交通、教育等任何相關政策，一旦經驗不足，就絕對制定不出真正可行的方案。

「命運之輪」雖然勇往直前，卻充滿了碰運氣的成分，這張牌的計畫性不強，因此往往靠廣結善緣來補強自己的缺失。幸運的是，「命運之輪」一旦出現，就表示現在是你的好日子，這是一張永遠充滿驚喜和變數的牌，會帶來無窮的機會，任何事情都正在往對你最有利的方向前進，不管你計畫追求什麼，抽到「命運之輪」都代表一個最佳的時機點正在眼前。但相對來說，這張牌的弱點就是，在這段時間它可以讓你不管走在哪條路都能一路順風，但是一旦運氣用完，若還存在著賭一把的心態，說不定會摔到比「命運之輪」出現前還要低的點。

改變——不要怕改變，一味避開危機，也會錯過轉機

在奧修禪卡中，相對應的一張牌叫「改變」，從這個名稱就可看出它更樂觀的地方。大部分的

人都希望生活安穩而不要變動（這一點在前面好幾張牌也都提過），可是「變好」也是一種變動，我們必須允許事情按照它本來應該要有的走向來發展，而不是為了保住既得利益就拒絕改變。要知道，好運的降臨也會改變原有的生活，避開所有危機的同時，也錯過了轉機。

「改變」跟「命運之輪」最大的不同處，就是「命運之輪」所帶來的幸運都是很快出現，端看你能否掌握住；而「改變」帶來的幸運，往往不是用你可以理解的方式來呈現，也許你一開始會認為這個改變是壞事、是顛覆你人生的禍首，但是重點在下一步：你要怎麼利用這個改變轉成對自己有利的狀況。我看過很多例子，比如被愛人拋棄、又被公司裁員，自認是天底下最不幸的人，但抽到的「改變」牌圖上卻是一種很有力的現象，原因何在？果不其然，過了一陣子後，拋棄他的愛人原來負債累累，開除他的公司內鬥嚴重，不但關門大吉，還拖欠了員工數個月的薪水，而早先他被裁員時還領到了遣散費，算是所有同事當中損失最少的一個了。

然而，千萬不要因為逃過一劫就滿意了。因為這張牌要達到的目的，可不只是「比起別人算好了」，「改變」要你做的事情不只如此。這張牌代表整個人生都要更新，要找到更遼闊的出路，它要你變得耳目一新。所以，它或許讓你離開差勁的伴侶，為的是要你改變原來的愛情觀；讓你被公司裁員領到遣散費，是要你拿這筆錢去進修自己真正想走的路，甚至發展個人的事業而不是領死薪水。只要「改變」牌一出現，最好不要再企圖回到原來的生活模式，因為那已經快要行不通了。

●「改變」禪卡預言了一個成功率高的未來，只要肯改變就會有收穫

在看得懂神祕學符號的人眼裡，「改變」的牌圖是相當振奮人心的。圖的正中央就是一個「太極」，太極代表陰陽互相作用，這樣才能讓萬物開始滋生，就像一男一女才可能製造出新生命一樣。太極外圍的上三角形是火元素符號，火元素代表生命力及新生，也代表某些事情要「發生、展

開」了；太極旁邊的紫光和白光都是靈性，推到最外圍卻是代表物質世界的彩虹，所以代表「改變」這張牌的影響力並不是把原來的事物推翻掉，而是製造出新的可能性，自然而然取代舊有的東西。就像上文說的，你不只應該離開原有的工作，還應該去創造出一個更好更適合你的事業。

任何改變通常都伴隨著風險，奧修禪卡的「改變」牌卻預言了一個成功率非常高的未來。牌圖中的四個顏色，代表了四大元素都到齊了，另外八卦的圖像也都到了（八卦生萬物），十二星座（另一個完整性的象徵）也環繞在周邊，這些構圖有一種「因緣俱足」，一切都會自然示現的感覺，表示你的冒險不是在冒險，反而是一種順應天命的行動。

牌圖上最顯眼的是許多閃電，跟整個輪子看起來像是在旋轉而帶動的漩渦，「閃電」和「螺旋狀」，在象徵學上都代表「有新的事物要產生」。有趣的事，這張牌圖上看起來像是驚天動地的改變，但實際上只是生命必然的、唯一的行進方式而已。「改變」是自然的、應該的，抗拒改變才會招來毀滅，沒有人應該永遠停留在同一個地方。

如果你閉上眼睛祈禱生命不用成長蛻變就可以一切安穩，那麼只要一個浪頭過來，就可以把你捲入海中不得翻身。這跟《易經》的「易」不謀而合，唯有不斷變易才能生生不息。越膽怯越不想改變，就越會讓你跟著任何風吹草動團團轉，受外界環境所控制，無法當自己的主人──想要保全自己，就必須在改變一開始時，就把主導權握在手上，讓世界跟著你轉。

「困難」只是要引誘你突破現況的一個引子，只要永遠把危機當成轉機，不要永遠只想停留在舊有的虛假安全感中，你就不會再害怕任何形式的改變了。

元素屬性──火

新生、突破、移動、改變現況、企圖心、魄力、執行力、冒險、決策、前進、渴望轉變、開拓。

XI

突破 Breakthrough

牌名：突破

- 元素：風。
- 紅色碎片：爆發力。
- 人：代表自我意志。

對應塔羅牌的「正義」

牌名：正義

- 元素：風。
- 真理女神：右手高舉寶劍，象徵決心，寶劍不偏不倚，象徵公正。左手拿天秤，代表追求平衡。
- 背後的紫色布簾：象徵著尚未顯露的智慧。
- 兩根柱子：善惡兩邊的衡量。
- 數字11：代表新的周期展開了。
- 牌義：公正、真理、黑白分明、司法、判斷力、平等、誠實、平衡、理性、公認的價值觀。

正義

這是一張我認為很重視表面形式的牌，很多人聽到正義兩個字，都會聯想到斬釘截鐵、正氣凜然的態度。但是我們都知道，這種英雄式的正義是非常主觀的，對甲方來說是正義，對乙方來說可能就是迫害；而「正義」牌是風元素，風元素主客觀、協調、溝通、分析，比較接近尊重群體或科學式的思維法則，基本上不會走這種個人英雄主義路線，它代表的是在客觀情況下能找出來的最佳平衡點。對甲乙雙方來說，「正義」牌的判斷不可能完全合甲方或乙方的意，而是找出雙方都不見得很滿意、但還可接受的結論。有時候，這樣反而要犧牲一點真相，但是對「正義」牌來說，達到雙方都能平衡、不要旁生枝節，盡快「平息紛爭、回到常軌」才是最重要的事。

順道一提，在托特塔羅牌中，這張牌的名稱是「調整」，我覺得更能傳神地表達出這張牌的含意。在世俗及觀念角度不同的限制下，很難有一套評斷的準則是完全符合正義的，因此我們透過法律、透過協調、透過條件交換能得到的結果，都只是「盡量」接近正義而已，需要大家彼此配合，修改自己的一些堅持，「調整」等於是達到「正義」的過程中所使用的方式。

●「正義」是一張形式化的牌，努力維持平衡，不要求絕對公平

「法律」就是這種形式正義的代表，而法律也很少能夠達到真正的正義。比如說，如果我殺了一個人，法律通常不會讓我一命換一命，這對被害人來說，一定是不對等的懲罰，失去一條命跟坐牢相比，就事實上來講當然是不公平的。但法律還要考慮到教化人性的層面、社會的善意價值觀，往往會以「改過自新」的目的來制定懲罰方式，雖然不公平，相對來說卻是一種比較適合群體的做法，只要犯人服完刑期，就可以再得到融入社會、貢獻群體的機會。就法律來講，這已經

是給受害者一個「正義」了。因此，我才說「正義」是一張形式化的牌。

正因為「正義」牌不走極端，很努力地維持團體平衡，所以除了法律之外，各種規章、合約、公認的道德觀，也都在「正義」牌的範圍之內，並形成社會的基本價值觀，是我們要去配合這個價值觀，而不是價值觀來配合我們，所以常常必須犧牲許多個人化的觀點和特質，好讓群體之間不會摩擦衝突。因此「正義」牌用在需要標準化流程的事件上，就會很有利；相反的，在必須強烈突破某個關卡的狀況下，「正義」牌就會顯得軟弱無力。因為它就是我們常常在說的「依法行事」、「程序上沒有瑕疵」，並不代表這個做法是正確的。所以「正義」牌是一種大數法則下的產物，因為有很多人很多事要和平共處，就必須制定一個公認的標準及步驟，才能順利推廣並執行。相反的，如果要求絕對的公平，對群體社會而言，會耗費太多時間和成本，反而有害。

突破——當安穩變成限制時，就表示該邁向下一個階段，有所突破了

奧修禪卡中相對應的一張牌叫「突破」，這一點就有趣了。在課堂上，當我介紹對應的這兩張牌時，曾跟我學過偉特塔羅牌的同學，腦子裡馬上產生衝突，他們覺得：「正義牌最弱的，不就是突破某件事嗎？為什麼這兩張牌會是同一組呢？」他們也覺得這兩張牌之間好像找不到共同點。但我覺得這兩張牌之間，有一種前後因果關係的連結。

「正義」牌，其實是一張「在安全範圍內，用一套可靠的標準步驟，來預防錯誤發生」的塔羅牌。假設我們要做一件事情，不可能一開始就非常熟練，所以我們必須先找到一個標準化的進行方式，不斷反覆練習，直到熟練為止。以學畫畫來說，就算你很有天分，也必須先了解如何配色、如何精準抓出比例、如何表現出空間感……如果這些基本功都沒有的話，就算你內心世界再怎麼繽紛獨特，都無法透過畫筆把內心的感受呈現出來。學鋼琴也一樣，我們必須一次又一次重複無聊的練

習曲，必須「訓練」自己一看到譜，手指馬上就知道如何歸位，在所有技巧都熟練了以後，才能表達出你的「風格」。沒有基本功，就沒有基礎來支撐你發展出自己的特色，就像很多漫畫家的畫風簡易樸拙，看起來似乎不需要用到什麼繪畫技巧，但實際上如果你沒辦法精密素描、不能掌握比例，就完全不可能用這麼簡單的筆觸把整個畫面表達出來。有趣的是，如果在你一切技巧都已經成熟，卻沒能淬煉出更高的自我風格時，也不會就一直安穩地待在現況，反而會陷入瓶頸期，或者我們稱之為混亂的「撞牆期」，而「突破」牌正是撞牆期的出口。

「正義」牌代表的是「標準步驟」、「照既定模式訓練」的過程，但是這個過程，最後目的就是為了要「突破」，才能開始發展出自己的風格和想法。正如同「突破」牌面所顯示的——一名男子終於打破那個看起來堅固的屏障。這也像「11」這個數字，在完整並帶有限制的「10」之後，又凝聚出新的「1」，也就是一個新開始。

「正義」牌是一種標準化的原則，它的標準和規格是泛用型的，就像是成衣一樣，不是量身訂做，而是固定幾個尺寸套用在所有人身上。換句話說，「正義」牌代表的是一種重複且力求面面俱到，而非精確性的狀況。但是，如果我們重複同樣的模式太久，這個模式就會開始老舊、過時，並且不符合需求，就像衣服過時會退流行、不合身一樣，一旦自己認同的一切開始被淘汰時，都會感到驚惶不安，這是人性。事實上，這種崩潰就是要讓你覺知到，舊有的原則該更新了；這並不表示你過去認定的一切是錯的，而是它已經把它的效益發揮到盡頭，讓我們在安全的流程中穩定成長，等到「安全」變成一種「限制」的時候，就表示我們已經要開始邁向下一個階段，也就是「突破」的時候到了。沒有之前的重複和機械化，就不會有後來的突破。

元素屬性——**風**

理性、邏輯、形式、觀念、注重合理性、斡旋、價值觀、程序、評論、判斷、分析、法則。

XII 新的洞見 New Vision

牌名：新的洞見

· 元素：水。
· 圓形：屬於靈性層面。
· 三角形：火元素圖形，代表往上突破進入更高的境界。
· 四方形：屬於物質層面。
· 羽翼：象徵脱離前一個階段進入新的境界，有如浴火鳳凰。
· 匍匐爬行的人：代表蜕變後脱下來的舊軀殼。

對應塔羅牌的「倒吊人」

牌名：倒吊人

· 元素：水。
· 紅色褲子：紅色代表生命力與物質世界，褲子是穿在下半身的，所以代表肉體感官及物質世界，也就是「身」的部分。
· 藍色上衣：藍色是理性思維，上衣是穿在人體的中心部位，代表「心」的層面。
· 頭上的金色光芒：金色是第八輪的顏色（位於頭頂上方），頭代表收發訊息之處，這部分代表「靈」的層面。
· 數字12：這個數字是人與天地的一個共同點，可以幫助我們發現整體的奧祕。
· 牌義：犧牲、退讓、消極被動、等待智慧、忍受最低潮的時刻、從另一種角度看世界、懸置、決斷力不足。

倒吊人

塔羅牌的「倒吊人」，解讀一直有點兩極化，因為這張牌是被動的水元素，明顯的處在一種弱勢的狀況下，加上又是一個被倒吊的人，所以有忍耐和受苦的含意。但另一方面，又因為他的表情看起來平靜，不像在受苦，頭上有智慧的光環，被倒吊的姿態又令人聯想到北歐神話中為了求得智慧就刺瞎自己眼睛、倒吊在生命之樹上的奧汀神（Odin），或是為了替世人贖罪而被釘上十字架的耶穌，因此也有「犧牲、奉獻」的含意在內。

但我個人覺得這些解釋雖然有部分是合理的，但不管是忍耐受苦或犧牲奉獻，都帶有一種「選擇」的意味在內，但「倒吊人」卻沒有那麼英雄式，他並不打算對抗什麼，也沒有要換取什麼。因此，我認為「倒吊人」這種完全受制於環境，卻不試圖掙脫的心態，比較接近「臣服」。

臣服是全然的接受，不批判不揀選，也沒有任何預設立場。就現實層面而言，「倒吊人」這張牌或許身體上的確是在受苦，但是心理卻沒有在受苦。其實我們痛不痛苦，端看是否願意將自己置身在痛苦之中，有一句話說：「重點不在於發生了什麼事，而是你對這件事情的詮釋。」除非你允許，否則沒有人可以讓你痛苦。因此這張「倒吊人」牌出現時，你有可能處在一個身不由己的狀況，也有可能面臨極大的困難，但是心理狀態則是因人而異（究竟情緒上痛不痛苦，我會經由整副牌的搭配來論定）。

•「倒吊人」牌是全然的臣服，不批判也不抗拒

「臣服」的反義詞就是「抗拒」，如果我們會感到痛苦，就是因為心態上的抗拒——拒絕承認眼

前的狀況，並試圖逃避。只要有接觸心靈書籍的人，都應該聽過「凡是你越抗拒的東西，就越會壯大它的存在，最好的方式是接受、經歷，然後放下」這一類的話，而這個「接受、經驗、放下」的過程，正是一種「臣服」，也是「倒吊人」面臨困境時，所能用的最佳處理方式。

很多人會以為「臣服」是認命的意思，認命地接受一切對自己不公平的事物，但其實正好相反。舉個例子，如果妳是女人，跟一個花心、欺騙成性、人品低劣的對象交往，那麼在現實環境中，妳就是處於「倒吊人」面臨的狀況。因為妳無法改變這個男人，妳也無法控制每件事情的演變，所以妳是沒有抵抗能力的；這時有人可能會覺得：「要我臣服，就是要我接受這個男人對我的種種不好，我要忍耐，這樣才會等到美好的結果。」但是我們並不鼓勵任何人成為受害者。這時妳可以有兩個選擇，一個選擇就是否認眼前這個男人對妳而言是個負面的存在，找種種理由幫他開脫，強迫自己相信他的謊言和承諾，在傷痛時把事情怪罪到無關的人身上，或毫無證據地認為他總有一天會改變……。表面上看來，這樣做像是認命，其實妳是在抗拒承認自己造成的錯誤，妳想要說服自己的決定是對的，妳不想認輸，所以放任傷害繼續擴大。另一個選擇，就是承認自己錯了、輸了、他不愛妳了，然後鼓起勇氣來正視自己所面對的所有不堪並加以處理，願意承受隨之而來的痛苦轉變，做出正確的決定——離開這個狀況，才有機會超越這一切，不再溺陷在其中。這才是臣服。然而，有時要一個人承認他自己錯了，比要他受千刀萬剮還困難。「倒吊人」在的時候，你可以決定自己要把多少時間耗費在眼前的不幸上，或是盡快超越這個階段，一切完全操之在你。

新的洞見——破繭而出，接納並體驗所有情緒，然後慢慢轉化、昇華

奧修禪卡中相對應的一張牌，牌名是「新的洞見」，這個名稱非常貼切。我們可以看到牌圖

中，一個裸身的人，身上有著如鳳凰般的羽翼，象徵他脫離前一個階段進入新的境界；他的下方是一個匍匐爬行的人，那是他蛻變後脫下來的舊軀殼！這象徵一切痛苦的打擊和磨練，就像繭一樣，毛毛蟲要在繭內蛻變，就必須經歷極為痛苦的轉換模式，毛毛蟲的形態必須死去，蝴蝶才能新生。在這個死去的過程，有一個新的自我在當中醞釀，一旦你從連串的痛苦過程中，領悟到自己真正的能力及決定權，就可以重生並破繭而出，轉變為一個全新的人。蛻變完成後，你會回過頭感謝這個巨變；而陷在繭中動彈不得、轉化失敗的人，才會將轉變視為災難。

奧修禪卡的書上，對於牌圖有這樣的解釋：「四方形代表身體的、物質的、顯像的和已知的。圓圈代表那個未顯像的、心靈的和純粹的空間。三角形象徵宇宙的三層本質：顯像的、未顯像的，以及包含了這兩者的人類。」但更單純的講法是，四方形屬於物質層面，圓形是靈性層面，而三角形也可以視為火元素圖形，往上突破進入更高的境界；這也跟牌圖上人物的蛻變是完全吻合的。只是因為「新的洞見」牌是水元素，因此這張牌並不是用躍升方式往上突破，而是用接納的方式體驗所有情緒，然後慢慢轉化、昇華。

在我們完全脫離過去之後，才有機會用新的眼光審視過去的經驗。當你失敗時，過去的痛苦是一連串的負面因素；但一旦成功了，過去的痛苦也是促成你成功的因素。發生在我們身上的考驗無法逃避，但是既然重點在於我們如何詮釋發生的事，我們就必須能發展出一個新的角度和眼光，也就是「新的洞見」，把事情轉往對我們未來有利的方向。我們必須成功超越環境給我們的苦難，才能了解外在的一切無法真正主宰我們的命運。

元素屬性——水

臣服、被動、包容、等待、潛伏、昇華、順應環境、沉靜、接受、無作為、轉化、隨波逐流、慈悲。

XIII 蛻變 Transformation

牌名：蛻變

- 元素：水。
- 花：代表空。
- 代表蛻變的象徵物：包括切開幻象的劍、已蛻掉舊皮的蛇、那條已被打破限制的鏈子，以及超越二分性的陰陽太極圖。

對應塔羅牌的「死神」

牌名：死神

- 元素：水。
- 皇帝：代表世俗權威。
- 女人：代表感性和軟弱，不敢正眼看死神。
- 教皇：明白一些道理，所以尊敬死神。
- 小孩：天真無邪的小孩，不帶任何立場及批判。
- 數字13：13被認為是「多出來的」數字，代表破壞及干擾的力量。
- 牌義：結束、盡頭、滅絕（有時會是新生）、分開、改變、踏入下一個階段、置之死地而後生。

死神

塔羅牌的「死神」，常常被我看成是「倒吊人」的進階版。「倒吊人」已經放棄抗爭、已經臣服，接受後續發生的所有事情，所以力量是沉潛的；而「死神」代表的是在沒有其他因素下，一切順應自然的「倒吊人」，在力量耗盡後自然會走到最後一步，也就是代表終點與結束的「死神」。

好萊塢文化或是對塔羅牌不了解的人，一看到「死神」往往就認定這是一張可怕的牌，但那是誤解。事實上，「死神」是順應天地之道的自然現象，凡是有形物體終將有氣數已盡的一天，但結束並不代表消失，反而是代表你要進入下一個階段，也就是全新的生命體驗。因此對我來說，辭職、分手，甚至結婚，都可以跟「死神」牌連結上，因為這些都代表你已告別了眼前的狀況，要邁向另一個階段。人們總愛依戀舊有的，害怕未知的，而透過「死神」牌，等著迎接我們的，就是一個未知的世界。因為害怕捨棄現有的一切後會落得什麼都沒有，所以我們往往拒絕放手，這對自己沒有好處。既然你都完成小學課業了，幹嘛還不畢業，讓自己升上國中呢？如果你的生理和頭腦都已經成熟，為什麼不脫離青少年時期，開始進入社會當一個成年人呢？

●「死神」是恩賜，讓你有機會升級，進入更高境界

害怕死亡的人，代表他們沒有真正活過，因為如果你的升級考試及格了，為什麼不告別現在的學習階段？如果你盡興地活過一回了，為什麼要抓著生命不放呢？該體驗的都體驗過了，就沒什麼好留戀的。停留在原來的階段看起來似乎很安全，但實際上這才會讓你慢慢耗弱並且崩毀，因為停止變動的事物，往往才是真正的死亡；而肉體上的死亡，反而可以將你從物質的限制中解放出來，進入更浩瀚的境界。水元素就代表消除一切的分隔與邊界，讓小我溶入大我裡面，經由自我

的分解而昇華，水元素讓我們不再局限於有限的物質生命中。

如果你不接受死亡，你就會害怕死亡，如果你忙著擔心害怕，就沒辦法看到你接下來面對的可能性。逃避，只會讓你重新落入輪迴，拒絕死亡，我們就會一遍又一遍地重複同一個階段。所以「死神」是一個恩賜，讓你有機會升級，進入更高境界。在偉特牌的「死神」牌圖上，皇帝代表世俗權威，抗拒死神所以被死神擊敗；女人代表感性和軟弱，不敢正眼看死神；教皇明白一些道理，所以尊敬死神；只有天真無邪的小孩，因為沒有批判，也不會對未來抱持想像出來的恐懼，所以歡迎死神。小孩也代表最能適應改變，並真正享受生命的人。

蛻變——這是一種徹底改變的狀態，要坦然而勇敢地汰舊迎新

所以奧修禪卡相對應的一張牌稱為「蛻變」，就是很合理的事了。「蛻變」是一種徹底改變的狀態，比如一株花要從種子到開花，必須經歷好幾次死亡——種子的形態必須死亡，以便蛻變成幼芽↓幼芽形態必須死亡，才能蛻變為花苞↓花苞的形態必須死亡，花瓣才能全部綻放。每一次的死亡都會跟一次重生連結在一起，表面看起來像是死亡的事情，卻把一小段一小段個別的生命串連了起來，反而得到永久的生命。

有趣的是，在塔羅牌中，「死神」只代表了結束的那一刻，之後的「重生」意境則是到了20號的「審判」牌才出現，而在托特牌中，20號牌的名稱就叫「永恆」。不管是偉特牌或托特牌，20號牌都帶有從前世過渡轉化到今生的意思，更貼近這張「蛻變」的含意。

不過在奧修禪卡中，20號牌所要呈現的又是另外一個面向，所以「重生」的部分在對應13號「死神」的這張「蛻變」禪卡就可看到了。「蛻變」牌圖的象徵物，原文已經說得很白話，不需再多加解釋：「這個人坐在一朵象徵著空的大花上面，手裡拿著蛻變的象徵，那把可以切開幻象的

劍、那條可以藉著脫掉牠的皮來重新恢復新鮮的蛇、那條已經被打破限制的鏈子，以及那個超越二分性的陰陽太極圖。其中有一隻手放在大腿上，象徵敞開和接受，另外一隻手向下去碰觸一個睡臉的嘴，象徵著當你在休息時所產生的寧靜。」

如同前面所說的，「蛻變」過程要面對程度不同的小小死亡。如果你非常愛一顆種子，認定它就應該是種子的樣子，等它變成幼芽時你將會悲傷，因為種子不存在了。可是事實上，生命是動態的，種子、幼芽、花苞、花朵，全部串連起來才會是一個完整的生命，如果你希望它永遠保持原狀，就是在扼殺生命。有關人的死亡不只限於指涉生命消逝，如果一個媽媽拒絕接受孩子長大的事實，遲遲不肯放手，即便她的孩子還在呼吸，他也失去了蛻變的機會，等同於失去生命了。每個孩子都必須告別他的童年時期，迎向獨立的人生，生命才算是延續下去。我們一般認知中的死亡，其實反而是生命的串繩，就像一格一格獨立的軟片，串連起來才會變成流動的影像畫面一樣。

此外，「蛻變」不只代表一個階段的結束，同時也延續上一張禪卡「新的洞見」的含意，要迎接「蛻變」，你必須先徹底放掉自我，你要把這一生的限制及保護全部撤離，推翻既定的觀念和習性，而且不怕讓自己徹底消失。「蛻變」不是簡單的從一樣東西變成另一樣東西而已，而是你舊有的東西要被新的東西占有、取代，你必須打開自己，迎接一種全新的可能性來到你的身上，並讓原來的你死去，你才有可能蛻變。這就像奧修所說的，一個真正的師父不會用一些靈性言語讓你覺得好過一點，因為這樣一來，就會撫慰強化你的小我，讓你更難轉化成全新的你。相反的，真正的師父會讓舊有的你死去，把你推向你原來恐懼的未知，這樣才會讓你真正蛻變，而不是停留在原來的層次，經歷一次又一次的輪迴卻無法真正重生。

元素屬性──**水**

轉變、內在、深淵、昇華、不抗拒、敞開、順應自然、不思考、感覺、道、涵蓋一切。

XIV 整合 Integration

牌名：整合

- 元素：火。
- 彩虹：匯集所有顏色，代表已經超越二元性。
- 蓮花：象徵心輪，心輪為風元素，是陽中之陰。
- 寶石：花中的寶石是土元素，為陰中之陽。
- 人：半男半女，紅色代表陽性、藍色代表陰性。
- 二元化圖形：老鷹是陽、天鵝是陰；日為陽、月為陰。
- 太極：陰陽交會，代表陰陽和平共存又能互相作用。
- 煉金術之蛇：會吞下自己的尾巴、全身，然後又把自己再生出來，象徵循環不息。

對應塔羅牌的「節制」

牌名：節制

- 元素：火。
- 紅色三角形：紅色上三角形是火元素的顏色和符號。
- 雙腳：一腳踩在地上、一腳踩在水裡，代表同時橫跨兩個境界，並超越兩者。
- 數字14：1跟4的結合，代表在4的穩定中站穩腳步，然後1還是可以開創出全新的局面，也代表一個更高的自我意識。
- 牌義：教育、旅遊、學識、升學、心靈成長、溝通、協商、雙贏、潛移默化。

節制

「節制」是一張很美好的牌，帶有一種從平靜中自然而然往上升高的感覺，它不是漂浮在雲端，也不是經由一些空無的思想來逃避眼前的問題，而是透過經驗和知識，讓自己的眼界、心靈不斷提升及擴大，到達更高的境界。所以不管我們是經由旅行來體驗各國風情，或是透過看書、教育來提高自己的程度，都是同一種意思——經由整合外在的知識與經驗，讓自己變得比以前更好。

有人覺得這樣把外來的東西融合進入自己的內在，不是比較像水元素嗎？但是水元素跟外界的東西連結時，並沒有帶著讓自己更好的目的，也不是為了新鮮感和求知欲，水元素只是很自然的就會卸下跟外界之間的種種界線，融合在一起。但「節制」牌是火元素，火元素不會去遷就外界，也無法「折衷」。如果要讓火元素跟別人達成共識，必須是追求或創造出一個超越兩方意見、可以涵蓋一切的真理，才能說服他。所以節制牌也代表哲學、藝術、靈修等這類比較脫離世俗層面的東西。

●「節制」是達到更高境界之前的一個準備過程

「節制」牌中把兩杯水倒來倒去互相交融，然後一腳踩在地上、一腳踩在水裡，代表同時橫跨兩個境界，並超越兩者。很多人會奇怪，這樣一張追求更高層次的牌，又是火元素，為什麼會稱為「節制（temperance）」呢？首先，是因為temperance這個字的拉丁文字根就帶有「混合」的意思；其次是這張牌在追求提升的過程中，並不是充滿興奮的，而是像科學家一樣，為了明白什麼東西可以比現在更好，會一點一點去測試、觀察，然後把得到的結論納入自己的系統，最後的「提升」是透過一種追尋的過程自然形成的，帶有客觀的觀察性質。只是這個過程雖然平靜，卻也帶有強烈的企圖心（但不會有主觀性），還需要高度集中精神，這是火元素才適合代表的一種特質。

下過苦工夫念書拚考試的人都知道，如果想要超越自己目前的程度，念書時不能一味地囫圇吞棗，必須非常有自制能力地把心思和時間專注在該用的地方，並思考各種你學習到的知識，才能把這些書本上的內容化為己用。這種專心一致、心無旁騖的過程，就是「節制」的狀態；而且這代表「節制」牌的往上超越，雖然有企圖心，但是目的並不是自己的名聲和利益。「節制」牌的超越過程是自然形成的，就像一名科學家或研究者，他投入所有心思去研究出偉大的成果，他真正追求的是答案，名利只是隨之而來的副產品而已。因為「節制」牌看來祥和，很多人就將這張牌定位為「平衡」，但整張牌來說遠遠不止於此，因為平衡不會是火元素的最終目的，只是達到更高境界之前的一個準備而已。

整合——對立才能各自發揮出最大的特點，接著整合出最好的成果

奧修禪卡中對應「節制牌」的，是稱為「整合」的禪卡。對我來說這個牌名比較沒有挑戰性，因為「整合」這兩個字，其實就比「節制」更能傳達出這張牌的主題了。「節制」牌所要達到的每個目標，都要透過「整合」手段，就像單一企業的壯大程度是有限的，必須透過合併上下游業務，或是發展出相關項目的子公司，把更多東西整合進來，才能變成一個集團。

所以這兩張牌很容易連結起來，甚至在一開始對照時，我幾乎覺得可以用同一套牌義來解釋這兩張牌。但是它們之間還是有些差異點，最大的差異就是：「整合」牌強調的是融合必要性和美好的結果，「節制」則是強調在融合過程中所使用的方法和狀態。此外，「節制」是將相反的兩極交融在一起，而「整合」則是讓不同的兩極共存，但可以互相影響，互補後反而優化對方的特質，這樣才能融合成一個更完美的整體。在牌圖表現手法上，這兩張牌也有不同。

偉特牌的「節制」牌圖中畫的是一名天使，但是他跟托特同一張牌「藝術」中的煉金術士帶有

同樣的味道，都有轉化、提升的含意。天使胸口上有一個紅色上三角形，紅色是火元素的顏色，上三角形則是火元素符號（這把火從代表土元素，也就是物質世界的四方形符號中升起），而且天使的翅膀也是紅色的，一再重複提升和超越的意味。

奧修禪卡的「整合」牌圖，不僅也大量使用二元化的圖形，更加強了「陰」與「陽」對比的性質，最下方是一尾「煉金術之蛇」，牠會吞下自己的尾巴、全身，然後又把自己再生出來，象徵循環不息，而「循環不息」本身就代表陰陽交和、剛柔互推下的結果。再往上的太極圖也一樣，一黑一白、一陰一陽，但不是剛好各占一半，兩者有交會的感覺，代表陰陽和平共存，又能互相作用（易經法則：兩儀生四象，四象生八卦，八卦生萬物）。圖中的人也是半男半女，紅色代表陽性、藍色代表陰性；老鷹是陽、天鵝是陰；日為陽、月為陰等一連串的二元化圖形，到了牌圖的最上方，變成了匯集所有顏色的彩虹，代表已經超越二元性，達到更高的整體性了。圖中的蓮花象徵心輪，心輪為風元素，是陽中之陰；花中有一顆寶石，寶石是土元素，為陰中之陽。代表陰陽兩性不再各別存在，已經結合起來，得出更好的「結晶」了。

在「整合」這張牌當中，所有的對立都只是過程，經由對立才能發揮各自最大的特點，對立過後產生的交流，能激發出更大的火花，但是這種結合的前提是：陰陽必須先各自發展，最後的整合才會出現最強烈的成果。就像有人跟我說他想整合東西方的神祕學，但是以他的功力來說，東方玄學學得不完整、西方神祕學也同樣不成熟，這樣把兩邊混合起來只會更加模糊不清。真有能力整合兩者的人，必須在讓兩者不互相干擾的狀況下都很精通，到了一定火候後，再把兩者結合起來，這樣的結果才能超越原先東西方的個別境界。

元素屬性——火

超越、提升、轉變、拓寬、更高的境界、高深廣博、專注、求知欲、追尋、脫俗、更上一層樓。

XV 制約 Conditioning

牌名：制約

- 元素：土。
- 羊群：芸芸眾生，制式化的群體。
- 獅子：個人力量的代表。
- 披上羊皮的獅子：抹滅了自己的本性，受制於群體。

對應塔羅牌的「惡魔」

牌名：惡魔

- 元素：土。
- 逆五芒星：代表物質欲望的淪陷。
- 一男一女：兩個人像是被鐵鍊鎖住，但鐵鍊並沒有上鎖，隨時都可拿下來，所以被困在這裡，是出自他們自己的選擇。
- 手心的土星符號：代表緊縮、關卡、困難考驗、制約。
- 火把：往下照亮，代表指引的道路是往下沉淪的。
- 數字15：15是1和5的結合，1是自我，5是領導欲。
- 牌義：無法自拔、肉欲、現實利益、錢財、物質面、自私、政治考量、墮落、受困、煎熬和掙扎、不明朗。

以塔羅元素為鑰

惡魔

對於初學者來說，會覺得很難掌握這張「惡魔」牌。眾所皆知，惡魔代表了種種的邪惡與誘惑，是一張大家都應該敬而遠之的牌，但是也幾乎所有的塔羅書都會指出，「惡魔」雖然是一張負面的牌，但世俗性很強，一般我們認為帶有銅臭味的東西，「惡魔」牌都可以輕易得到，例如金錢、權勢、社會地位等等。所以，如果提問的問題是有關錢財利益的，「惡魔」牌反而會是一張好牌。

「惡魔」牌是土元素，土元素本來就是這個社會的既得利益者，因為土元素既代表錢財，又代表資源，就很像是老一輩的資產擁有人、企業主，或是主掌大權的政治人物。雖然土元素比火元素要低調，卻能占有龐大的實質利益。

●「惡魔」牌的啟示：你以為你擁有了許多錢，其實你是被錢所擁有

土元素雖然可以獲得一切具體的、有形的東西，但是不見得可以從中體會到同等的快樂，因為快樂和幸福是無形的。就像很多人，拚命工作賺錢，認為有了錢就可讓家人幸福，卻因為要賺錢，已經先犧牲了跟親人相處的幸福，這就是捨本逐末了，所以我對「惡魔」牌的定義是：被自己所擁有的東西困住。更精確來說，就是你以為你擁有了許多錢，但其實你是被你的錢所擁有。

我常常對學生說：「如果月薪只有兩萬二，要你拋下工作去追尋新未來和夢想，會比較容易，因為你放下的一切就只是每個月兩萬二而已。但是，如果你月薪是二十萬，你就很難丟下這大得多的『一切』，去做你真正想做的事。」擁有越多，牽絆就越多，貪念也會讓我們無視於生活的最終目的是要幸福，反而拿了快樂去換錢。

常有來占星或算塔羅牌的客人，跟我說他們有更大的理想要完成，但因為沒有存款或多餘的薪水，所以什麼事都做不成。但是回過頭想想，如果你有很多存款，你反而更會怕失去自己辛苦累積的一切而不敢冒險，所以要不要追求理想，跟有沒有存款不見得有直接關係。我都告訴他們：「如果你覺得自己一無所有，那麼恭喜你，你很自由，可以去做任何自己想做的事，去追求任何東西，去賭上一把！因為反正你沒有什麼可失去的，這是最大的資產。」這就是為什麼「資產」常常會變成「惡魔」的原因，起因就來自於人性的恐懼。

由牌圖很明顯可以看出，戴著逆五芒星（代表物質欲望淪陷）的惡魔，控制著下方的一男一女，這兩個人看起來像是被鐵鍊鎖住。但仔細一看，這條鐵鍊並沒有綑緊上鎖，隨時是可以拿下來的，所以被困在這裡，是出自他們自己的選擇。

當然「惡魔」牌象徵的不只是錢，任何對感官具有誘惑性的東西，例如酒、肉欲、虛名、控制欲等，都屬於「惡魔」牌的管轄範圍，一旦「沉迷」，就會受到制約。以生活上的小事為例，婆婆媽媽愛看連續劇，本來是生活調劑和情緒的宣洩口，自己應該握有看或不看的主導權，卻任由自己太過入戲而導致一天不看就渾身不對勁，或是打電話到電視台痛罵其中的某個角色，有句話正好可以形容這種受到制約的現象：「你們不是看電視，而是被電視看了。」同樣的，沉迷於線上遊戲的人，也是陷在「惡魔」牌的情境中無法自拔。

制約——笨蛋，重點不是外在的「惡魔」，而是你的心被制約了

在奧修禪卡中，相對應的同一張牌就叫「制約」，其實就幾乎是「惡魔」的同義詞了。惡魔對人的影響，就是經由感官物欲來制約人性。兩張牌不同的地方是：「制約」這個字眼一語道破：笨蛋，重點是人心，而不是外在的「惡魔」——也就是種種誘惑。

「惡魔」牌把人的沉淪都歸咎於外在的影響，就像很多父母，自己的孩子犯了錯，總會認為原因是「交了壞朋友」，試圖把錯誤往外推，讓自己的小孩看起來像是無辜的受害者。但如果是「制約」牌，我們就會想，這個犯錯的孩子，他到底想透過這樣的行為得到什麼？他為什麼覺得不去恐嚇威脅別人，就無法感覺到自己的重要性？為什麼他的欲望大到不惜違法賺大錢？每一個看起來在強取豪奪，其實卻得不到快樂的人，他們心裡到底是被什麼制約了？

從禪卡「制約」的牌圖中，我們可以看出，在外表一致的羊群中，有一隻獅子混跡在裡面，牠為了跟大家一樣而披了羊皮在身上來偽裝；而這張羊皮還是用鐵鍊綑在身上，看來要拿掉並不容易。

不妨自問，我們對金錢和物質的貪欲究竟來自何處？答案是：這是社會集體的價值觀。我們不相信以自己的特質，可以得到他人的尊敬和認同，於是會用最快的方式——金錢、名利——來肯定自己，無需費勁地去實現自己根本還沒找到的自我。在愛情的路上也一樣，許多人（大多數是女人）困在一段斬不斷的孽緣中，不為了錢、也沒有任何利益可圖，許多人都說她們是為情所困，但是深究下去，這些女人要的是愛情嗎？其實這種關係通常沒有愛情可言，她們為的恐怕是另一種現實利益：不想一個人生活，至少身邊還有個男人陪，或者不甘心為對方付出了這麼多……有這類心態的人，會比單純為了錢或名的人更脫不了身。

被自己的偏執心態所制約的人，怪不得其他人事物。惡魔往往不會自己找上你，而是被你身上的同質性召喚來的。

元素屬性——土

限制、沉重、阻礙和困難、群體價值觀、道德觀、社會集體性、規定、標準化、謹慎、物質勝於理性、現實。

主牌

XVI

雷電 *Thunderbolt*

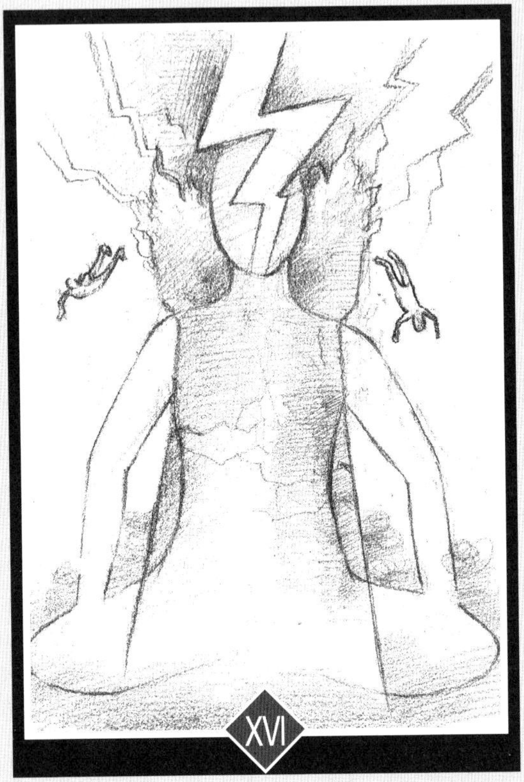

牌名：雷電

· 元素：火。
· 塔：代表既定的思維與模式。
· 佛陀（覺知者）剪影：代表既有的信念被推翻後，才能看到真實的核心。
· 雷：代表突然、快速的變化。

對應塔羅牌的「塔牌」

牌名：塔牌

· 元素：火。
· 高塔：象徵物質及人為的世界。
· 墜落的兩個人：一位是皇帝一位是教皇，象徵原本擁有最高權力的人。
· 受到雷擊的皇冠：代表失去了原有的地位和名利。
· 數字16：16加起來是7，7有學習、累積經驗，想要向上突破的含意。
· 牌義：破壞、痛苦、戰爭、決裂、衝突、天災人禍、意外、突發狀況、打擊、瓦解、建設前的破壞。

以塔羅元素為鑰

塔牌

「塔牌」是一張劇烈變動、驚天動地的牌，代表的是突襲式的天災人禍，沒有預留心理準備的時間給你，每次事情一降臨，就是「青天霹靂」的形式。所以不懂塔羅牌的人覺得「死神」很可怕，懂塔羅牌的人就比較畏懼這張塔牌。

這張牌是玉石俱焚型的火元素，沒耐性也不擅長容忍，以撕下貼在皮膚上的OK繃來說明，塔牌是長痛不如短痛，唰地一聲一口氣撕下來那種狀況，雖然很痛、一時不能適應，但它會在最短時間內把問題解決掉。只是這張牌不只除去所有不好的事物，有時連值得珍惜的東西，因為不想藕斷絲連，也會全部一併去除。往好的一方面發展，就像人的業力，不僅應該斬斷惡業，也不應留戀善業，最好能夠善緣惡緣一起清掉，以免太多牽連繞來繞去，無法超脫，算是一種「快刀斬亂麻」。壞的發展狀況，就像使用農藥一樣，不僅殺死了害蟲，連益蟲也一併殺死，甚至危害到耕作者本身的健康，殺敵一千自損八百，是張有點不分青紅皂白的牌。

一場措手不及的劇變，可能會是重建價值觀與信念的好時機

這張塔牌要說是好是壞，完全看它出現在什麼狀況下而定。如果你有事情想解決，希望快速果斷，吃點虧也沒關係，抽到塔牌就表示可在極短的時間內清空。如果事情還在發展、醞釀中，需要時間來成熟，出現塔牌恐怕就要面臨很大的挑戰了。不過說真的，我們都不喜歡突如其來的事物，不管對我們自身的影響是好是壞，只要遇上塔牌，就算不傷元氣或沒有實質損失，驚嚇總是免不了的，對於心臟不太強、無法承受太劇烈變動的人來說，這張牌出現時就要格外注意。

偉特牌上的這座塔被雷擊中時，就算地位高如皇帝、教皇，都得逃離這場災難，從極高的樓上躍下，不能再維持過往的尊榮了。雖然聽起來很可怕，但我們都知道，很多學習無法用漸進的方式，大徹大悟的人往往就是經歷一場措手不及的劇變，腦袋一片空白，正好推翻他舊有的所有價值觀與信念，讓他可以重新建立自己對世界的認知，這才是一個觸發點。簡單點的例子可用學游泳來說明，因為缺乏自信，無法放鬆，游泳時會想踩到底、靠到岸邊，所有的肢體動作都是在尋求庇護，這樣當然永遠學不會；最快的方式就是被突然推下水，在你完全沒有防備時，激發出動物性的求生本能，只要沒抽筋或遇上漩渦，應該就可以學會游泳了。只是知道歸知道，我們都不希望自己發生這種變故，所以對於這張塔牌發生的狀況，或許做再多的心理準備都不夠。

雷電——迎頭痛擊的方式，激發出你平常不可能有的勇氣與潛力

奧修禪卡中相對應的一張牌是「雷電」，這張牌的性質跟塔牌一樣。基本上，塔牌的重點本來就不是那座塔，而是劈垮它的那道雷；這場變故接在「惡魔」（也就是「制約」牌）之後，其實是必要的。我們回頭想想「制約」這張牌，它深信自己無法突破困境，甚至誤以為這個局限它的環境才是安全的，要這隻膽小的獅子拿下披在身上的羊皮，讓羊群發現牠跟大家不一樣，那麼可能我們要等上千百世，都等不到牠有勇氣做這件事。「雷電」就是用迎頭痛擊的方式，激發出你如果有時間思考就不可能產生的勇氣與潛力。

我聽過這樣一個例子，有位男士跟妻子的感情不好，因而尋求外遇慰藉，但長期以來卻一直有很重的罪惡感，所以去做了很多靈性治療和清理。他本以為這樣做，就可跟妻子恢復情感，外遇也能和平落幕。但事實上，做完業力的清理沒多久，他外遇的事情就爆發了，夫妻產生了劇烈的衝突，他以前一直在逃避的問題，一下子全湧到他面前，讓他無法再躲了。

不過事情的結果還是好的，因為無法再隱瞞，所以他只能開誠布公地把夫妻問題提出來，妻子知道所有的問題在哪裡後，兩個人決定再試試看，至少在不是欺瞞的狀況下嘗試修補婚姻，就算最後失敗，雙方也沒有怨言了。如果要他自動坦承，他是一輩子都鼓不起這個勇氣的，所以這次外遇曝光，就像是一道「雷電」，戳破他一直以來虛構的安全假象，把問題直接放到眼前，逼得他不得不去處理。如果不是這樣的狀況，就算他跟外遇分手回到太太身邊，問題還是沒有解決，同樣的困境還是會不斷發生。

我妹妹是鋼琴老師，她說在教學生彈琴時，要矯正已經養成不良彈奏姿勢的學生，比起教沒學過鋼琴的新生要難多了。累積出來的不良習慣，就是對身體的一種「制約」，跟舊習慣對抗，還不如重新建立新習慣來得快。這也像一棟不宜居住的老房子，水電、結構、裝潢……處處都是問題，要一處一處修繕，恐怕花下大筆金錢也未必能讓房子恢復到完善的狀態，最好的方式就是整個推掉重建，雖然可能必須犧牲很多東西，但至少可以換到一棟全新的房子。至於值不值得，要看每個人的立場；但如果是「雷電」這張牌的狀態，當事情就是得這樣發生時，也根本沒有我們選擇的餘地了。我們只能堅守的信念就是：「如果我們走著走著撞到牆，就表示該換個方向了。」就像「雷電」牌圖中，佛陀（也就是覺知者）超然地看著一切災難，不去挽回，他要覺知的是這件事傳達出什麼訊息。因此，這不是毀滅，而是一條通往新生活的道路，我們要有意識的去經歷，別再留戀舊有的一切，你的新生才能真正展開。

元素屬性——火

破壞、侵略、摧毀、結束與新生、驚嚇、決裂、暴力、爭執、顛覆、戰爭、徹底改變結構。

XVII 寧靜 *Silence*

牌名：寧靜

· 元素：風。
· 月亮：代表感受、敏感、接收訊息。當月亮落在眉心輪上，表示這個人的意識已經摒除一切雜念，看到事物最真實的那一面。
· 映照星空的湖泊：代表純淨的心思反映外界的一切。

對應塔羅牌的「星星」

牌名：星星

· 元素：風。
· 水與湖：水代表智慧、湖代表潛意識，從湖中汲水並倒到地面上，暗示解開潛意識的封印。
· 地面上的五道水流：象徵肉體的五感，其中一道流往代表潛意識的湖。
· 星星：大星星代表10，10＋7顆小星星，是這張牌的數字17。
· 數字17：1加7是8，表示這張牌即將要成就的計畫，是非常實際且攸關許多人的一個大行動。
· 牌義：美好、希望、憧憬、計畫、藍圖、寧靜、崇高、智慧、心靈交流、柏拉圖、精神性。

星星

這張「星星」牌的牌義眾說紛紜，解釋往往落差很大。我想這是因為這張牌比較超脫，牌義較難理解，每個人解讀時都像是瞎子摸象只鎖定一個片面，當然落差就很大了。在各種牌義中，比較被公認的是「美好」及「憧憬」，所以很多人認定這是一張「好牌」，解讀時就會一味樂觀，而導致方向很有可能偏差了。

依我看到的所有相關牌義，我會覺得「星星」的牌義雖然是美好的，但可能不像很多人想的，不管問的是工作、愛情、事情、財運等，抽到這張牌就等於一帆風順。事實上，每張牌都是中性的，是好是壞，完全看它對應的是什麼問題，放在什麼位置。

●因為對未來的遠大期許，我們才會努力讓自己變得更好

「星星」牌雖然讓人充滿希望，但是就「實質利益」而言，恐怕沒有什麼建設性。這是一張比較不食人間煙火的牌，不管代表的是人或事或物，都有一種可遠觀不可褻玩的感覺。所以雖然「星星」牌代表美好，但那些東西卻不是你可以獨占或享用的，它就像保存在博物館裡的某件珍玩，很美好，卻不是你可以接近的；一旦我們接近，它就會開始變質損壞。這也像我們對童年或初戀的回憶一樣，擁有這些回憶可以鼓勵並支持我們，我們可以常常緬懷，卻無法拿出來使用。

簡單來說，「星星」牌是一張比「女教皇」還要形而上的牌。如果「星星」牌代表你可以得到的一樣獎品，大概就是「跟總統握手」或是「將你的名字刻在碑上做紀念」這類看似崇高卻無實際用處的東西。

但我們還是需要「星星」牌，它代表一種崇高、遙遠、美好卻又陌生的感覺，就是因為這種美好不存在於日常生活中，才需要不時出現，把你引領到另一個更高的境界。如果我們不曾為了想接近遙不可及的偶像，就不會努力讓自己變得更好、更接近他們一點；如果我們不曾為了另一個陌生的文化或風景念念不忘，我們就無法藉由行動去打開自己的視野。所以「星星」牌的存在，是為了讓我們瞥見那個更高層的世界，好激勵我們不停成長。等你到達了原來夢想的星星上，也許你會發現近看時，這顆星星也一樣有著凹凸坑洞的地面，不如遠看時美好。這時的你抬頭看，夜空中的另一顆星星又開始吸引你了……

因此「星星」也是一張代表理想主義、先知以及先驅者的牌，只是每一個先行動的人，都不是先享受，而是先把所有路上的荊棘都去除掉，好方便後來的人通行。所以「星星」牌美好不美好，就端看你想要的是什麼：如果你想要夢想和勇氣，它可以給你，你想要真命天子和升官發財，那你就有得等了。講好聽一點，「星星」牌是你對自己未來的遠大期許，講難聽一點，它就是吊在驢子前方的那條胡蘿蔔。

寧靜——就像是一場無夢的睡眠，讓你獲得真正的休息與充電

奧修禪卡中相對應的一張牌叫「寧靜」，經過上文對「星星」牌的解釋，大家就可以很容易發現兩張牌的相同之處了。

這張「寧靜」牌所表達的境界也很高，原文中說「它跟佛陀所經驗到的寧靜是一樣的，也跟莊子、菩提達摩或南泉禪師所經驗到的寧靜是一樣的……那個寧靜的味道是一樣的。」「寧靜」代表一種非比尋常的意識狀態，跟「星星」牌一樣處在非常高的頻率中。只要是在日常生活中，我們周圍一定是擾攘的，我們很難發現自己真正要追求或想要的是什麼，因為忙碌的壓力，早就讓我們腦

子裡塞了許多不必要的東西，所以我們往往無從正視自己真正的感覺和渴望。

這張「寧靜」禪卡是一種穿透，是內心真正平息下來時，你清楚覺察到自己感受時的狀態。這個片刻很難得，所以在它出現時，我們會受到很大的啟發，並且覺得心中一片澄澈清明。不過這種靈光乍現的狀態，很難長時間維持就是了。

「星星」牌的牌圖是一名女子在汲取湖中的水，並將水倒到地面上。在某些象徵中，水代表智慧、湖代表潛意識，我認為這個牌面是在暗示解開潛意識的封印，讓我們真正的感覺及清明浮上表意識，從而對眼前發生的一切事情了解得更透徹。當我們庸庸碌碌過著日常生活時，幾乎不太可能讓覺察力浮現出來，我們不管決定要追求什麼、要捨棄什麼，就算考慮再三，但是在一片混亂的狀態下，再多的思考也只能得出草率的答案。這個將湖中的水（潛意識）倒在地面（表意識）的牌圖，隱含著一種心中雪亮、視野突然廣大清楚的意味，不會再被任何眼前的東西所迷惑。

「寧靜」禪卡牌圖要表達的，也是完全相同的意思，只是牌圖所描繪的不像星星牌具有故事性，而是表現出我們本身所處的狀態：代表「感受、敏感、接收訊息」的月亮，落在代表「洞悉、覺察、穿透、清醒」的眉心輪上，就代表「寧靜」牌中這個人的意識已經摒除了一切雜念，看到任何事物最根本最真實的一面，也很有可能正處在預知或是與天地合而為一的狀態中。

「寧靜」牌就像是一場無夢的睡眠，或是一個成功的打坐、冥想，沒有任何干擾，平靜真實，最接近我們存在的真相核心，如果我們能夠允許自己的意識常常進入這樣的狀態，就可獲得充電和休眠，自身能量也會更為集中，不會再讓自己的認知狀態被外界的混雜給削弱了。

元素屬性——**風**

超然、平靜、理想主義、崇高、憧憬、著眼於未來、另一層境界、清靜、非世俗、意識清明、頻率高的空間、空靈。

XVIII 前世 *Past Lives*

牌名：前世

- 元素：水。
- 前世的影像：代表老毛病、心理障礙，或是天生的性格缺陷。
- 漏斗狀的通道：代表前世到今生的過程，也暗喻子宮。

對應塔羅牌的「月亮」

牌名：月亮

- 元素：水。
- 湖泊：代表潛意識。
- 龍蝦：很多種說法，最常見的是龍蝦或蠍子代表恐懼與內心的黑暗面。
- 月亮中的女人：代表慈悲及陰性特質。
- 數字18：由1和8組成，1有單獨的意味，8帶有現實含意；1加8是9，這是一個轉化的數字。
- 牌義：恐懼、無明、陰性的力量、神祕、隱藏、情緒起伏、潛意識、不安、迷惘、沒有把握。

月亮

「月亮」是一張陰性能量強大的牌，看起來好像是優點，但陰性能量帶有許多的不明朗及費解之處，這股力量可以很強大，卻比陽性能量更難控制，有些時候不但控制不了，我們本身反而有可能被這股陰性能量所干擾。以藝術家來說，他們具有強大的想像力和感受力，但是很多人也同時有情緒和心理上的問題，因為太過敏銳，許多小事都有可能放大影響，常讓自己籠罩在不安及過度起伏的情緒中。

月亮總在夜間出現，那時天地萬物都已躲在無邊的黑暗之內，處在這種情境下的人，很難不杯弓蛇影，放大所有可能的危險。「月亮」牌的水元素讓這張牌更敏感，許多可以忽略或不需去追究的事情，都可能引發內心的恐懼和猜疑。就像很多容易接收別人情緒或暗示的人，許多時候這種能力對他們非但沒有幫忙，反而會讓他們疑神疑鬼，一點點小波動就足以讓他們情緒起伏劇烈，而把自己搞垮了。所以，這是一張在自己的認知及情緒上要非常小心的牌。畢竟善感並不代表一定要過度反應，太過敏感往往會把小事弄成大事，製造出更多不必要的負面情緒。

• 負面經驗，讓你隨時都可能引發恐懼和猜疑

「月亮」牌由於敏感，會讓情緒承載過多。想像一下，如果情人要跟你分手，他面對著你，一字一句說出理由，最後提出分手的要求，我們雖然傷心，但是他在說明的過程中會讓你了解分手原因。但如果是一個敏感、第六感強烈的人，可能情人還沒開口，她就已經知道會發生什麼事，開始哭泣、情緒沮喪，對方說什麼她都聽不進去了。這樣一來，除了讓自己沉浸在自己製造出來的悲傷中，一點建設性都沒有。所以「月亮」牌也代表了隱憂、恐懼、負面的幻覺，並

可能因為強烈的情緒而使負面想法成真。

追本溯源，我們可以回頭探討，為什麼「月亮」牌會這麼情緒化又負面思考呢？如果未曾在黑暗中聽聞過鬼故事、犯罪新聞，我們根本不知道黑夜有什麼可怕的；換句話說，這種恐懼不是來自於黑暗本身，而是一個人本身的經驗法則：在黑暗中跌倒過、撞過鬼、因視線不清而誤判過……所以一旦類似的狀況出現，潛意識中不好的經驗就會被我們的大腦拿來詮釋眼前的狀況，什麼事都還沒發生，恐懼就出現了。最能引發我們恐懼感的，就是不好的經驗法則了。

前世——既已成為過去，現在的你不必也不會受到影響

奧修禪卡中相對應的一張牌稱為「前世」，很多人會往靈魂方向解讀，但是其實這張牌跟「月亮」牌的源頭一樣，所謂的「前世」指的是來自「過去經驗」產生的負面影響。比如說，會杯弓蛇影及十年怕草繩的人，必定都吃過蛇的虧，只要有一點點跡象出現，就會激發他們的恐懼，這股恐懼會讓人產生「打或跑」的反應，也才會擴大事端。

在這張「前世」禪卡中，這種「過去事件的經驗檔案夾」比「月亮」牌的範圍更大，除了自己的生活經驗，還要加上許多已經遺忘的陰影（例如來自童年或過去累世的恐懼）。這會讓你對目前生命中的許多狀況起一些不理性的反應，無法做出正確的行為。

我常常跟學生說，前世的「劇情」一點都不重要，不管你是大將軍、皇帝、才子，或乞丐、罪犯、奸臣，這些都沒有意義，假如要催眠或通靈，真正需要得知的，是你的前世如何塑造出今生的你？造成了什麼樣的阻礙及恐懼？或是認知到自己有哪些過不去的關卡，原因是什麼？你前世是個偉人，並不表示你今生也很尊貴；你前世境遇淒慘，也不代表今生有很多人是欠你的，或者你活該命苦。說實話，每個人的前世都有悲歡離合，你的偉大或悲慘的經驗，不見得有什麼特別，也不代

表所有前世中的這些好好壞壞，在今生有延續下去的必要。

在這張「前世」牌中，你最需要了解的地方是：你的前世已經過去了，不管有什麼不好的記憶或經驗，都不需要影響到現在的你。會跟著我們生生世世的，往往是一個「結」，一個極度深刻並引起強烈情緒的事件，例如前世溺水而亡的人，今生有恐水症；前世因為貧窮致死的人，這輩子對錢有病態的占有欲。因為記憶已經沉壓在意識的最深處，被我們遺忘了，所以我們只記得痛苦無助的部分，卻無法分辨「這些痛苦的經驗，現在已經不能再傷害我們了」。所以，我們時時刻刻都在防範及逃避，為這些已經不再存在的情緒虛耗了許多力氣。「前世」牌對我們最重要的，不是告訴我們「我的過去是誰」，而是「我已經不是以前的我了」，對於那些因為前世經驗引發出來的不良習慣及人格弱點，都應藉由認清事實而讓它們完全解開。

「前世」牌對應到塔羅的「月亮」牌，就可知道很多內心的陰暗面、恐懼感及莫名的不安全感，都來自於我們已經遺忘的傷害。這些記憶在頭腦中被遺忘，卻銘刻在我們的情緒經驗中，它為了保護我們不再重蹈覆轍，製造了很多恐懼，來防止我們接近曾經傷害過我們的事物。然而，過多的經驗及自我保護，只會讓你變得無法面對引發恐懼的事情，一旦我們站起來面對時，往往會發現這些陰魂不散的恐懼只是幻影而已。對抗幻影只是浪費力氣，這就像太陽升起後，你會發現昨天夜裡的鬼影幢幢，只不過是被風吹動的幾個塑膠袋而已。

「前世」牌圖中有許多前世的影像，它們會化成無數的老毛病，或是心理障礙，或是天生的性格缺陷，不斷阻止你往前進。但是一旦你認清它們的本來面目，就會發現一切讓你恐懼的事物，很有可能根本就沒有存在過，或它至少不是你想像中的那個樣子。

元素屬性——水

模糊、神祕、隱晦、暗中流動、情緒、潛意識、被動、弱勢、思慮過多、敏感、容易受影響、穩定性不夠。

XIX 天真 *Innocence*

牌名：天真

- 元素：火。
- 老人：代表經歷長久的人生。
- 蟋蟀：代表另一個物種。
- 兩者和諧共處：代表開放的心態能突破藩籬。

對應塔羅牌的「太陽」

牌名：太陽

- 元素：火。
- 裸體孩童：代表天真、自然、毫無防備。
- 左手拿紅色旗子：左手是連結右腦潛意識，紅色是動力，象徵用直覺決定行動。
- 太陽：代表光明正大及一切的泉源。
- 數字19：19是由能量極強的1，及能夠躍升到更高層次的9所組成，1加9是10，從個位數進到十位數，代表一個新階段又開始了。
- 牌義：順利、達成、名聲、一帆風順、愉快、友誼、光明正大、人緣佳、活力充沛、受人尊重、溫暖、積極、正向、信用。

以塔羅元素為鑰

太陽

「太陽」牌，大概是這整副塔羅牌中給人感覺最正面的一張牌了。光是太陽這兩個字，就讓人聯想到明亮與溫暖，都是引人注目、受人歡迎的特質。一般來說，我們都將「太陽」牌視為沒有什麼負面特質的牌，因為光可以驅散任何的黑暗和沮喪。上一張「月亮」牌已經走過深暗幽谷，「太陽」牌正是柳暗花明又一村的象徵，所有的考驗都已經通過，我們也充滿自信，克服了「月亮」牌帶來的負面影響及自我懷疑，「星星」牌所憧憬及策畫的一切就要在這張「太陽」牌成真了。

太陽牌是一張成熟的火元素牌，火元素不成熟的特質是自私、不合群、暴戾、情緒起伏大；但是成熟的火元素，則帶有一種明亮及樂觀的特質，自私變成自尊榮耀，不合群轉化為獨立自主並可帶領他人，暴戾轉化為戰鬥力，起伏的情緒大部分都可振奮感染他人，這些特質讓人感到安心愉悅，也讓跟它相處的人不需要時時刻刻防備算計。我們可以說，「太陽」牌以自身的無私樂觀、光明磊落，來引出其他人性格中同樣的部分，所以這是一張非常適合群體的牌。

•「太陽」的正面能量強大，但缺乏磨難來充電，所以能量只出不進

在事件方面，「太陽」牌是一張全方位的好牌，不但是因為看起來充滿生命力，也因為這張牌的光明面非常寬廣，幾乎沒有陰影存在的空間，表示事情在順利進行當中，不太會突然生變或殺出程咬金，所有的可能性都已經攤在檯面上，而且看起來都是對當事人有利的。

但是長期占卜的結果，我發現這張「太陽」牌雖然沒有什麼顯著的缺點，但優點也正好可能帶

出相對性的缺陷。「太陽」牌因為感染力強，就算負面的事情遇到它，也會被影響成為正面的，久而久之，它就可能否認或察覺不到負面存在的可能性，常常會把事情想得太簡單，也比較沒有同理心去體會他人所要承擔的壓力及恐懼。所以說，雖然「太陽」牌的正面能量強大，並可以維持一段時間，但仍然不會是永久性的，因為這張牌缺乏磨難來為它充電，所以「太陽」的能量只會不斷揮發出去，卻沒有補充進來的機會。

這就像一個熱心助人的人，永遠都在幫助他人，而別人就算想幫他，也找不到什麼機會，因為「太陽」牌就算有需要幫助或軟弱的地方，基本上也看不出來。因此我將這張牌，定位在「單次事件的成功」及「人生最意氣風發的那一刻」。火元素代表的是光明愉快的心境，卻沒有看到具體獲得的東西，表示在「太陽」牌的種種優點中，自我成就感的部分要大過財富或其他事情。嚴格一點來說，就是可以讓人自我感覺良好，但某些時候這張牌並不怎麼實惠。

天真——這是歷經社會洗禮後，帶有人情練達的一種淡然

奧修禪卡中相對應的一張牌稱為「天真」，熟悉塔羅牌的人很容易聯想，因為「天真」這個特質本來就包含在「太陽」牌的牌義關鍵字裡。有趣的是，「太陽」的牌圖選擇用小孩來表達這種意境，而「天真」禪卡卻用一個老人。我個人一直很喜歡這個老人的表情，笑得盡興而自然、毫無防備，這種開闊的心胸讓他跟別人沒有隔閡，因此可以怡然自在地跟手上的蟋蟀交流。

小孩是天真的，但小孩的天真往往帶有一種殘酷。他們會因為不懂事，面不改色地捏死螞蟻或拔掉昆蟲的腳，無法體會其他人和其他生命的痛楚。學校的教室就像社會的縮影，人的本性在此赤裸裸展現，弱肉強食的法則在孩童的世界中一樣存在，而且因為少了成熟社會禮儀的面具，反而更為鮮明。所以天真單純可愛跟缺乏同理心、自私，這兩種特質在小孩身上是同時存在的。

禪卡用老人來代表「天真」，從邏輯性來看更為合理。「太陽」牌是經過「月亮」牌種種人性陰暗面的折磨及洗禮後，才豁然開朗的。「天真」牌也一樣，在「前世」牌的階段中，各種生命歷程中的絕望、孤獨、舊有模式的限制，會糾纏一個人數世之久。等到我們發現這些陰影的糾纏都不是來自於外界，而是來自我們心理上的防衛和渴望後，就會像陽光照進黑暗的洞窟一樣，讓我們看清楚一切問題都不存在，重新見到了光明面，這是「見山又是山、見水又是水」的境界。

禪卡的「天真」牌，老人的天真帶有人情練達的意味，因為這是歷經社會人情世故的洗禮，以及面對自己內在的種種旅程之後所展現出來的。這種天真是升級版，跟孩童出自於無知的天真，是一種完全不一樣的境界。這種「天真」更為細膩體貼、能顧及自己跟別人的立場，但又一派自然，不流於虛偽矯飾，這種人走到哪裡，大家都願意接納他、傾聽他，進而被他的特質所影響。因此，「天真」牌也跟「太陽」牌一樣，都帶有一種精神領袖的特質，只是「天真」牌更加開明、包容、無為而治。

在我們的人生旅程中，真正的成功通常不是極度努力或自我鞭策後的成果，因為壓榨自己而獲得的錢財及名聲，只會伴隨更多憂患，讓你的人生毫無喘息的空間。真正的成功是發自內心的喜悅，做自己該做的事，那會讓我們的精力取之不竭，在你灌注力量的同時，自己也得到了更多。成功不是強求來的，它像「天真」牌一樣，走完該走的路之後，自然能水到渠成。

元素屬性──**火**

明亮、新生、活力、熱情、直率、坦白、受歡迎、能掌握自我、知道自己要什麼、愉悅、自然、光明正大。

XX 超越幻象 Beyond Illusion

牌名：超越幻象

- 元素：水＋火。
- 蝴蝶：用這種「完全變態」的生物來代表蛻變。
- 第三隻眼：象徵可以看到世俗面看不到的東西，並有著看穿一切的觀察力。

對應塔羅牌的「審判」

牌名：審判

- 元素：水＋火。
- 紅色十字旗子：代表人世間的業力獲得平衡，即一切都得到最終的公平審判。
- 棺材：代表舊時代與舊模式，重生的人可以掙脫棺材，迎向新的開始。
- 大天使加百列：他吹起號角讓所有人重新復活，接受最後的審判。
- 數字20：這個數字相加還是2，代表一種二元性的激盪。
- 牌義：轉捩點、內在的變化、下決定、關鍵性的一刻、重生、轉換、進入截然不同的領域、新的世界。

以塔羅元素為鑰

審判

這是一張很強烈的牌，代表了某個關鍵時刻，可能是一個轉捩點或是巨大轉換的狀況，而這個轉變通常是從最深的底層開始發生變化，就像青蛙從蝌蚪變身、蝴蝶由毛毛蟲蛹化一樣，是一種「完全變態」。這種改變已經脫離了以往我們習慣的種種舊有模式，把我們丟到一種完全陌生的狀態中；這算是一種全新的開始，但也代表許多我們舊有的東西要被連根拔除，過程是不會太舒服的。

大天使加百列吹起號角，末日審判登場

這張牌很特別的是，它跟「女皇」牌一樣都是雙元素：水元素為主，火元素為輔。水元素是由於「審判」牌有很重的業力特質，所有作用都來自於正面或負面的情感，也代表各個層次的潛意識。我們都認為自己是理性的，會經由思考來下判斷，但其實我們在決定某件事情時，靠的往往是我們內心長期以來累積的各種情感上的反應，這會左右我們對某件事的「感覺」，進而決定要如何面對及處理，理性思考所占的部分其實很少。這種情感的來源，小至我們看電視、跟朋友互動所累積下來的生活經驗，大至被遺忘的童年記憶、創傷，或者遠溯到前世經驗。凡是能操控我們的東西，往往是最深不可見、也無法意識到的那個部分。

副元素的火，我認為代表「審判」這張牌可以發揮出來的作用力，「審判」牌一旦做出決定，往往會非常徹底，因此我常叫這張牌是「結帳牌」。「審判」要不就是按兵不動，要不就是新仇舊帳一起總清算，就像毛毛蟲變成蝴蝶前必須有一段躲在繭裡的醞釀時間，然後再一鼓作氣地徹底改變。「審判」牌擅於運用長期累積的力量，在短時間之內釋放出來，造成極大的扭轉力（有些狀況下也可以說是破壞力）。

「審判」牌圖上，用了聖經「末日審判」的故事，大天使加百列吹起號角，讓棺材中的人重新復活並接受最後的審判，決定哪些人上天堂得永生，哪些人要下地獄受永世折磨，同樣強調這張牌「下決定、判斷」的性質。此外，現今流傳的說法，認為一旦決定上天堂或下地獄後，就是一個永遠的狀態，凸顯這個審判的重要性及影響力有多巨大。

超越幻象——穿透情緒與言語的迷障，你才能看到真實面

奧修禪卡中相對應的一張牌稱為「超越幻象」，這張禪卡和「審判」牌的性質有非常接近的地方，但是最後的結論方向卻不太一樣。在這張牌中，我們一眼就可看到的有隻大大的蝴蝶罩在佛陀的臉前方；有趣的是，蝴蝶就如同上文所說，是「完全變態」的生物，在象徵學中代表蛻變。所以「超越幻象」跟「審判」牌一樣，要我們看到眼前這種巨大的轉變，並暗示這個轉變可能會顛覆我們以往所認知的一切。

兩張牌不一樣的地方，在於「超越幻象」禪卡藏在蝴蝶後面的那張人臉，眉心輪處有第三隻眼（象徵可以看到世俗面看不到的東西，並有著極強的觀察力），所有把戲或面具在第三隻眼面前，都會被看穿，我們也不會再被迷惑與蒙蔽。「審判」牌要我們謹慎判斷並接受結果，而「超越幻象」禪卡則是把重點放在促使事情改變的原因是什麼，其背後真正的動力為何。

「事件面臨改變」這個狀況只是表面的，我們看來覺得意外，但其實追究前因後果，就會發現某件事情會發生不是運氣不好，反而是一個必然的結果。新聞曾經報導有個二十多歲的年輕人得了大腸癌，病患本人非常震驚且忿忿不平，認為自己年紀輕輕就莫名生了這麼嚴重的病，真是無妄之災。但記者深入了解這個年輕人的飲食習慣後，才知道他長期吃碳烤大餐及麻辣火鍋，有這樣的生活習慣，可見這個病應該已經潛伏多時，爆發只是時間早晚的必然結果。

但說到底，甚至連最後顯現出來的結果也是幻象。「幻象」這個詞並不表示它是虛假不存在的，而是指它存在的時間非常短暫，永遠不能有固定的形態：這一刻你看著它是這樣，下一刻它就改變了。所以，如果我們執著於看到的一切，就會捲入無休無止的誤判當中，因為看得到的東西是時時刻刻都在改變的。所以很多時候，閉上感官的眼睛，才能開啟第三眼，領悟在無盡變化的洪流當中，什麼才是最真實的。就像你的媽媽早上才怒罵過你，下午又對你噓寒問暖，我們不需要跟著媽媽的情緒改變對她的看法，情緒是假的，無法長久停留，用心去看，你會看到不管是怒氣或擔憂，背後都是源自於愛。要超越情緒及言語這些幻象，你才能看到真實面。

所以在輪迴的法則中，物質世界的一切種種都是幻象，看透輪迴法則，就可以不受限在人生的短暫事件中了。如果以更高法則來看，連輪迴本身都是幻象，你扮演過男人女人、好人壞人，這些輪迴角色也是幻象，靈魂才是真的。等我們能看清輪迴這個現象是怎麼造成的，我們的欲求及投射到底是什麼，就可以不用再輪迴了。

這麼一來，「超越幻象」又可以回到「審判」的原點，也就是「終結一切幻象」。只不過，「審判」牌要求的是因果業力上的平衡，而「超越幻象」則要我們看清，這些生生世世的糾纏都是來自於我們的渴求，如果不終結它，就永遠沒有真正算得清的一天。我們有權力可以決定是繼續玩下去，或是「不要執著於誰對誰錯，放開這些情感糾葛」，看見真實，離開幻象這個牢籠。

「超越幻象」禪卡與「審判」牌最大的不同，就是「審判」牌要等待一個最後時機讓所有事情明朗化後，才能做出最後的結論；而「超越幻象」是在當下這一刻，就可看清所有事件真正要告訴你的含意是什麼，進而超越眼前的一切，邁向下一個階段。

元素屬性——水（主）**火**（輔）

水：深沉、隱晦、深度意識、愛恨情仇、情緒、內心、業力。
火：極端、劇烈、力量強大、徹底轉換結構、毀滅性。

XXI

完成 Completion

牌名：完成

- 元素：土。
- 拼圖：意味著我們的整個人生都是由獨立的小事件串連起來的。

對應塔羅牌的「世界」

牌名：世界

- 元素：土。
- 四個角落的動物：分別代表四元素。獅子是火元素，牛是土元素，鷹是風元素，天使是水元素。
- 女神手中的權杖：分別代表進化和退化的力亮，即自然之道的力量。
- 桂冠形成的大圈圈：綠色代表生生不息的植物生命力，圓形代表完整穩定。
- 纏繞的紅巾：象徵循環，紅色是動物性的生命力。
- 數字21：2是二元性代表，加上1的完整性，兩個數字相加是象徵「衍生」的3，意味著本身若已成熟，就有創造新事物的能力。
- 牌義：完整、穩重、成功、完成、句點、結果、傳統性的產業、歷史悠久的事物、定局。

世界

「世界」是一張穩定性極高的牌，許多塔羅占卜者都認為七十八張塔羅牌中最「好」的是太陽牌，但我認為那要看你對「好」的定義是什麼。前面說過太陽牌是單點、單次性的成功，未必能延續下去，也不保證其他方面的成敗。以我個人的喜好，我就覺得世界牌是二十二張大祕儀中，在世俗物質界裡成就最高的一張牌。畢竟世界牌的格局要比太陽牌大，時效也比太陽牌持久多了。

世界牌以一整個世界做為牌圖基礎，代表它是一張象徵完全、整體性的牌。這張牌如果象徵成功，必定是由許多單次性的成功累積而成的大「成就」，而非一次性的勝利。如果說太陽牌是一家成功的企業，那麼世界牌就可以說是一整個財團。個體性的企業還有許多可能性，可以變得更大，也還保有彈性；相反的，由多家企業組合起來的財團，雖然彈性有限，卻更加穩固、更不易崩潰。在「世界」牌圖的四角，有四元素的象徵動物守護著，從這一點就可看出這是一張全面性、安全、穩固，而且沒有什麼破綻和弱點的牌。

• 世界牌已成定局的意味濃厚，適合出現在牌陣的「未來」位置

這張牌是土元素，更可以加強上文的說法。土元素是大地，也就是所有事物的基礎；從另一個層面來說，土元素又是所有事物的總和。舉個例子來說，土元素可以代表國家、社會、民族等「整體」的象徵，國家孕育出個人，我們的教育、交通、工作，都得靠「社會」這個整體存在，才會有依靠；而我們同時又都是「社會」的一份子，參與整個社會的運作，如果沒有大量的「個人」，社會也無法存在，而許多個社會集結起來才會成為更大的整體——世界。所以，土元素既是開始也是結果。

在「世界」牌當中，個體性是不存在或被弱化的，也就是像保守傳統的學校或公司，通常都有一定的模式及規矩可遵循，而且一般都不允許太過個人主義及標新立異，最好大家的思想可以統一，動作可以一致，才能集中力量去除變數。這張世界牌不允許太大的變數，數量越大越能變成整體，機率就越可被預測。對於喜歡安全感的人來說，抽到世界牌可以安心，就像社會制度、傳統道德觀、家庭觀念等帶給人安全感一樣。相反的，對於追求個人成就的人來說，許多的制度、規定與習慣都會變成束縛，讓「團體」可以名正言順地打壓個人的不同之處。

所以「世界」這張牌，在牌陣中如果放在「未來」的位置，會變成一個漸漸達到的大成就；但如果放在「過去」或「問題」的位置，就變成一種牢不可破的限制，去除了破壞性，卻同時消滅了獨特性。這也就是世界牌適合放在「未來」或「結果」的原因，不管我們是守舊或是開創性強的人，只要我們是務實的，大都會期待一個圓滿且能夠持續不變的好結局。但如果世界牌出現在「過去」位置，很少有事情可以完美到不需要再發生變化，因此等同於被這張牌框住，很難再更好了。

完成——探索沒有終點，永遠有新事物等著你發掘

奧修禪卡中相對應的同一張牌，名稱是「完成」。這張禪卡看起來似乎與世界牌非常相似，牌圖上是一幅人的拼圖，一塊一塊拼湊，意味著我們的整個人生都是由獨立的小事件串連起來的。我們人生的每個階段，雖然相連卻又可以獨立存在，比起「世界」牌，多了那麼點和諧和契合的感覺。不同的地方是，這張禪卡的牌名雖然叫「完成」，但牌圖上位於眉心輪（也就是第三隻眼）位置的最後一塊拼圖，卻沒有真的放上去，表示這張牌其實還是處於一個「未完成」的狀態。

就我的看法，這張禪卡其實跟上一張牌——「超越幻象」有前後呼應的關係。在20號牌中，塔羅的「審判」牌代表一種蓋棺論定的意味，審判結束，結局也就確定了；到了「世界」牌則象徵一切都穩定下來，不再生變，也應該在這張牌劃下句點。但是「超越幻象」禪卡卻不代表一種結論，而是表示看清了從以前到現在所發生的所有事情背後的真相，很多人會覺得這就是答案了，但事實上到了「超越幻象」這張牌，我們得到的只是這個階段的答案，而這個答案還會衍生出新的問題。因為這個世界的奧妙是沒有終止點的，永遠都會有新的面紗等著我們去揭開。

正因如此，這張「完成」牌的最後一塊拼圖始終一直停留在眉心輪上方，沒有擺進去做個真正的結束。眉心輪的第三隻眼，看到的是超越現在極限的未來，代表一種廣大超然的視野，在我們以為要結束時，往往又會發現有新的事情發生，有更多未知的東西需要探索。當我們懂得越多時，越會覺得自己什麼都不懂，就像古希臘智者蘇格拉底所說的：「我只知道一件事，那就是我什麼都不知道。」

我們以為只要張開眼睛就能看到一切答案，沒想到看到的，卻是更多有待追尋答案的問題。所以這張「完成」牌，不但不是象徵結束，反而意味著我們會越來越廣闊，求知欲越來越強。走完這個階段，我們就會拿到下一個新階段的鑰匙，再打開另一扇門。在我們看到整個宇宙的豐富性，而非用我們的認知去限制它時，我們會因為發現自己的渺小而拓展了整個世界，而不是再像從前一樣，用井底之蛙的視野，把世界定義得這麼狹窄了。

塔羅牌的「世界」是一個總結，而奧修禪卡的「完成」卻是又看到另一個新世界的開端了！

元素屬性——土

終點、結論、定局、完整、狀況穩定、萬事俱備、豐富、眾多、整體性、長久累積、可靠、不易被破壞。

師父 The Master

「師父」是較為特別的一張禪卡，牌圖上的這位長者就是奧修。這張禪卡無法和塔羅牌的任何一張牌對應，等於是在整個架構之外獨立存在的一張牌，我們可以視之為整副禪卡的總結、核心意義。

這張「師父」牌無法從相對應的塔羅牌中定位它的元素，但就我個人對奧修所提倡的思想，以及他對門徒所造成的影響力，揣度奧修極可能會將這張牌定位為第五元素：乙太。乙太元素的特質是：「你甚至感覺不到它的存在，它比風更精細微妙，你只能夠信任它確實在那裡，它是純粹的空間，是極樂。」（摘自《脈輪能量書》）

但是為了占卜方便，在牌陣中出現「師父」牌時，我會將這張牌定位為「高層次的水元素」，因為我認為這張牌本身具有「火、土、風、水」四大元素集結的特性，但只有水元素可以把所有的東西融會成一體，因此「師父」牌是包含了四大元素的水元素牌，對外也會呈現出水元素擁有的特性。

無分別心的水元素，才能消弭界線的隔閡，突破二元對立

奧修師父並不屬於任何宗教派別，他自己也主張不立宗教，這就是水元素「無界線、不具體、沒有結構組織」的特質。但只要廣泛閱讀過奧修相關著作的人就會知道，奧修雖然不屬於任何一支派別，但他抓住了更高層的含意，世界上不同的宗教和修行門派，他都可以分析得非常透徹，書中曾有這樣的描述：「當奧修講起耶穌，人們認為他一定是個基督徒；當他講起佛陀，人們認為他不可能不是個佛教徒；當他講起蘇菲教派，人們就認為他毫無疑問的是個蘇菲。」奧修之所以沒有認同任何一個途徑，是因為他了解，不同的教派學問只是同一件事情的不同面向而已，在不同的時代必須運用不同的觀念，每一個教派都是對的，但也都不是最圓滿的。這同時也是水元素的「昇華、集結小我化為大我」，以及「一體性、無分別心」。

水元素也會打破所有的「二分性」，這就等於突破頭腦的設限與僵化，因為是非、善惡、黑白等二元化觀念都是頭腦創造出來的。頭腦重視對錯分明，不是對的，一定就是錯的；但真理常常是矛盾的，你在這件事情這樣說是錯的，在另外一件事情上可能就是對的了。真理超越了對錯，因為對與錯都包含在它之中，這種特質只有水元素可以代表，水元素為所有的界線帶來交融及和諧，消除所有的對立。

師父就像死亡，如果你靠他太近，你會害怕，你會發抖

在奧修的定義中，「師父」並不是一個頭銜，而是一種本質；跟隨師父的人也不是學生，而是弟子。學生渴望的是資訊，是「你教我該怎麼做、怎麼思考」，是「你要給我一些基本教義，好讓我去遵從」，學生需要的是給他資料的「老師」。但「師父」沒有辦法給你資料，也不能指示你該

怎麼做；他只能以他的自身示現在你面前，弟子跟隨師父的同時，就會跟師父一同呼吸、一同行動，原來的「自我」會慢慢消褪、死去，弟子的本質也會開始被師父同化，這是一種啟發、一種轉化，同時看起來也常常像是一種摧毀。

只有當「自我」死去，才能脫離原來的框架，接納一種更寬闊的可能性。

嚴格說來，「師父」並不是一個人，無論是老子或奧修，都是外在的師父，他是一面鏡子、一個嚮導。「師父」一出現，就表示弟子準備好了，一旦弟子對外在的師父完全臣服，他內在的師父就會顯現出來。倘若弟子沒有開放自我、沒有臣服，也就是沒有讓原來的自我死去，即便是奧修和老子就站在你面前，還是無法成為你的師父。所以奧修對師父的定義是：「師父就像死亡。如果你靠他太近，你會害怕，你會發抖。你就會被未知的恐慌占據，好像你快要死了一樣。」就像奧修所說：「你不必是佛，也能認出一個佛，但你必須要是老子，才能認出老子。」前面說過「師父」牌會打破所有二分性，所以當弟子懂得如何臣服時，他就會看到眼前的師父，而與此同時，他自己也成為了一個師父。不能成為師父，就無法成為弟子，同時也就無法認出你的師父。「師父」跟「弟子」的相對性，在這裡也被打破並統合了。

史上的聖賢哲人、開悟者很多，每一位都有其專屬的特性和路途，奧修自認與「老子」是最為相近的，他們做的是同樣的事，老子像水一樣，以平凡的面貌出現在你身邊，以自身的特質改變你後又悄悄流走了，你甚至不知道自己已經受到他的影響。奧修的特質雖然沒那麼低調，但他同樣是不立宗派，不給自己冠上頭銜，門徒要做的只是靠近他，然後放下自我，啟發的過程就會發生了。

• 如實接受眼前的一切，那是專屬你個人的經歷

這張「師父」牌的很多特質都接近最後的空無，很多人會問，那跟第5號牌——與教皇牌相對

應的「空」有何不同？5號禪卡的「空」對應的是土元素，它代表一種最初的混沌，也就是一切都未具體成形的時候；而「師父」牌對應的是乙太元素或水元素，它的空無是到了最終的境界，一切人事物經過生命歷程的紛擾後，漸漸融合在一起並昇華。這種「空」是更加精煉的，也蘊含了更豐富的層次；就像小孩子的天真與老人的天真，是兩種不同的品質。

不管你占卜的是什麼問題，一旦「師父」牌出現，就代表著不要對眼前發生的事產生抗拒，甚至也不需要過度認同，你只要接受眼前如實發生的一切，你就會看到，每件事情都有它要給你捎來的訊息，不管在你眼裡是好是壞，這件事情都是你要去接納的。一旦接納後，你自然就會從眼前的狀況看出，下一步應該要怎麼走了。這張牌一出現，表示占卜師沒有辦法告訴你接下來的答案，因為那個答案並不包含在所有的常識和現象中，是專屬於你個人的體驗，所以別人無法告訴你那是什麼。「師父」禪卡代表的答案，需要你自己不斷去追尋，沒有辦法透過他人的解讀而得到。（如果就狹義或簡化的用法來看，也許你可以直接把這一張當成空白牌來用，但當然「師父」牌深層的意思遠超出空白牌許多，不過在解現實事件時，用不到那麼深入的解釋。）

副牌

奧　修　禪　卡　的　小　祕　儀

奧修禪卡總共有56張副牌，並分為兩大類：一類是所謂的「宮廷牌」，共有四組16張，名稱採用封建時代的頭銜稱號，即王牌、后牌、騎士牌及小兵牌。另一類稱為「數字牌」，從數字1到數字10各有四張牌，分屬火、水、雲（風）、彩虹（土）四大元素，比如火之么、雲之5。

不論是「宮廷牌」或「數字牌」，每張禪卡都根據其特色命名，比如火之王的牌名叫「創造者」、彩虹之王的牌名叫「豐富」、水之9的牌名叫「懶惰」、雲之3的牌名叫「封閉」。同樣的，禪卡的每一張副牌都有其相對應的塔羅牌，在本單元中也會一一分析禪卡與偉特塔羅牌在元素組成上的邏輯異同、元素意義、數字含意及牌義。

要特別說明的是，本書的每張副牌都是根據原始奧修禪卡重新繪製而成，與原圖會有出入，僅供讀者參考。建議讀者應用時，務必使用原始禪卡。

四大元素概述

◆火元素——把自身的光與熱散發出去，燃燒到最後一刻

代表符號

・偉特牌：權杖
・奧修禪卡：火
・撲克牌：梅花

在一般元素定義中，火元素非常專注、衝動、拚命，與土元素兩者同屬目標導向的「積極性元素」。「權杖」的圖案是原木材質的棍棒，和「寶劍」一樣都屬於陽性元素（而「聖杯」和「錢幣」這種圓形物品就是陰性元素），但是木頭屬於天然材質，寶劍則是人工鑄造，屬於用腦的產物，因此大部分的取向都是將權杖定位為火元素。

「權杖」是儀式用物品，比較少拿來當武器用，大都是裝飾寶石，用在慶典或拿來當身分、權柄的象徵物；又因為塔羅牌中所描繪的權杖，木棍狀態仍然是半原生的狀態，外型並沒有加工改變太多，也含有新生能量的意味，正符合火元素的特質。

在奧修禪卡中，火元素直接以「火」來代表。火的本體比權杖來得更為猛烈且鮮活，並因應了奧修的概念，禪卡中的「火」比起「權杖」少了許多目的性導向，「火」比較在乎能否全然的、完

全的把自身的光與熱散發出去，燃燒到最後一刻。不會像「權杖」所代表的火元素一樣，非要達到某種目標不可，也沒有對世俗錢財地位的野心。「火」會強化火元素定義中「自我中心」的部分，也就是要將自己的才能跟意念發揮到極致，不斷地超越再升高！至於為什麼目標性沒有那麼明確，我想是因為人一旦跨越了原有的層次，就迎向了新的階段，到了那時也需要重新再探索，倘若太早定好目標，反而會把自我的發展限制在「已知」的領域，無法能有多高就爬多高。一旦到達所謂的最高點，應該是進入一種原本自己意想不到的嶄新領域才對，也因此「火」才有「超脫到全新領域」的含意。

◆水元素——流動的活水，能將各種情緒都轉化為愛

代表符號

・偉特牌：聖杯
・奧修禪卡：水
・撲克牌：紅心

在塔羅牌系統中，由「聖杯」牌組來代表水元素。聖杯是從古到今都很著名的一個聖物代表，耶穌曾喝過聖杯所盛裝的、象徵寶血的葡萄酒，因此聖杯具有慈悲、救贖及生命泉源等意義；而聖杯裝著的水也代表人心的情感，以及神奇的魔力。「聖杯」多年來一直是冒險者及騎士所追尋的目標，存在於傳說中，沒有人可以見到它的真面目，這就是水元素的「朦朧」和「不明確」。而大家之所以苦苦追尋聖杯，是把它當成最終的目標，也就是人性的崇高頂點及精神上的永存。在相關的

種種傳說中，「聖杯」超脫於世俗財富和地位，代表的是一種療癒能力及連結天使的管道，因此眾人所追尋的，無非是想讓自己的心性進入另一個神聖境界或進入靈魂永生的國度中，這也是為什麼「聖杯」用以代表靈性、昇華的水元素。

在奧修禪卡中，水元素同樣直接以「水」來代表，跟「火」都是一種原生狀態，也都是與靈性相關的元素。不同的是，火元素是動態，而水元素較為靜態。但塔羅牌與禪卡的水元素又有區別：「聖杯」中的水是靜止的、被保存起來的，但禪卡的「水」卻是流動的活水。裝在容器中的水有可能吸納各種雜質，雖然洗淨了別的東西，但也可能讓自己蓄積很多負面性質；但是流動的水不同，它既洗淨了許多東西，因為是活水，自己也不會卡住任何負面能量，所以奧修禪卡系統中的「水」，除了情感、愛、慈悲之外，更象徵了一種自由的心靈，就像奧修倡導的「讓情緒通過自己，不要留在身上」。「水」是情緒，情緒不應該累積，而是可以流動到任何地方卻不會沾染太多沉重的負荷。也因此，流動的「水」擺脫了「聖杯」那種犧牲的宿命，不再只能活在自己的世界中。奧修禪卡中的「水」，象徵生命的變化性及無限寬廣的可能性，同時也把愛帶向眾人，而非藏在自己的心中。奧修禪卡的「水」不再像傳統的水元素那麼悲情，而是可以將各種情緒都轉化為愛，並且讓「愛」以各種形式出現在我們的生命中。

◆風元素——頭腦和知識為我們設下屏障，遮住了我們的視野

代表符號

- 塔羅牌：寶劍
- 奧修禪卡：雲
- 撲克牌：黑桃

塔羅牌系統多以「寶劍」來代表風元素，有人告訴我國外有部分書籍認為「寶劍」應該是火元素，我猜想大概是因為寶劍是一種「武器」的緣故。一般凡是有銳角或殺傷力的物品，都是以火元素為代表，但我個人覺得這個分類稍嫌表面了一點。火元素其實不是要盡心機的攻擊，它是一種能量的爆發，爆發時會對身邊的一切造成破壞力，但火元素不太會帶來後續的痛苦及煩惱，也沒有太多的惡意，它的破壞都是在那一刻成形並結束。

至於「寶劍」則是一種需要大量金屬特性知識、冶煉的經驗值，還要加上經驗傳承才得以製造的東西，不可能單靠著火元素的蠻力就能形成，而「知識」、「計算」、「研發」都是風元素掌管的知性部分；此外，寶劍帶來的傷害會有後續性，偉特牌中的「寶劍」牌組，象徵的多是心智、精神方面的煩惱和焦慮，表示算計過後帶來的更大憂患，因此寶劍像風元素的成分大過於火元素。

在奧修禪卡中，風元素是以「雲」來代表，很多人表示百思不得其解。其實只要奧修相關的書看得夠多，答案其實很明顯。奧修不只一次說過，「頭腦」會阻礙真相，讓我們看不到事物的本質，他說：「就像雨天、陰天時，我們看不到陽光，但是陽光並沒有消失，只是被雲遮住了。」所以在這裡，「雲」等同於頭腦，代表遮蔽視線和真理的障礙物，意味著思考過多、算計過多只會越來越鑽牛角尖，反而看不到顯而易見的答案，這就是蘇東坡所說的「人生識字憂患始」，內心的痛苦大都是頭腦組成的，因為讓你痛苦的不是事件本身，而是你對它的認知及定義。好比一個人有錢這事跟你原本沒關係，但如果你存心去比較，因而在自己的內心產生不滿或自卑，就會造成痛苦。

再簡化點來說，「雲」代表的是「知障」——頭腦和知識帶給我們的局限，遮住了我們的視野，而「知性思考」和「看法」就是風元素所掌管的。在奧修禪卡的「雲」組牌中，僵化、綑綁等性質不會少於內心的痛苦，一般來說固執都是土元素的屬性，但在奧修禪卡中卻被分配到風元素來；這是因為根據奧修的定義，我們的頭腦對我們的制約，要比外在實質環境的阻礙來得大多了。

◆土元素——物質界的所有一切，都只是一種短暫的「示現」

代表符號

・偉特牌：錢幣
・奧修禪卡：彩虹
・撲克牌：方塊

塔羅牌用「錢幣」來象徵土元素算是最好理解的了，因為「錢幣」就是財富，象徵一切有形的資產，舉凡財產、地位、健康、家庭結構等，都可用土元素來代表。但是有形的東西太多，有時也會造成限制，因此土元素本身也有規範和約束的意思，所以錢幣牌組的某幾張牌會顯示出受困、受阻的意味；而如果是正面的錢幣牌，就會有種堅持到底、腳踏實地、目標遠大的感覺。土元素和火元素，都是很實際、重視結果及目標的牌，我們可以把土元素簡化為「物質」，象徵長久留存、可靠、值得信賴、不會輕易改變的東西。

以四大元素來論，塔羅牌與禪卡差異最強烈的卻是土元素，禪卡用「彩虹」來代表土元素，引起很多的誤解和困惑。彩虹既不堅實又不長久，為何代表的是土元素？但如果從土元素代表的是「物質界及世俗界」這一點來看，就能理解為什麼兩副牌卡分別用了錢幣和彩虹這兩種截然不同的代表物了。

對我們這種處於現實環境中的人來說，物質、錢財、肉體，都是堅固的、實在的、可以長久使用的，這些東西在我們眼中具有一種「長久性」和「實在性」。但在更高的層次（也就是用「禪」的觀點）來看，卻不然。我們的肉體很真實、很有保障嗎？人體頂多維持百年，死去後軟組織和骨骼終有灰飛煙滅的一天；房屋構造看來堅實，但也有使用年限。所以說，「物質」其實是最虛幻的，無論如何保存也不能長久如新，一天天都在變舊，時時都處於「變」當中，終至毀滅，是最不可靠的了。

物質界的所有一切，都只是一種「示現」，既短暫又縹緲，只是汪洋中一個轉瞬即逝的泡沫，時時刻刻處於無常之中，因緣足夠，你就現形了，形成你的條件一旦失去，你就看不到了。就跟彩虹一樣，只要水分、光線等條件一符合，光線折射就形成了彩虹，等濕度、光線一偏就消失了，但它並沒有到別的地方去，它還在原地，只是你看不見了。

「物質」的一切既然這麼虛幻，就不值得重視嗎？不是的，奧修禪卡中的土元素和火元素，都會被去除掉「目標性」這個部分，因為奧修的觀點更偏重「過程」；土元素一旦不執著於具體成果（成果也是假的），彩虹象徵的土元素就可以把「固執」拿掉，而變成一場「演出」，美麗又精彩。就像戀愛不是為了結婚、工作不是為了求得保障，就能全心投入且盡興。但身為凡人，我們常常為了以後的生命在打算，所以不敢冒險、不敢享受，但是肉體畢竟不能長久留存，我們花了這麼多力氣，只為了維持一個隨時都可能消滅的身體，並幻想身體可以永遠保存下來，這是很不智且終究會招致失望的。

我們永遠要記住，身體的使用期有限，應該在可以使用的期效之內用它來經歷所有可以經歷的事情，而不是試圖維持它的完整和永久性，因為沒有徹底活過的人，才會懼怕死亡，等你用盡了你的身體，獲得了生命的快樂，就可以坦然接受身體的老化和腐朽。生命的內容遠比身體來得重要，彩虹比錢幣短暫，但也遠比錢幣來得美麗。

◆宮廷牌導言◆

實務教學時，我調整了奧修禪卡的宮廷牌人物元素，因為在奧修禪卡系統中的四大元素，某些部分的定義會跟一般的四大元素不同。例如在一般的塔羅牌中，風元素的性質是變化、聰明、靈活，但是在奧修禪卡系統中，風元素卻是非常僵化及制式化的。但是，這並非風元素的本質改變了，而是以禪宗角度，對於每個元素影響的層面，都有跟一般情況不同的定義。

如果對象是對偉特牌概念非常熟悉的學員，為了不讓他們產生混淆，我會把在偉特牌中人格元素是土元素的「王牌組」四張禪卡改成風元素。這是因為奧修禪卡系統中，土元素的性質是時時在變動又多元化，若是已對一般定義的土元素印象太根深柢固，就很難轉變過來，因此先將「王牌組」的人格元素改成風元素，可以讓學員更快掌握住這張牌的性質。等到學員能掌握塔羅牌與奧修禪卡之間的元素性質變化後，我就會再把「王牌組」的人格元素還原成土元素，這樣就可讓奧修禪卡的宮廷牌能更徹底地跟一般塔羅牌做對應，也更能凸顯奧修禪卡的本質。

在本書中，為了不引起干擾及對應困難，我會完全採用跟一般塔羅牌相同的元素來定義奧修禪卡的宮廷牌，如下表所示 。

四大元素	火元素	水元素	風元素	土元素
塔羅牌符號	權杖	聖杯	寶劍	錢幣
禪卡符號	火	水	雲	彩虹
塔羅牌人物	騎士	皇后	侍者	國王
禪卡人物	騎士	后牌	小兵	王牌

宮廷牌組

王牌

我們可以看到，四張「王」牌都是以坐臥的姿態呈現，
「王」就是塔羅牌中的「國王」，象徵元素是土，
這是年紀最大、掌握資源最多的一組牌。
「王」組在表情上，比一般塔羅牌中的國王來得輕鬆、年輕、有活力，
因為在奧修禪卡小祕儀中，代表土元素的彩虹是極度柔軟的元素，
並允許任何可能性發生，因此奧修禪卡系統中的「王」，
會更有創造性並包容他人，而一般塔羅牌中的「國王」，
會較為守成、不喜變動並堅持己見。

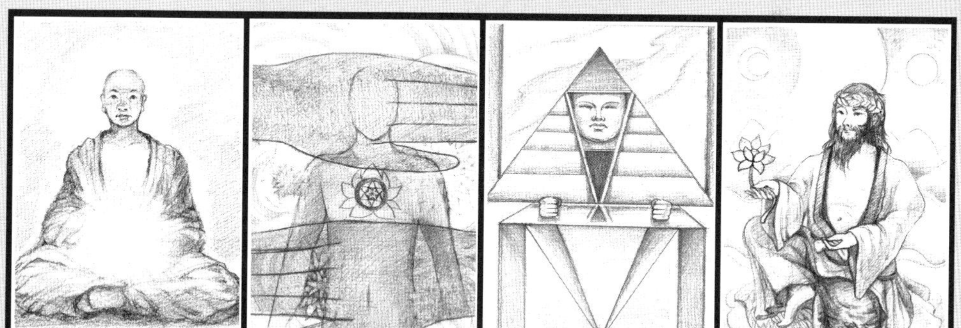

火之王——創造者　水之王——治療　雲之王——控制　彩虹之王——豐富

創造者 The Creator

牌名：創造者

・元素：火中之土。

・牌圖解說：在代表創造力的太陽神經叢輪處，有一顆對應決策力的黃色光球，代表強烈的信念及原創力。

對應塔羅牌的「權杖國王」

牌名：權杖國王

・元素：火中之土。

以塔羅元素為鑰

權杖國王

在一般通用的四大元素中，火和土都是較為固執的元素，所以兩者相加，會讓權杖國王不只是固執，而是到了有點偏執的地步。權杖代表的火元素是野心勃勃、企圖心旺盛的，已經很讓人不能忽視了，而在人格方面（也就是所採取的手段和做法）則是深謀遠慮、布局完整的土元素，更讓全盤局面都無法逃出權杖國王的掌握，所以「權杖國王」牌擁有極高的控制力。但是，因為火元素有強烈的創造能力，所以權杖國王並不只是把事情控制住而已，而是能夠掌握住每個行動（火）會產生什麼樣的結果（土），因此我們會發現抽到這張牌時，幾乎做什麼事都會抱著一種志在必得、不惜代價的決心！權杖國王牌的個性，雖然在一般的相處及互動上，會讓身邊的人吃不消，感受到太強的侵略性與控制欲，但如果遇到重大事件或混亂的場面，權杖國王強大的操控力卻有辦法擺平一切事情，並讓身邊的人將他視為領袖及偶像，是一張在亂世中更能彰顯其價值的牌。

火之王—創造者

一般來說，不管在一般塔羅牌或奧修禪卡體系，火元素都是象徵衝勁、生命力、創造力的元素，但是其缺點是不好控制，並且雖然會很快創造出一些新東西，卻也不持久，這些東西沒多久又不見蹤影了。但是「王」的元素是土，不管是偉特牌或奧修禪卡，土元素都有「具體化、固定化」的能力，使創造出來的事物能夠穩定並持續，因此「火之王—創造者」不但可以白手起家、心想事成，更可以給予他創造出來的事物極大的能量感染他人。就像「權杖國王」一樣，「火之王」也是一張能讓別人心甘情願崇拜並跟隨的領袖牌！

這兩張牌不一樣的地方是，「權杖國王」是對外攻擊，不免要打打殺殺血流成河，當他坐上國王寶座時，背後還是有種「一將功成萬骨枯」的味道。但是在「火之王—創造者」的牌面上，我們可以看到火之王閉上了雙眼，他用的方法不是向外求，而是回歸到自己的中心，一旦他明白自己要什麼，並能夠知道他這些東西出現後能給世界帶來的影響和啟發，就會氣定神閒地做該做的事，不會像「權杖國王」有種急躁及太過功利的感覺。

● 方向確定了，一切事情就都對了

在一般定義中，火元素是行動、拚命、去「達成」，目的性很強烈；但在奧修禪卡的概念中，火是一種顯化、一種新生的事物，本來就應該誕生，反而不具有太強烈的企圖心。此外，奧修禪卡的土元素沒有一般定義中的勞心勞力及守舊，卻是一場情節豐富的生命演出。所以「火之王—創造者」在做一件事情時，不會像「權杖國王」太專注於目標而忘記事情的本質；相反的，「火之王」是那種確定自己的意念是正確的，就帶著滿滿的信心，放手讓生命自己去運作的人，他知道只要自己的方向對了，一切事情就都對了，成果會自然成形。源頭的意念重於一切瑣碎的後續事項，他不需要辛苦地在每個細節上戰鬥，在事情一開始，他就已經可以看到最終成功的樣子了。以我本身的經驗來說，在天時地利人和的情況下，我很清楚某件事情做到最後的結果會是什麼，心中感覺雪亮又篤定：「我不是相信這件事情會成功，我是知道這件事情會成功。」因為該發生的就是會發生，沒有第二種可能，這個時候我會非常放鬆和穩定，不會有「權杖國王」那種強烈的欲念。

牌面上的火之王是修行者的形象，一顆發亮的金色光球處於他的「太陽神經叢輪」位置，太陽神經叢輪代表的是一個人的自信、聰明才智及領導能力。「火之王」專注於自己本身的創造力，而非外在的世界，因此不會受其他事物干擾，能夠讓自己所想的一切成形。「火之王」是一張完全能夠表現「你創造你的實相」這句話的牌，也是一張能徹底實踐吸引力法則的牌。

水之王

治療 Healing

牌名：治療

- 元素：水中之土。
- 牌圖解說：圖中有兩隻手分別覆蓋住上三輪及下三輪，代表整體的療癒與和諧。

對應塔羅牌的「聖杯國王」

牌名：聖杯國王

- 元素：水中之土。

聖杯國王

雖然這是一張男性牌，但是組成元素是水元素和土元素，都是陰性元素，表示這是一位非常柔軟、具母性特質的國王。一般塔羅書上對這張「聖杯國王」的定義就是「仁君」，他一切都以和善、助人為出發點，由於陰性特質強烈，他不會有太強的自我意識，而且滿無私的。在人格元素部分，它是土元素，表示雖然有水元素的心地柔軟、想法溫和，但土元素的人格讓它不會流於濫情、也不會被別人牽著鼻子走，還是很有自己的一套方式，會以實事求是的方式來實踐自己的大愛理念，也有著強烈的責任感，是一張讓他人覺得很好相處，並且會給予眾人安全感的牌。要注意的是，一張陰性特質太重的陽性人物牌，如果搭配其他負面的陰性元素牌，如月亮、惡魔等，會讓這張牌的陰性元素受到污染，「聖杯國王」就很有可能變成一張心性軟弱或意志不堅的牌，這是需要審慎觀察的部分。

水之王——治療

這張「水之王」禪卡，跟「聖杯國王」的共同點不少，都是人格溫厚、以蒼生為念的牌；以「治療」為名，就可以看出它的本質。在水元素方面，一般元素定義與奧修禪卡系統的水元素定義，並沒有太大的不同，水元素和土元素這兩者的「母性」都很強。一般定義的土元素會是規範、教養，但在奧修禪卡系統中，土元素比較溫暖、愉悅，少了一般定義中土元素的嚴格性，卻保有土元素安全和依靠的感覺；而水元素本身就是滋潤、撫慰、療癒的性質，與土元素一起出現的水元素，更有一種平靜穩定的力量。這兩者綜合起來，讓「水之王—治療」這張牌，顯得像是安全的避風港，我們可以在它的懷抱裡休憩，只要安心，一切狀況都會好起來的。

●清洗一切負面情緒，正面能量自然能湧至

每次看到這張「水之王－治療」的禪卡，我就想到舉世知名的獸醫作家吉米．哈利（James Herriot），他曾經誤打誤撞地發現了一個方法，可以治療垂危動物的性命。那是有一次他去農莊出診，發現有隻羊奄奄一息，樣子非常痛苦，眼看就快要死了，他看著於心不忍，建議主人盡快結束牠的痛苦，主人卻拖拖拉拉不肯處理。吉米．哈利為了讓羊快點解脫，趁主人離開時，幫羊施打了超量的痲醉劑，希望牠平靜的睡著死去。但是這隻羊睡了兩天兩夜後，病情卻好轉了。這件事讓他驚訝莫名。後來他得出的結論是：讓動物死亡的，往往不是疾病本身，而是疾病帶來的痛苦與恐懼瓦解了動物的求生意志，才導致死亡的。如果能夠讓牠們睡去，忘掉這些痛苦，反而會讓牠們本身的自療能力甦醒，恢復求生本能。之後吉米．哈利又用這個方法治好了一隻小狗，終於確定了這種療法的有效性，在他往後數十年的行醫生涯中，無數次用了這個方法救回許多動物的命。

「水之王－治療」與「火之王－創造者」一樣，都有一種「自己的意念高於外界任何事物影響」的性質，但是「火之王」是野心勃勃的，帶有專注的創造意念；而「水之王」卻只是消除所有的負面能量，不讓自己的思緒助長痛苦，保持愉快的心情，正面的事情自然有管道顯現出來。如果說「火之王－創造者」是吸引力法則，那麼「水之王－治療」就是「零極限」的「清理」，放下一切負面的情緒，正面的東西不用外求，它會自然來到。

從牌圖上看，「水之王－治療」的心輪位置有一朵敞開的綠色蓮花，心輪代表跟他人交流的溫暖，綠色也是心輪的顏色，這代表能關懷別人、也能接受別人關懷的能力；兩隻帶有療癒色彩（水藍色）的手，分別放在上三輪（喉輪、眉心輪、頂輪）跟下三輪（太陽神經叢輪、臍輪、海底輪）的位置，這七脈輪的平衡及暢通，正是身心靈都能達到健康狀態的基本要件。

雲之王

控制 Control

牌名：控制

・元素：風中之土。

・牌圖解說：銳角構成的線條代表精確，但也代表僵化，意味著如果太想控制一切，就會阻礙自然能量的流動。

對應塔羅牌的「寶劍國王」

牌名：寶劍國王

・元素：風中之土。

寶劍國王

這是一張極冷硬、沒有彈性的牌。也許很多人會好奇，在一般元素定義中，風元素不是非常有彈性又善變的嗎？如果風元素單獨存在，確實是如此沒錯，但是「寶劍國王」是風元素和土元素一起出現，兩者都是「理性」元素，缺乏人性化的情緒，所以就會加重風元素冷靜不帶情感的部分，加上重規律、沒有彈性的土元素人格，兩者結合起來，就會給人一種缺乏溫度、令人望而生畏的感覺。

大部分人怕的，往往不是那種會大吼大叫的人，因為情緒的展現是很有人性的，這是我們大家都熟悉的反應，所以就算害怕，只要閃遠一點就沒事了。我們真正會不寒而慄的，是那種冷血的感覺，試想一下，如果是你的親人，一個是對你大吼大叫大哭大鬧，一個是面無表情地看著你，完全不反應，哪一個人更讓你害怕？我想大部分是後者會更讓人畏懼吧，因為我們完全無法猜到他心裡到底在想什麼，下一步會怎麼樣？「寶劍國王」雖然有風元素和土元素兼具的聰明、邏輯分析能力強，但有時太聰明的人更無法具有同理心，在很多狀況下，容易太過自以為是及無情，也不知人間疾苦。高高在上的政府官員、學者、坐辦公室吹冷氣決定政策的人，都算是「寶劍國王」類型的人。

雲之王——控制

奧修禪卡系統中，風元素的「雲」代表封閉僵化的思維，以及認定一件事情後，看似理性，但其實是被知障控制住的元素，這跟一般定義的風元素差距較大，反而傾向一般元素定義中的土元素；而「王」的人格元素本來就是土元素，雖然奧修禪卡中的土元素沒有這麼強硬的性質，但兩者加在一起，光是從牌圖中人物的表情就可看出「寶劍國王」和「雲之王—控制」非常相像，兩個人都是不苟言笑，並固守自己認定的一切，無法理解任何超出自己想像範圍以外的事物。

抱住僵化的路線不放，看不見車窗外的美麗風景

就像每個家長都希望自己的孩子能「出類拔萃」，但是如果他設定好的出類拔萃代表「從小到大成績都是第一名、聽話乖巧、長大後沒有叛逆期、最後考上醫學院」，那麼萬一他的孩子是「思考分析能力強、成績中上、有特殊天分、受人喜愛；高等教育學府的教授在他眼裡都還嫌太笨，最後靠自學，在專業領域取得重大成就」，這個家長還是會覺得孩子既沒出息又不孝，因為「跟他設定的標準完全不同」。

這張禪卡的心態和個性是不是很可怕呢？有趣的是，台灣社會的家長大概六、七成以上都是這樣的人，對於「好孩子」、「表現良好」有著固定的模式與標準，一旦超出這個模式，他們就會想盡辦法打壓，試圖把孩子趕回家長自己設定好的軌道，不然就會覺得這個孩子一生都會毀掉。所以這張「雲之王」所顯現出來的問題，其實是很普遍的。比如說，學校裡只愛標準答案、不允許學生發問的老師；被社會大眾唾棄的「恐龍法官」，抱住冷硬的法條不放，自以為公正廉明，其實是食古不化……同樣都是符合這張「雲之王」性質的產物。這種人往往社會地位高，卻陷入了一種狹隘的思考觀點。說穿了，只是體積大一點的井底之蛙而已。

在這張牌圖中，所有構圖線條都是銳角，像是每一筆都用尺畫出來的一樣，分毫不差、結構嚴謹，卻很不自然；畫中人物表情也冷硬森嚴。在一些需要高度專業性，以及高度標準化管理的工作，這種個性占有很大優勢，例如我們要開刀時，一定希望自己遇上的是這種對工作偏執、要求完美的外科醫生；但如果是一般社交圈中的友人，這種「雲之王」式的處事態度，就會令人吃不消了。

彩虹之王

豐富 Abundence

牌名：豐富

‧元素：土中之土。

‧牌圖解說：豐富多彩的色調，代表擁有的不只是物質，還有許多美好的經驗。整張牌象徵完整的圓滿人生。

對應塔羅牌的「錢幣國王」

牌名：錢幣國王

‧元素：土中之土。

錢幣國王

「錢幣國王」的元素非常一致，全都是土元素，固執程度理應是四位國王之首才對。但是從實際占卜經驗看來，「權杖國王」和「寶劍國王」其實都比「錢幣國王」更獨裁，這是因為土元素雖然固執不易溝通，但畢竟是個陰性元素，這張牌的頑固是沒有侵略性的；也就是說，「錢幣國王」雖然固執，但他只是堅守自己的立場和觀念，無意去干涉別人的做法，除了家人之外，他也並不試圖要讓別人認同及服從他，算是雖然固執卻很講道理的一號人物。

兩個土元素會形成的問題，在於這張牌一旦對某件事形成一種觀念，就很難改變。聽起來很像「雲之王」，但是「錢幣國王」雖然觀念傳統，但只是凡事有自己的一套規矩和做法，比較不會去否定別人，通常只管自己以及跟自己相關的人，因此當他的家人壓力會比較大。但是土元素資源豐富，當他的家人能得到的助益也不是其他國王給得起的。所以「錢幣國王」算是一張很難溝通，但危害卻不大的牌，用耐心慢慢跟他相處，還能得到他很大的支持。

彩虹之王——豐富

奧修禪卡的土元素，不同於一般定義的土元素，原因在於對「物質」的解釋不同。在奧修禪卡系統中，物質不是一種長久且具體的東西，從禪宗的角度看，物質短暫且容易毀滅，沒有一樣物體能永恆保持相同的形式，所以物質才是最虛幻的東西。因此有些潛心宗教的人會排拒物質世界，忽略錢財與健康，但那也是錯誤的。因為物質世界雖不能讓我們長久「擁有」，卻是要讓我們徹底去「經歷」的，你否定物質，就否定了我們恆久的生命中非常重要的一段路程。

「彩虹之王—豐富」是雙重土元素，以奧修禪卡中土元素的定義，這是一張代表極度精彩的牌。若是一般定義的土元素，擁有的是許多的物質資源，但是在「彩虹之王」中，重要的不是錢財和資源本身，而是錢財能為你帶來什麼樣的享受和體驗。

● 外在的豐富助長了內在的豐富，唯有擁有一切你才能放棄一切

土元素常常被忽略的一點是，它也是個感官元素，很注重身體的享樂跟舒適，並不是只有頑固守舊的一面。土元素喜歡待在熟悉舒服的地方，做自己喜歡做的事，吃自己喜歡的食物，聽自己喜歡的音樂。土元素有錢，但有錢對它來說並不只是數字上的意義，而是這些錢可以換到什麼？我們不能直接享受錢本身，但我們可以享受錢為我們買到的事物。這就是「彩虹之王－豐富」看起來那麼快樂那麼享受的原因，因為他尊重自己的身體，並且給予它最好的待遇。

《奧修禪卡》書上說：「有一半的人類藉著拒絕外在世界來接受內在世界，而另外一半的人類接受了物質世界，但是拒絕了內在的世界，這兩者都只有一半。」我想，他指的是許多人自認為是修行人，所以必須禁除一切欲念、必須保持貧窮、必須刻苦。但是我們都知道，越有意識地去排拒某樣東西，反而會加深你對它的渴望，如果你試著去閃躲一樣障礙，那個障礙是不可能自己消失的，它會一而再再而三的出現，我們必須親自去跨越障礙。那麼跨越之後，障礙會消失嗎？事實上不會，但是重點是你具備了跨越障礙的能力。我們無法要求事事順遂，但我們必須要求自己，有面對不順遂時的智慧和勇氣。你越是禁止欲求，你越會對美食、錢財、性無法抗拒，因為你讓自己處在對它們飢渴的狀態；如果你讓自己徹底享受，久了你就會發現它們沒什麼了。就像佛陀悉達多王子享盡了一切榮華富貴，最後才能徹底拋棄它們，如果你沒有徹底經歷過一樣東西，那麼你也不可能放下它。

「彩虹之王」的牌圖上，這位國王看起來舒服且愉悅，不同於其他國王的野心勃勃，他純然地

享受自己當下擁有的一切，並且願意分享出去，不帶任何戒心。他的穿著隨意而鬆垮，打扮也不嚴謹，但他身邊的一切都有著流動的自然線條，並且瑰麗多彩，代表二元化的太陽和月亮也合併在一起，結合後中間出現的彩虹色就代表「整體」，表示他擁有了完整的人生體驗。在這種狀況下，我們才會覺得沒有遺憾，可以放下這一切經由享受後徹底了解的事物。

外在的豐富助長了內在的豐富，這個階段完整後，我們才能邁向下一階段。

宮廷牌組

后牌

四張「后」牌的人格元素是水元素，象徵無私、包容、愛以及慈悲。
身為四組人格牌中唯一的女性牌，王后當然會賦予每個元素一種柔軟的流動性，
既敞開自己，也能卸下他人的心防。
極度女性的水元素同時也有一種變形能力，可以跟隨外人或外界，
自行做出最大程度的調整，是配合度最高的一位人物。
在一般塔羅牌定義中，這種配合度高的人格被稱之為「被動」、「未掌握主權」；
但在奧修禪卡系統定義中，這反而代表最大的彈性，
能夠接受一切可能性，同樣的，外界的阻礙也就會跟著減少，
是一組彈性與韌性都很大的人物牌。

火之后——分享

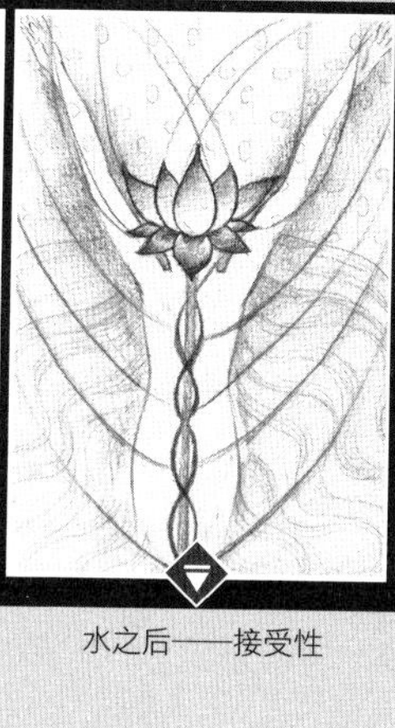

水之后——接受性

雲之后——道德律

彩虹之后——開花

火之后

分享 *Sharing*

牌名：分享

- 元素：火中之水。
- 牌圖解說：光彩出眾的皇后，散發出大家都能照到的光與熱，並端出可以讓大家分享的食物，表示擁有充裕的能力。

對應塔羅牌的「權杖皇后」

牌名：權杖皇后

- 元素：火中之水。

權杖皇后

四位皇后中，這位權杖皇后一向被公認為是最不讓鬚眉的。權杖代表的火元素是純陽極剛的，而皇后人格的水元素卻是極陰至柔的，代表了火元素的本質以水元素表現，也就是在女人身上看到很多男性的陽剛特質。一般塔羅牌的定義中，「權杖皇后」常常是女強人的代表，因為大家都知道，火元素極為能幹、強勢、亮眼、掌權，身為女性企圖心這麼強、能量又強大的並不多，「權杖皇后」的元素組合，當然會成為在事業上有所表現的女性。

但是很多人會從「事業性、企圖心強」去延伸，把「權杖皇后」解讀為比較霸氣和男性化，這就有稍稍需要調整的地方了。我覺得陽性外向的特質當然有，但還不到霸氣的地步，反而是爽朗樂觀、外向大方又心思單純的性質比較明顯，因為皇后牌水元素的本質，對於調合火元素的陽剛味會有很大的效果，使得火元素把自我意識轉為群體意識。因此，我覺得「權杖皇后」會比「權杖國王」更有實質的領導能力（國王是一種象徵上的精神領袖）。

火之后——分享

火元素本身就具有強大的創造能量，而且火元素沒有「保存」的性質，一定是有多少就發揮掉多少。所以我最喜歡拿財運來比喻火元素，火元素表示會賺很多錢，但不見得「擁有」很多錢，因為雖然它很擅於獲得，卻也擅於消耗，就像火會把助燃物全部燒光一樣。因此，這張「火之后—分享」，象徵的就是火元素這種不會把得到的東西全留在自己身上的意思，對她來說，錢是賺來花的，獲得是用來付出的，又因為人格的皇后是水元素，她付出是抱著愉悅、給予的心態，所以相對來說，付出越多，就越有動力去獲得更大的財富。

在靈性的教導中，也常常有「如果想獲取多少，就必須先給予這個世界多少，因為給予，象徵你的心是富足而不怕匱乏的。相對的，這個世界也會向你展現它富足的一面」這樣的理念。財物本來就是需要流通的，越流通價值才會越大，所以閩南語會說：「錢水、錢水」，錢就要像水一樣流動，才會活絡，也才會增加。

• 分享不是施捨，要有智慧的付出，也要快樂的付出

「火之后」本身的人格元素就是水，所以比一般的火元素更慷慨大方。一般的火元素是自我意識較強的利己主義者，並不擅於分享，幸好皇后牌的水元素幫它疏散出去。火元素一向是熱情大方活潑的，而水元素的柔軟特質，讓本質上是火元素的「火之后」不會給他人帶來太大的壓迫感；相反的，因為「火之后」並不冷漠，又帶有水元素人格的細膩敏感，因此她會本能地發現你說不出口的需求，或是別人看不到的難處，進而清楚要給你什麼才是你真正需要的。這很像一些熱心的婆婆媽媽，用爽朗的態度來表現她們細膩體貼的一面，讓人不會覺得受太大的恩情而不知如何回報。「火之后」擅於把氣氛帶得非常自然又友善，所以讓別人也樂於受到她的幫助而不會覺得尷尬。

因此，「火之后」定名為「分享」是非常切實的，因為她有足夠的智慧，讓一切看起來不像是別人欠她人情一樣；而在她需要幫助時，也會有更多的善緣回到她的身上。在牌圖中我們可以看到，「火之后」是以謙和、喜悅的態度把美食分享出去，代表她給予的行為並不是在施捨，而是樂在其中。這種性格不管在職場或一般待人處事上，都是最受歡迎的人。

宮廷牌

水之后

接受性 Receptivity

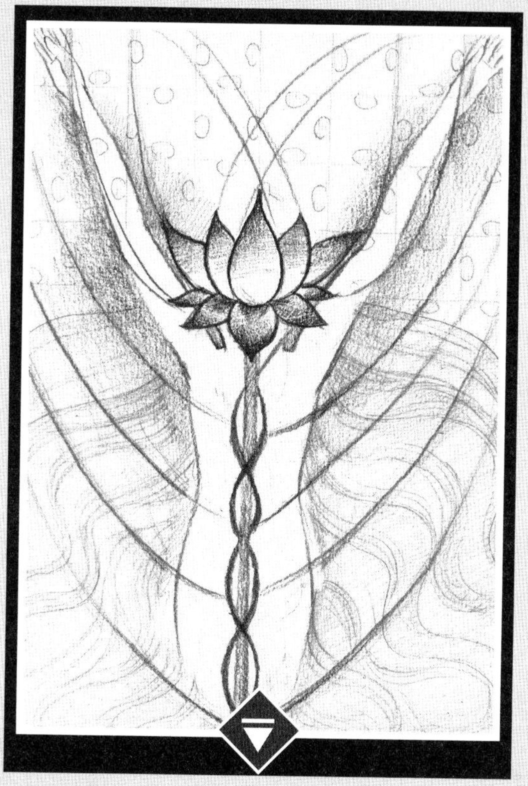

牌名：接受性

- 元素：水中之水。
- 牌圖解說：蓮花的莖貫穿了人體的七脈輪，代表通暢、不執著於己身，可以接受任何事物原本的樣子，也就是隨順因緣。

對應塔羅牌的「聖杯皇后」

牌名：聖杯皇后

- 元素：水中之水。

聖杯皇后

雙重的水元素，讓這張「聖杯皇后」變成四位皇后中最柔、最女性化的一位。水元素的被動、利他、慈悲，在這張牌當中，可以說是被發揮到淋漓盡致。一般的塔羅牌定義，「聖杯皇后」是一張偏柔弱的牌，基本上她有著聖母般的情懷，是為了別人而存在的，願意包容，沒有太多的主觀意見，也能夠接納所有不同的聲音。但是看到這張「聖杯皇后」，我就會想到八字命理學中「弱極反強」的原理，水元素無限大的彈性，讓聖杯皇后對什麼人事物都沒有成見，一律接納，又不強調自己的主體性，這反而讓她的可能性最大。因為一個人的強大，是會有極限的，我們再怎麼強調自己的能耐，總有疲累的時候，也總有顧及不到的地方。水元素的兼容並蓄，就像是一個不強調自己個人風格的老闆，躲在幕後不干涉，給有才能的人徹底發揮的空間，反而可以讓其他高手創造出更大的局面，遠勝過一個人累得要死要活。因此，「聖杯皇后」所象徵的是一種撫慰跟支持的背後力量，她本身沒有太大的作為，但偉大的行動會在她的支持下有所成就；她不是一個特別的人，但有更多的特別人物會群聚在她的身邊。

水之后——接受性

純粹的水元素，就像是一片大海一樣，「大海」是一個名詞，象徵一個整體，但這個整體當中，卻包含了數量最多的個體。水元素是沒有界限的元素，最常被人認為是「無我」的元素，但是我認為「無我」也代表「大我」，任何事物碰到她，都不會被局限在某個定義中。由於水元素是沒有成見的，因此可以像鏡子一樣，如實地呈現出所有它碰到的事物。不管是「水之后」或「聖杯皇后」，常有人會認為這兩張牌代表一種弱勢及缺乏自主性的人格，但是世界上的東西都是越堅硬越容易被摧毀，而越柔軟越能綿延不絕，這張純粹的水元素牌，其實才是生命力最強，也最無法被打倒的一張牌。

• 上善若水，水善利萬物而不爭——老子

我們在專業能力上，也需要水元素的串連及流通能力，水對其他事物是不加以揀選的、可接受任何形態。如果你是廚師，擅長做法式料理，那麼「法式料理」既是你的特色，也是你的局限，碰到不熟悉的食材、不熟悉的廚具、不熟悉的烹調方式，可能廚藝就會失去平日的水準。但如果「水之后—接受性」是廚師，可能她不會去特別鑽研哪一國的做菜手法，也不會遵循特定的食譜，而是吸收所有她能夠看到、聽到的手法，不加以區別的全部去嘗試。這樣的她，可能不是精通某種拿手菜的廚師，但不管什麼食材到她手上，或是面對什麼樣的食客，她都可以按照當天的場合、氣氛、甚至天氣，來將她的食材發揮到極致完美。因為她著重的是食物本身，而不是她自己的廚藝。

但是這種超級彈性的做法，難免會沒有突出的記憶點，什麼都會，反而讓別人不知道他會什麼，因此無法取得重大的獎項及成就。一個像「水之后」一樣的廚師，不會進入五星級餐廳工作，反而會是在家裡的廚房為家人做菜，或是經營社區式的小飯館，親密地跟客人透過食物交流。這就是「水之后」這張牌特別的地方，她能夠將最巨大的能量，藏在最不起眼的外表之中；而且因為無所求，她可以持續不斷地成長和增強，不會有金錢等需要計較的東西讓她分心或停止成長。如果是一般的上班族，像「水之后」這樣的人，通常是最沉默、最好相處、不爭權的人，沒人會把她當對手，但是她卻可以處理從上到下所有工作上的疑難雜症，她是全能的，但又不會令人感受到威脅性。

從牌圖上一整片深深淺淺的藍色，就可看出一種寧靜深邃的感覺。「水之后」的臉是一朵蓮花，代表愛與慈悲是她的面貌，蓮花的莖貫穿了七脈輪，而旁邊兩股沿著脈輪交錯而上、像是ＤＮＡ的螺旋狀線條，則是脈輪能量由下而上的運行方式。這個圖形代表沒有阻礙，任何事物都按照它原本的樣子發生，沒有人會去評斷它的好或壞。因為每件事都只是更大宇宙中的一片拼圖，不完美也是整體完美中的一部分，唯有接受每一個殘缺的小片，才能將它們組合出完美的整體。

雲之后

道德律 Morality

牌名：道德律

· 元素：風中之水。

· 牌圖解說：方格代表局限和框架，皺縮的人臉代表缺乏變化的舊有限制會讓人失去活力與變化性。整張牌有自我設限及壓抑的味道。

對應塔羅牌的「寶劍皇后」

牌名：寶劍皇后

· 元素：風中之水。

以塔羅元素為鑰

寶劍皇后

這張牌是理性又隨興的風元素，加上細膩敏感的水元素組合而成，雖然風元素的冷靜和水元素的多愁善感差異頗大，但相同點是，兩者都很容易被自己的思緒糾纏，加在一起，「寶劍皇后」就是個常常鑽牛角尖的人。一般塔羅牌都將這張牌定義為鐵娘子、冷靜的女人，但我認為「寶劍皇后」的冷靜無情只是表面而已。事實上，這張牌很容易胡思亂想，因為風元素和水元素都缺乏主體性及目標性，不像火元素那樣有魄力又自信，也不像土元素有組織有條理。

風元素賦予寶劍皇后的，是過於常人的才華及聰明伶俐，但是水元素的感性內在又常常讓她困擾、感情用事，因此她常會把她的聰明拿來找人麻煩、吹毛求疵，好掩飾自己內在的不安和煩亂。說到底，她的冷血和口舌之快，都是一種保護色罷了。「寶劍皇后」的內心比「聖杯皇后」更容易不安、也更容易沮喪，但她的聰明才智又不允許自己示弱，所以會用尖刻的言語來回應。我們都曾有過心中明明是關心，一開口卻變成責備和諷刺的後悔經驗，而且往往因為夠聰明，一開口就殺傷力十足，這張「寶劍皇后」就象徵我們這種口是心非，通常越是聰明的人，就越會犯這樣的毛病。

雲之后——道德律

在奧修禪卡系統中，風元素的「雲」象徵的是一種遮蔽的障礙物，讓我們看不到更廣大的格局，也看不到多元化的可能性。這張禪卡就是受風元素僵化性質影響很重的一張牌，代表王后人格的水元素柔弱而順從，「雲」不像「寶劍」的風元素一樣是自己的理念，「雲」象徵的是外在灌輸的觀念和成見，試圖抹殺你所有的可能性，斷絕一切超出他們規定範圍之外的言行。

最好的例子就是填鴨式教育，一切都只有標準答案，超出答案以外的思考、辯證、推論及延伸解讀，都是不必要的。「雲之后」一向致力於「做對的事」，只是這個「對」的標準太過狹隘，要擠進這個標準當中，就要閹割自己的腦袋和情緒來削足適履，迎合規範的同時，她也變成一個不健全的人；而那些殘缺的部分就像癒合不了的傷口，會讓生命的能量從缺口流出去。

• 成見就像雲霧，遮蔽你的眼也蒙蔽了你的心

「雲之后」被既有的框架限制得太多，她不被允許思考，不被允許享受，不被允許變化，這樣的生命就會慢慢僵化，並失去所有快樂的可能性。就像終其一生接受填鴨式教育的人，一旦習慣這樣的模式，就像一隻被關太久翅膀退化的鳥兒，即使打開籠子再也無法飛出去了。

你可能會想像這是一個被關在溫室中養大，對於外界刺激不知如何反應的人；但是「雲之后」的困境離我們並不遠，每個人心中或多或少都有一套僵化的標準，從性別觀念到國家認同意識，從黨派到宗教信仰，為了保護那些從小到大就被灌輸的教條，而跟別人起衝突。這張牌美其名稱為「道德律」，其實只是一些衛道者想緊抱不合時宜的觀念不放，並用這些觀念來責備及控制他人罷了。

真理是時時刻刻都在變化的，沒有一體適用的不變真理。我們應該要冒險，要允許自己去嘗試各種陌生的，甚至被認為是錯的事，才能經由這些真實體認，去認清真正的對錯及人生概念，而不是只被動地接收別人告訴我們的事。

「雲之后」的臉就像老人一樣皺縮，表示她的生命活力已經被抽乾了，沒有再生的可能；代表拓展性、多元化的彩色背景，被框在制定的格子裡；符合禮教的袖子和領巾，代表她為了迎合社會觀念而任由自己陷在老舊的框架中。四周圍的「雲」就是各種理教、知識以及「正確觀念」，扼殺「雲之后」的成長。像「雲之后」這樣抱著教條不放的人，就永遠無法領略真正的學問。如果不把這些惱人、混淆人的雲霧撥開，即使你的肉體生命還存在，也跟死去的人沒有兩樣了。

彩虹之后

開花 *Flowering*

對應塔羅牌的「錢幣皇后」

牌名：開花

．元素：土中之水。

．牌圖解說：活色生香的皇后代表在物質方面充足，得到足夠的滋養。這張牌表示可以全然投入自己的人生，不帶批判的享受一切。

牌名：錢幣皇后

．元素：土中之水。

錢幣皇后

「錢幣皇后」是土中之水，在大部分的塔羅牌解釋中，都被形容成大家閨秀或貴婦型的人：富有卻低調、貞靜賢淑、個性端莊。我對這張牌的解釋也差不多，土元素象徵在物質方面不虞匱乏，但不像火元素那麼招搖及揮霍；而皇后人格的水元素則讓錢幣象徵的土元素不再那麼枯燥僵化，讓「錢幣皇后」雖然謹守規律，卻也懂得去跟他人配合（但土元素讓她不會做到「迎合」的地步）。就像「聖杯皇后」一樣，「錢幣皇后」的包容性也極強，這兩張牌都是陰性元素的皇后，但是「錢幣皇后」會有許多的最低限度要求和規矩，不像「聖杯皇后」那麼來者不拒，所以她的溫柔也是屬於「態度溫和、立場強硬」的那一種。不管是在家庭或職場上，「錢幣皇后」都是一個不可或缺的存在，她代表一種柔和的理性，也是頭腦清楚的感性。

彩虹之后——開花

大多數的土元素定義，都會強調規律、錢財和健康，但有一樣東西也是土元素所象徵、卻很少人可以馬上聯想到的，那就是「感官享受」，例如吃美食、聽音樂、視覺觀賞、擁抱等等，只要是「五感」之內的身體享受，都是土元素所代表的。這張「彩虹之后」看起來很陶醉在她所處的環境、所享有的一切事物中，皇后人格的水元素，讓她愉悅的享受土元素帶來的美麗和舒適，她並不會因為希望成道開悟而刻苦自己，也不會去否定生命中任何美好的事物，她承認自己包括靈性及身體的的每一個層面，也因此「彩虹之后」不會有偏頗的狀況發生，她是完整且活生生的。

「身體」雖然與「靈性」屬於不同層面，但是如果身體不安適，所帶來的痛苦就會變成一種阻礙，阻止你往靈性的層次邁進；而讓身體處在一個完美而平衡的狀態，你就可以不受它的干擾而忘掉它，這時就超越了肉體的層次，上升到了靈性的層次。「彩虹之后」就代表這顛峰的一刻，也因此她被命名為「開花」。在奧修師父的相關著作中，「開花」是極高的讚美，代表完全呈現、最燦爛最極致的那一刻。我們如果可以全然去品嘗身體所帶給我們的享樂，每個細胞都鮮活起來時，我們也等於徹底開發了身體，在狂喜之下，所有的感官就都「開花」了。

●當下的你就是美好的存在，不必刻意外求

土元素與水元素都是陰性元素，它們不會主動去感染別人，所以「分享」這個名字是分配給「火之后」。但是「彩虹之后─開花」也帶有分享的意味，就像盛開的花朵不會去闖入我們的視線來推銷自己的美，但是美麗的花會自然而然地吸引我們的目光，跟花朵一樣，「彩虹之后」也不會主動地把自己擁有的美好放到別人手上，當她沉醉在自己的喜悅和美好中時，所有人都會被她吸引住，並受到她的影響。但「彩虹之后」的存在是一種「示現和象徵」，讓別人知道有這種狂喜的形態存在，並且是誰都有可能達到的，她不需要推銷自己，也不需要帶有任何目的，光是她的存在，就已經說明了一切。就像嬰兒不用特地表演他的可愛讓你看到，或試圖證明自己很可愛，他只要當他自己，我們就會被他的純真可愛所感動。

「彩虹之后」是綠色的身體坐在粉紅色的蓮花上，這兩者都是心輪的顏色；事實上，四張皇后牌都像是不同性質的心輪能量。她脖子上戴的是金星項鍊，在占星學上金星代表愛、美、和平、人緣、禮貌等各種美好的事物，這代表「彩虹之后」的美是要讓人感受的，我們看到積極奮發向上的人，就會感染到求勝意志；看到神采飛揚的人，我們也會跟著雀躍起來；同樣的，看到「彩虹之后─開花」，我們也會知道自己可以從當下的狀態，就感受到自己擁有的一切美好並沉浸其中，這是我們的權力和本能，不需要再等到遙遠未來的某一天。

宮廷牌組

騎士牌

「騎士」牌組的人格元素是火元素，
象徵著年輕人的血氣方剛，以及初生之犢不畏虎的心態。
「火」是一個目標導向極強、永遠知道自己的方向在哪，
也會傾盡全力去達到目的的元素，所以這四張「騎士」牌都有一種朝著目標衝過去的感覺，不過不同元素的騎士，在衝刺時所用的心態和行進方式都不一樣。
我們可以明顯看到火、水、彩虹三位騎士是往左邊方向前進，
雖然進度不同，卻是穩定的前進；「雲之騎士」的前進方向則跟大家相反，
暗示他要走的是錯誤的或不符合自己內心指引的方向，
所以停滯不前，也耗損了自己的時間和力氣。

火之騎士——強烈

水之騎士——信任

雲之騎士——抗爭

彩虹騎士——慢下來

火之騎士

強烈 Intensity

牌名：強烈

· 元素：火中之火。

· 牌圖解說：「火」有集中的意味，這張牌的火力到最後集中在箭頭上的一點，代表爆發力的專注性。

對應塔羅牌的「權杖騎士」

牌名：權杖騎士

· 元素：火中之火。

權杖騎士

這張牌是十六張宮廷牌中，往好處說是衝勁最強、體力最旺盛的一張牌，但往壞處說也是最衝動、最不愛用大腦的一張牌。「權杖騎士」是雙重火元素，本質是火元素已經很欠缺周詳計畫了，騎士的人格元素一樣是火，會讓這張牌顯得更為莽撞。不過我一直覺得這是一張很人性化的塔羅牌，因為雖然大家一聽到「火中之火」，第一個反應就是擔憂：「哇！這張牌也太衝動了吧？」但是標準的年輕人就是要這樣，被單純的天真所驅動，義無反顧地相信自己和世界，就算跌倒了也不把傷口當回事。所以這張「權杖騎士」雖然容易幹出一些蠢事，或把自己和旁人都整得七葷八素，但因為他不是故意的，而且會讓人覺得他很熱血，就容易原諒他的無心之過，反而欣賞他直白不隱晦、也沒辦法說謊的個性。

「權杖騎士」的雙重火元素，讓他的企圖心比一般人強烈，但也讓他做事能勇往直前，成功率比別人高出很多。優點是效率好、工作能力強，缺點是單純又有能力的人很容易被有心人利用，需要身邊的人多提點。

火之騎士——強烈

這張「火之騎士」，基本上的性質和「權杖騎士」還滿類似的，不過奧修禪卡中的火元素不像一般定義的火元素，會帶有許多象徵世俗目標的性質，禪卡中的火元素反而是被一種更高的使命感和理想性所驅動。「權杖騎士」是熱情洋溢，「火之騎士」則是為夢想而燃燒！所以「權杖騎士」會是不斷達到目標，再換下一個目標，而「火之騎士－強烈」則是不斷突破自我、更新自我、升高層次，然後再打破下一個紀錄。

這是一張能夠衝破所有界線，創造能量極高的禪卡。但是「火之騎士—強烈」與「火之王—創造者」的不同處在於，「火之王」是把意念集中在自己內心，讓外界自然顯化出來；而「火之騎士」是不斷往目標前進，清除掉夢想實現之前的所有障礙，讓結果加速顯現，這是一張「使命必達」的禪卡，而且絕不重複別人走過的路徑。

●雖千萬人吾往矣，在不停衝撞中成長

「火之騎士」不會中途停下來，會執拗到可以達成一切不可能的任務。他需要面對挑戰，不適合康莊大道。但是這種需要挑戰和刺激的性格，如果放在太平盛世，就會變成一股破壞力，唯恐天下不亂，一旦路上沒有阻礙，他就會乾脆把路給拆了。所以，還是讓「火之騎士」保持在一種永遠有難關可以面對的狀態比較好。

綜合以上所述，「火之騎士」是個好戰友，但如果你想要過安定的日子，讓他當你的同事或配偶，就不會是個好主意。他可能會不時像一股旋風，把你組織安排好的一切狂掃成一片混亂，所以千萬別把他關在家裡，「戰鬥力」放在太小的圈圈中就會變成「毀滅」，快點打發他出門去征服世界吧！

牌圖上一片熊熊燃燒的火紅色，已經顯現出這張牌的熱力和決心。牌中人物以一種飛奔的姿勢在前進，整個人的身形成了一種直往前衝的箭頭形狀，眼神專注地看著目標，除了那個明亮的「點」之外，其他事情都無法進入他的視線範圍內。這張「火之騎士」永遠沒有休息的一天，他是一顆炸彈，不能不去摧毀某些東西，不然就會對原來的世界造成危害，外面永遠必須有障礙等著他去克服，他不需要人身安全，他只需要捨身就義！

水之騎士

信任 *Trust*

牌名：信任

- 元素：水中之火。
- 牌圖解說：以優美無懼的姿態縱身跳下懸崖，輕鬆墜落，意味著對未知的一切充滿信心，如此一來，事情也能有最好的結果。

對應塔羅牌的「聖杯騎士」

牌名：聖杯騎士

- 元素：水中之火。

聖杯騎士

這張牌被暱稱為白馬王子牌，雖然騎士牌組的人格元素是火，但是聖杯的水元素卻讓這位騎士比其他人柔軟許多。這張牌就像一般受歡迎的男性或男藝人，通常都是長相協調柔和、態度彬彬有禮、笑容親切的類型，這種男人少了雄性的野蠻粗魯和威脅感，反而多了一種陰性的溫柔及細膩的特質，不只異性緣好，基本上「聖杯騎士」應該是男女通吃，因為他易於親近又願意善待他人。

不過「聖杯騎士」有時太希望每個人都高高興興，就比較無法堅持原則，常常讓自己及身邊的人陷入進退兩難的狀況，這算是美中不足的一點。但整體而言，聖杯牌組水元素的本質讓這張牌溫柔有禮又討人喜愛，騎士的火元素人格讓他可以很坦白地表達出自己的關心和殷勤，是一個有誠意、別人也很容易接收到他善意的人，而且也不會光說不練，火元素人格讓他願意以行動來表示自己的誠意。所以「聖杯騎士」算是一張非常成功的社會化人格牌，也象徵良好的人緣和教養風度。

水之騎士——信任

比起「火之騎士」，「水之騎士」要來得隨遇而安多了。雖然騎士人格的火元素也象徵著企圖心及會鎖定目標，但是水元素的本質比火元素來得沉穩、有耐心。「水之騎士」和「火之騎士」一樣，水元素和火元素都帶有純真的特質，所以他們一旦確定目標，就會義無反顧地前進，但「火之騎士」個性急躁，像是怕沒有明天似地匆匆追趕著目標；而水元素象徵的是靈性、依靠及隨緣，所以「水之騎士」很清楚他要去的地方是哪裡，也很相信生命會把他帶到該去的地方，因此他不用緊張時間不夠，也不用害怕自己會達不到目標。

他只是一心一意全然投入，去做自己想做並認為應該做的事，在達到目的之前，「水之騎士」早就已經感受到最終的成功與快樂了。對他來說「成功達到目標」是必然的結果，不需要懷疑也不需要擔憂，能夠做到這一點，就算在趕路、追逐的途中，整個人也可以是放鬆和喜悅的，這張牌最重要的精神的確就是「信任」。

●因為全然的信任，才會義無反顧地投入

在我接諮商個案的經驗中，我發現很多人的通病是：多數時候，失敗的原因並非太衝動妄為，反而通常是出自於保護自己的心態。一旦覺得自己是危險的、容易受傷的、匱乏的，就會不自覺地想要抓住自己僅有的東西，而放棄更大的可能性。常常有人想留學、想追尋夢想，卻告訴我：「我工作沒有升遷機會，月薪又只有兩萬，不能安心去逐夢。」我會告訴對方：「既然你的薪水只有兩萬，做的又不是自己夢想的工作，這種生活不是最容易拋棄的嗎？因為你什麼都沒有，就算失敗了也沒有任何損失。如果你今天月薪二十萬，工作又如意，你才真的會被迫放棄夢想，因為萬一失敗，那損失就大了。」這張「水之騎士」象徵的就是：放開手後，還會留下來的東西才真的是你的。只要認清真正屬於你的東西是哪些，就再也不必擔憂，因為你知道不會失去。

牌圖上「水之騎士」縱身往下跳的樣子像是在飛翔，表示他對生命有著絕對的信心，並享受其中。這很像在宗教中找到信仰的人，都知道在神的引領下，我們不必為明天或為任何事憂慮，不需追趕也不需耕耘，只需要「進入其中」就夠了，幾乎像是談戀愛一樣。我記得舅舅鄰居有一個可愛的三歲小男孩，老愛往舅舅家跑，他常玩一個讓人頭痛不已的危險遊戲，就是爬到很高的神桌上，然後大喊：「叔叔！」等我舅舅轉頭，他就往下跳，讓舅舅跑過去接住他。舅舅說：「他就是肯定我一定會接住他，所以跳的時候一點都不猶豫。」我倒覺得這是一種至情至性的表現（雖然方式不可取），顯示出小男孩的全心信賴。在十六張宮廷牌中，我最喜歡這張牌，因為每次看到它，就能帶給我一向缺乏的，對這個世界的信心與勇氣。

雲之騎士

抗爭 Fighting

牌名：抗爭

- 元素：風中之火。
- 牌圖解說：圖中的騎士看起來充滿了不信任，並跟自己及外界的一切都採對抗的態度，與「信任」牌相反，這將會阻礙成果的顯現。

對應塔羅牌的「寶劍騎士」

牌名：寶劍騎士

- 元素：風中之火。

寶劍騎士

火元素和風元素的騎士，兩者的速度都很快，風元素的速度甚至略勝一籌。但「權杖騎士」因為清楚自己的目標和方向，會專心一致地往目標前進，不會繞路也不會有其他想法，所以往往能夠直中紅心地達到終點。至於「寶劍騎士」是風中之火，風元素的本質太過聰明，容易三心兩意，與騎士的火元素人格加在一起，就會變成一種「無明」和「莽撞」，害怕喪失先機，卻還不確定自己的方向就往前衝了，所以半途而廢的機會居多。這就像龜兔賽跑的兔子，聰明、跑得快但輕敵又浪費時間，最終還是失敗。因此這張「寶劍騎士」不應虛擲自己的資源，要好好確定什麼東西才是真正的目標，一旦開始，就別中途放棄，不然會一事無成。

雲之騎士——抗爭

「雲」所代表的風元素，與火元素一樣是陽性元素，但是因為風元素少了火元素那種單純和天真，老抱著一些他自己認為很重要的資訊不放——他認為那是「知識」，其實只是道聽塗說的「成見」和「謬誤」。腦子不停算計，覺得只有自己最聰明，只要自己一個不小心，別人就會從後面捅他一刀或占他的便宜。

不同於「水之騎士」，「雲之騎士」沒辦法信任生命，更糟糕的是，他也沒辦法相信自己。這樣的人，在面臨選擇時，往往會正確無誤地做出最荒謬的決定。人與人之間應該是雙向流動的，一直怕付出，就不可能讓別人對你付出。有些人以為別人吃虧就代表自己獲利，占盡便宜就表示聰明會打算，殊不知這根本就是兩回事。「抗爭」代表你不願意讓事情按照常理來走，只想緊抱著所有的好處，這樣的心態當然會讓你做每件事都要小心翼翼去控制，沒辦法讓事情自然進行，對外界充滿敵意和戒心的人，會把所有力氣都花在防衛上，反而失去了真正重要的東西。

一味抗爭與防衛，與全世界為敵只能是一場消耗戰

很多消費者通常都是抱著跟「雲之騎士－抗爭」差不多的心態，買東西時非要殺價砍到血流成河不可，這種人已經認定了別人一定會占他便宜，所以先擺出反擊姿態。但如果你都已經先反擊了，對方為了自保也只能跟你打起攻防戰，例如把價錢先抬高再讓你殺價，或是乾脆賣你次級貨。

我見過很多人買東西比價時，注意的不是自己買了什麼，或是這個商品對自己有沒有價值，而是注意賣方有沒有賺他的錢，而且一味認定「低價就代表商家良心」，卻不管品質和成本，也不在乎商人要養家活口的事實。這種心態真的可議，商家付出成本和心力，他不賺錢，難道你當他在做慈善事業嗎？這種消費者往往買到的東西不見得會符合自己需要，因為促使他選擇這樣商品的是他的敵意，而不是他真正的需求。

牌圖上的人表情扭曲、雙眼通紅、一臉怒氣，看得出來正在花極大的力氣對抗著什麼。他全身穿著盔甲，名為自我保護，其實卻加重了身體的負擔和隔閡。這一切都是因為「雲之騎士」和其他騎士前進的方向不同，大家都是跟隨自己的心，只有這張「抗爭」是跟隨自己算計之下的結果，往錯誤的方向走，當然就會走得顛簸不平。右上方兩個雲霧般的人影在互相抗衡，代表一種無謂的幻想中的戰爭，「雲之騎士」只是在跟自己腦中的假想敵打仗，耗盡力氣卻什麼都沒得到。

抽到這張牌，我都會建議對方把眼光拉回自己身上，不要去跟別人比較或鬥爭，因為我們能掌握的，也只有發生在自己身上的事而已，至於別人過得好或不好，跟你的日子好壞並沒有絕對的關係。

宮廷牌

彩虹騎士

慢下來 *Slowing Down*

對應塔羅牌的「錢幣騎士」

牌名：慢下來

· 元素：土中之火。

· 牌圖解説：烏龜動作慢但壽命長，代表穩重緩速地前進，能夠得到最豐碩的成果。耐心，可讓事情變得更完整圓滿。

牌名：錢幣騎士

· 元素：土中之火。

錢幣騎士

這張算是騎士牌組中較成熟的一張牌，本質是錢幣代表的土元素，表示雖然騎士的火元素會熱情直接，但土元素的本質讓「錢幣騎士」比較務實、穩重，並且對凡事都有長期的規畫，也比較注意細節，同時也沒有其他騎士那麼天真及容易被煽動。

「錢幣騎士」是一個少年老成的年輕人，在大家都還莽撞衝動的年紀，他做事情已經是胸有成竹、細心謹慎了。所以雖然在同年齡的人當中，他看起來顯得有點無趣，但是路遙知馬力，當大家慢慢向現實妥協，沒辦法再強調自我中心時，他卻已經建立起穩固的基礎，可以照自己的意思做任何布局和規畫了。在人際方面，「錢幣騎士」看起來也是稍稍吃虧了一點，因為他不是八面玲瓏的那一型，也不是三教九流都能來往的人，他的朋友類型非常有限，社交圈也稍嫌狹隘了點。雖然看起來朋友不多，但是只要來往得下去，絕對都是可以跟他互惠的夥伴，就朋友的交情深度來說，「錢幣騎士」並不會輸給其他人。

彩虹騎士——慢下來

「彩虹」所代表的土元素，不是我們擁有的財錢和物質，而是我們生命中美好的風景和經驗，它包含著生命的每個片段和細節，每件小小的事都有值得玩味之處。騎士牌組的火元素仍然有前進的意思，但是前面三位騎士都是目標導向，因此往往錯過了沿路的風景；而對「彩虹騎士」來說，目標固然重要，但是到達目標的過程也很重要。就像我們去旅行，很多人覺得與其坐飛機，不如坐火車、搭遊輪，甚至騎腳踏車，因為一個定點一個定點的旅行缺乏了一種連貫性，跟閱讀旅遊書其實沒什麼兩樣，只有親身踏上旅途，才能享受一種連續性的經驗。如果我們前往目標的過程，速度快到連沿路的風景長什麼樣子都忘了，那麼這趟旅程還有什麼意思呢？

●一步一腳印，成功來得晚才能維持得久

大家都知道燈泡的導電體是鎢絲，愛迪生是在試驗了一千六百多種材料之後，才發現了鎢絲是最適合的。據說有人曾跟愛迪生說：「真可惜，前面犯了一千六百多次的錯誤，浪費了那麼多時間。」愛迪生回答：「不，這樣我就知道，那一千六百多種材料都不適合拿來做燈泡。」這些看起來像是失敗的過程，其實可以替未來的實驗之路節省許多時間，甚至可以界定出每一種不同的材料在燈泡實驗中產生的反應，而更了解它的本質。古代有狂熱的煉金術研究者，為了想要把賤金屬提煉成貴金屬，花了無數的心血力氣做實驗，記錄了不同金屬的熔點、化學反應以及金屬特性。雖然就資料上看來，沒有人成功煉成黃金，但煉金術在傳承過程中所累積的資料和知識，後來卻演變成了今日的「化學」。盤尼西林的發明也一樣，如果不是英國細菌學家弗萊明（Alesander Fleming）在培養細菌時疏忽，讓雨水中的黴菌污染了培養皿中的膿痂細菌樣本，也不會經由這個失敗，意外讓他發現黴菌中可以提煉出盤尼西林，進而發展出了抗生素，最後還因為這個在醫學上的重大突破而獲得了諾貝爾獎。

在人類漫長的歷史中，多的是以為失敗了，卻衍生出其他發明的實驗，有時我們眼睛盯著的那個目標，並不是老天爺要我們去注意的事，我們必須留心身邊的每個細節和徵兆，才能把生命的風景看得徹底。我常跟朋友說：「成功如果來得晚，就會維持得久，因為如果我們行進的速度緩慢，那每一個經驗在我們身上的影響力，就會比對其他匆匆經過的人來得深遠。」而彩虹騎士看起來像是正向終點邁進，其實他的終點，是在過程中由他自己一步一步親手建立出來的，而不是在某個遠方等待他。

宮廷牌組

小兵牌

四張小兵都是一種「變動」或「迎向變動」的姿態，
除了「雲之小兵」因為有雙重風元素的限制，所以變動都充塞在腦中，
反而造成外在行動的停滯。
「小兵」等於塔羅牌中的「侍者」，象徵元素是風元素，
在一般塔羅牌定義中，風元素代表學習和探索，
而在奧修禪卡小祕儀系統中，風元素稍微僵硬了點，
代表的是既定的概念和邏輯。
所以「小兵」牌或多或少帶著一些既有的限制，
不如一般塔羅牌中的「侍者」可塑性那麼大。
「小兵」和「侍者」都是年紀最小的人物，因此會帶有初生及好奇的心態。

火之小兵——遊戲的心情

水之小兵——了解

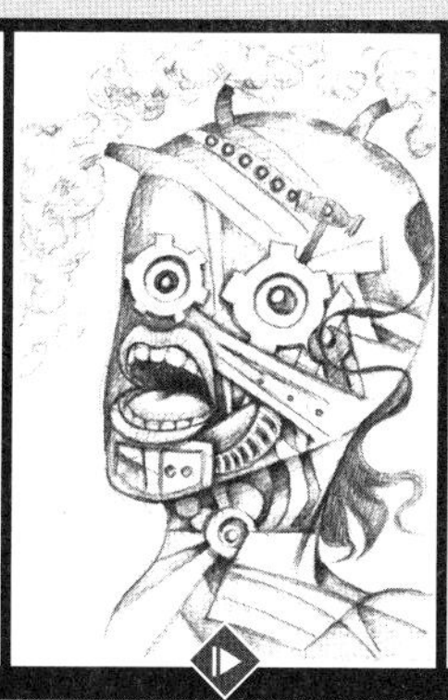
雲之小兵——頭腦

彩虹小兵——冒險

火之小兵

遊戲的心情 Playfulness

牌名：遊戲的心情

‧元素：火中之風。

‧牌圖解說：「火之小兵」戴著小丑的面具，全身舞動著，看似在玩耍，卻仍有前進的方向，意味著他以興奮及熱情的心去面對每一件事。

對應塔羅牌的「權杖侍者」

牌名：權杖侍者

‧元素：火中之風。

權杖侍者

這是一張「躍躍欲試」的牌，我們可以看到牌圖中的權杖侍者，帶著好奇、研究的表情，但他不是把力氣花在思考上，而是打算直接動手去拆解，弄清楚所有東西的內部結構了。這張牌有著風元素好奇心強及善於發問的頭腦，又有火元素的行動力和企圖心，所以一旦權杖侍者對什麼東西產生了興趣，就沒有人可以阻止他去追根究柢。

雖然感覺好像會太過投入，但因為侍者的人格是屬於風元素，會稀釋掉火元素的強烈欲望，變成一個活潑、熱情，但不會給人壓迫感的人格，反而會讓人覺得他單純又勇於嘗試，是一張很有人緣，做任何事不管有沒有成果，也都可自得其樂的牌。我常跟學生說，這張「權杖侍者」給我的感覺和蠟筆小新很像，只要引起他的興趣，什麼東西都可以應用到生活中，強大的學習力和破壞力不可小覷。但幸好他只是個五歲幼童，所以造成的傷害不會太大，而他自己本人會永遠在觀察新的事物，也不會對偶爾的失敗耿耿於懷，是個樂觀開朗又有發展潛力的人物。

火之小兵——遊戲的心情

這張禪卡的意思大致和「權杖侍者」很類似，一樣好奇，也一樣充滿新鮮感，也會立即行動。不同的是，「權杖侍者」代表一個剛剛開始用他的雙手去探索全新世界的小孩，他所學習、所嘗試去理解的，是一個大人們已經建構好的世界，有一定的規律和邏輯。雖然這個世界在「權杖侍者」眼中充滿了新鮮感，但其實世界還是陳舊且被設定好的。「權杖侍者」會這麼興奮，只是因為他還陌生，還沒有搞清楚狀況而已。等他熟悉了，就會發現某種制式的規律，弄清楚就無聊了，所以他必須再找一個能讓他好奇興奮的新目標，不然就會失去活力。

但是這張禪卡不一樣，我們可以看到這張牌的喜悅是閃閃發亮的。「權杖侍者」的好奇興奮來自對外界的不熟悉，但「火之小兵」的快樂來自於自己的內心。「權杖侍者」中的孩子是在苦苦追趕摸索大人創造出來的世界，而「火之小兵」則是已經摸清楚了這個世界的奧妙之處，並且擺脫原有的限制，用已經學習到的法則，創造出自己的節律來。

•見招拆招，以心領神會的姿態遊戲人間

牌圖中躍動的姿態敞開而自然，雖然自由卻不混亂，表示他已經創造出屬於自己的節奏。如果以「學拳腳功夫」來比喻，「權杖侍者」是用很好奇和熱情的心態來研究、投入，不會去背誦一堆武術招式或研讀各家門派功夫，那些事情就留給「寶劍侍者」去做吧。「權杖侍者」可能學過的招式不多，但他會找盡各種機會實際練習，從路見不平仗義勇為，到掛起沙包練習，或只是純粹欺負兄弟姊妹都好，他就是不會用思考的方式來學習，一定要透過親自實踐去了解他所學到的理論。

「火之小兵」其實也經歷了所有「權杖侍者」經歷的路程，但他不是嘗試去摸索已有的規律，而是創造出屬於自己的規律。因為風元素還是象徵某些既定的事物和定律，但火元素的熱情及變動性會打破風元素的觀念限制，並融合所有學到的東西去整合出一套新的用法。以學習拳腳功夫來說，「火之小兵」已經是到了熟悉所有可能的招式，最後拋掉了既定的套路，變成招由心生、見招拆招的境界。當我們掌握了所有的知識時，應該是要運用、超越知識，而不是被知障綁住，變成一個不知變通的書呆子。在這一點上，「火之小兵」因為無所求，所以超越得很快。

奧修禪卡的火元素，比較沒有那麼野心勃勃，奧修的火元素忠於自我，並且比較不看重世俗中的目的性。因此「火之小兵」的牌圖是個小丑，小丑在戲劇角色中是個特例，需要最扎實的演技基礎，才能成功扮演，並發展出個人獨特的表演性質。

宮廷牌

水之小兵

了解 *Understanding*

牌名：了解

- 元素：水中之風。
- 牌圖解說：鳥代表靈魂，有飛翔的本能。籠子代表牠自認為被困住，但籠子沒有門則表示，除了自己以外，沒有任何東西能真正框住牠。

對應塔羅牌的「聖杯侍者」

牌名：聖杯侍者

- 元素：水中之風。

聖杯侍者

火和水都是情緒元素，注重自己的感覺，因此「聖杯侍者」和「權杖侍者」一樣，都喜愛享受生命，同樣對有趣的事物充滿探索心，並且不會以太嚴肅的態度看待所有的事。但這張牌是由風和水這兩個渙散元素（渙散意味不積極、缺乏目標導向）組合起來的，所以「聖杯侍者」比「權杖侍者」輕鬆且消極，熱情度不太夠，抱著一種「隨遇而安」的心態，感覺上雖然有點懶散，但好處是彈性很大，能接受及忍讓很多別人不能承受的事情。

我常常覺得聖杯侍者很像現在七年級以下的年輕人，正負面的發展都有。正向來看，現在的年輕人不像我們以前那麼叛逆，自尊心也沒那麼強，對於各種不同事物的接受度非常大，所以個性普遍比較溫和、體貼，也比較好溝通；由於自我特色沒那麼強烈，所以也算好相處。負面的類型，則是大家通稱的「草莓族」，實力不夠又懶惰，教不得也逼不得，抗壓力極低，對人生缺乏確切的目標，因此成不了大器，只能做一些沒有專業性、也很容易被取代的工作。

水之小兵——了解

在奧修禪卡系統中，渙散型的風元素雖然同樣沒有積極的目標性，但這種渙散卻會造成猶疑不定的思慮，以及沒有明確目標的不安全感，變成容易給自己設限，這樣的個性就是這張「水之小兵」無形的枷鎖。但這些外在的困難和限制，所有告訴自己「不可能」的種種理由，常常都是由於自己的恐懼，以及沒有自信的情緒而想像出來的，得等到「水之小兵」有一天了解到，除了他自己以外，沒有人可以否定他，他才能看清那座牢籠是出自於自己的內心。

水元素一向是柔軟而被動的，風元素也缺乏主體性，在「聖杯侍者」中，這兩個元素會組合出一種軟趴趴的性格，有時候會變成毫無原則的爛好人，有時候則是搞不清楚自己要什麼，為難自己也給身邊的人帶來麻煩。此外，因為「聖杯侍者」缺乏魄力，要他改變不是那麼容易的事，最壞的時候會有種爛泥糊不上牆的感覺。但不管別人怎麼看，至少「聖杯侍者」是自得其樂地活在自己的世界裡，也不太容易感受到壓力，就某種角度而言，這是很讓人羨慕的個性。

• 你關住的是自己的形體，還是你的心？

但是這張「水之小兵─了解」，對於這種個性會帶來的後果就沒有那麼寬容了。水元素和風元素都是渙散且消極的，在奧修禪卡的詮釋中，這會造成轉變的動力不足，很容易就縮在原來的小格局中，無法走出去。雖然牌圖中的鳥，原先看起來像是被一座牢籠拴住，但是那座牢籠其實沒有門，也就是並非外在的力量把這張「水之小兵」框住，而是由於它自己對外界的恐懼及對自己信心不足，讓它不敢嘗試很多事，也不敢跨出自己的舒適地帶。想想看，有多少事是我們行動之前，甚至是嘗試了解之前，就已經告訴自己「不可能」，因此打了退堂鼓的？我們的保守和偏安，那種胸無大志及自我保護的心態，就像這張禪卡中那座其實沒有拴上門，卻真的關住了小鳥的籠子。

牌圖中的小鳥，最終還是因為「了解」而飛出去了。小鳥是靈魂的象徵，一旦轉化，牠就會看到這座牢籠的缺口。這就像是如果我們不符合社會上對「成功人士」的定義，例如身世背景良好、學歷傲人、外表光鮮亮麗，可能就會先告訴自己：「我是不可能成功的，因為我沒有這個那個。」這是來自於風元素和水元素的容易放棄。但是，如果學會善用這兩種元素有彈性、寬容的眼光來看待自己，就會發現，氣勢不像火元素和土元素那麼強的人，可以好好運用自己的親和力及好相處的性格；不擅言談的人，老實的形象反而會讓別人容易對他撤下心防；學歷低的人，提早出社會可以摸清楚更多做人的潛規則……有時我們眼中的弱勢，只要相信、了解自己，並加以運用，就會被我們轉化為一項優勢。因此優點和缺點本來就沒有絕對的定義，我們必須要開發自己，而不是輕易否定自己。

雲之小兵

頭腦 Mind

牌名：頭腦

· 元素：風中之風。

· 牌圖解說：一堆看起來像是工具的東西，本來應該是有用的，但因雜亂地交疊在腦中，讓它們實際上變成一堆障礙。這意味著過多的思慮只會形成干擾。

對應塔羅牌的「寶劍侍者」

牌名：寶劍侍者

· 元素：風中之風。

寶劍侍者

這張牌雖然是雙重風元素，但是「侍者」的位階很低、年紀也很輕，所以這兩個風元素加在一起雖然很不穩定，但還沒到可以造成混亂或破壞的程度。基本上，「寶劍侍者」和「權杖侍者」一樣好奇、求知欲強，但是風元素的性質比火元素冷靜，所以「寶劍侍者」的好奇，是一種像科學家般的研究心態，沒有那種不顧一切的熱情及衝勁，而是用一種多方比較、反覆觀察的方式來表現。所以，如果說「權杖侍者」是用行動來探索這個世界，那麼「寶劍侍者」就是大量閱讀資料，用頭腦理解的方式來分析這個世界。往好處想，是從小就愛讀書、智力高、思考能力靈活，知道怎麼四兩撥千斤；壞處就是可能容易流於紙上談兵，是那種擅於寫論文卻不懂實務操作的人。「寶劍侍者」也跟「錢幣侍者」一樣，學習力很強，但同樣的，「錢幣侍者」很有重點又重規律，已經知道現在自己學的東西將來會派上哪些用場。「寶劍侍者」就不同了，陽性元素讓他一切以自己的喜好為出發點，學的東西可能純粹是為了滿足興趣，不見得有實用的空間。

雲之小兵——頭腦

牌圖中，「雲之小兵」的腦子裡裝了一堆本質上應該是工具，但因為堆擠在一起，看起來像是垃圾，還有很多煙囪散熱，代表這些東西雖然沒用，卻已經占據了整個頭腦的運作空間了。很多知識對你而言，沒有「啟發你」的功能，但因為你害怕自己是錯的，就緊抱著這些東西不放，讓知識變成了你的阻礙而非養分。這張禪卡看起來令人怵目驚心，但實際上卻是非常普遍的人性陷阱。

奧修很多論點都是反對「頭腦」的，頭腦就像左腦思維或另一種叫「小我」的東西，換成大家比較知道的說法，就是知障、僵化的理性思維，或已經形成的概念（也就是他人的牙慧）。

● 不要成為四腳書櫥，也不要當別人的參考書

「知障」很簡單，大家都知道是怎麼一回事。很多事情，我們可以用各種可能性來看它，但是如果有人告訴你相關的想法或知識，你的眼界就不可能像未知時那麼自由了，你會不知不覺地用已經知道的想法去看待你眼前的東西。就像你看了一部電影，如果有個專業影評說了一些意見，你的觀影感想就很容易受到左右。這是因為人們總是喜歡替自己找一個安全的位置，與其自己分析，不如先讓別人代替自己思考就好。

如果是在「寶劍侍者」的狀態，可能還會有種「站在巨人肩膀看世界」的優點，以前人的觀察和理論為基礎，然後自己可以做更細部的研究。但是在「雲之小兵」中，風元素的僵化特性比塔羅牌定義的風元素更嚴重，所以如果先吸收太多前人的知識理論，反而會妨礙自己的思考而無法突破。

就像對塔羅牌有興趣的人，會發現相關書籍都是大同小異，越研究就會越擺脫不了書上寫的資料或牌圖情境的限制，我看過很多人轉而研究卡巴拉、占星學、希伯來文……希望加強塔羅牌的相關知識。但是更多的人越研究越解不了牌，這是因為他們沒有用自己的眼光去探究塔羅牌的本質，只是不停地在「別人說、專家說、前輩說」裡面打轉。所以就我的看法，很多人是越研究越鑽進死胡同，因為他們忙著把一堆資料塞進自己的腦子裡，而資料塞越多，你就越失去獨立思考的勇氣。因為你會害怕自己是錯的，你會害怕違背「大家都這樣說」的論點。

我記得學生時代，學長教我打鼓之前，刻意先不告訴我所有爵士鼓的構造和方法，而是要我拿著鼓棒去敲每一面不同的鼓，然後要我感覺心裡有什麼節奏，再用這些鼓去敲出來，這讓我體會到節奏和鼓之間的關聯。假如一開始就被知識淹沒，很有可能最重要的東西，例如打鼓的快樂、鼓跟人的關係，就這樣被忘掉了。這就是「頭腦」的陷阱。

冒險 Adventure

對應塔羅牌的「錢幣侍者」

牌名：冒險

- 元素：土中之風。
- 牌圖解說：前面的路散發出一片迷人的彩光，充滿吸引力，但前面同時也是懸崖，充滿未知的危險，有「不入虎穴，焉得虎子」的意味。

牌名：錢幣侍者

- 元素：土中之風。

錢幣侍者

這張牌由同是理性邏輯的土元素和風元素組成，錢幣的土元素本質就是認份、有耐心、眼光長遠，侍者的風元素則是吸收、學習、思考，所以侍者牌雖然是年紀最小的一組牌，但「錢幣侍者」卻是所有侍者中最沉穩成熟，也是對未來最有規畫的一位。「錢幣侍者」的學習方式不像「寶劍侍者」那麼天生靈活，也不像「權杖侍者」那麼異想天開說做就做，「錢幣侍者」會按照前人的指導、教科書上的制式標準，一步一步穩紮穩打的從根基練起，不會逾越太多界線，也不會太快想要自成一格。如果說他是位技術專家，那麼他就是「遵循古法、絕不偷工減料」的那一型，雖然要花的時間比別人久，要吃的苦頭也不少，但等到他成功之後，也是最不容易被打倒的一位。在個性方面，「錢幣侍者」比較樸拙，雖然本質上是土元素，因為有了風元素人格的調合，沒有一般土元素那麼固執，算是很好相處，只要講道理，他就願意跟你溝通，只是會比較難以變通，也不擅於處理突發事件。

彩虹小兵──冒險

「錢幣侍者」和「彩虹小兵」的差異特別明顯，因為一般定義中，錢幣所代表的土元素和奧修禪卡系統中彩虹所代表的土元素，兩者的定義差別性是最大的。錢幣的土元素中規中矩，遵循既定的法則，學習的是已經受到前人肯定的主流知識，所以「錢幣侍者」的個性會比較務實而沉穩；而彩虹代表的土元素，是物質世界的各種形式，顯示的不是土元素的堅硬和規律，而是土元素中較接近感官知覺及人生體驗的面向，喜歡體驗精彩的過程。

所以「彩虹小兵」的個性，會比較樂於接受各種不同的經驗，並且是較為勇於嘗試的，但是一點一滴的成功或失敗累積下來，也同樣會變成人生豐富的基礎，跟「錢幣」的不同之處在於，「彩虹」的體驗和滋味是更多元的。

●勇敢起步吧！走向那如彩虹一樣的未知世界

一般來說，土元素的起步會比別人來得晚一點，所以這位「彩虹小兵」，跟其他小兵不同，其他小兵都已經走在自己的路途上了，而「彩虹小兵」才剛從黑暗的森林走出來，正要進入那一片彩虹光籠罩的地帶。彩虹色光綜合起來是白色，代表並不是有一個設定好的美好旅程在等著他，而是這個旅程是否美好，完全要視這位「彩虹小兵」如何進行這個旅程而定。

處在起點還沒起跑的時候，心情是最惶惑不安的。我們大家都賽跑過，都知道在起跑槍聲響起之前，那種緊張和擔憂的感覺是最強烈的，一旦鳴槍、開跑，所有的念頭和情緒也就跟著被丟在後面不復存在了。這張「彩虹小兵—冒險」，正是處在最惶恐、興奮、無法確定未來的那一刻，這份無從確定的冒險感，正好就是最美妙的一刻。

「彩虹小兵」邁向的那個地方，雖然充滿美麗的七彩光，卻也像是個懸崖，進入後會發生什麼事，沒有人能預料。話說回來，人生的體驗必須要有高低起伏，才能銘刻在我們的內心，所以我們必須讓自己在出發前保持無知，才有容納驚喜的空間。我最不喜歡人家問我：「妳五年以後，想成為什麼樣的人？」我五年以後的眼界和感覺，絕對跟現在不同，我怎麼知道我五年以後看到了什麼樣的世界，又會想要什麼呢？用現在的眼光去決定未來是一件愚蠢的事，因為那代表你認定未來的你，不會比現在有長進，至少想法不會有變化。

很多人會說：「等我存夠錢、心理準備好，我就要怎樣怎樣。」但是你在一無所有時，都沒辦法拋下現有的生活了，如果你的生活變得更安穩時，你就更不可能放棄了！「彩虹小兵」告訴我們，不是等準備好的時候，再去面對人生的改變，而是經由人生的改變，來幫助我們看到更多以往我們不知道的事物，讓我們知道要如何去開拓，並融入這個廣大、豐富、充滿各種可能性的世界。

數字牌導言

在數字的應用上，奧修禪卡其實跟一般塔羅牌沒有什麼不同。因為數字代表的是一個「階段」，因此客觀性很強，不會隨著套用的是世俗元素或有禪宗精神的元素而改變。

在我的上一本塔羅書《藏在塔羅裡的占卜符碼》中，數字牌是以單一元素做為主體，分成十種不同階段的表現，也就是數字1到數字10的變化。許多讀者寫信來問，是否有更多數字學的資料可供參考？因此在這本探討奧修禪卡的書中，我會將同樣數字、不同元素的四張牌放在一起做比對，希望能讓讀者對同一個數字激發不同元素所產生的不同狀況，有更深的概念。使用久了，熟悉了之後，對於抽出來的一整副牌陣，某個數字的出現率特別高，或出現了某幾個性質相近的數字或有連貫性的數字，甚至是兩極化的數字，占卜者都可從數字的邏輯中，找到它們要告訴你的含意。

雖然這本書討論的是奧修禪卡，但是以牌圖來說，奧修禪卡是以偉特塔羅牌為基礎，再發展出來的綜合性塔羅牌；所以這些數字的資料及應用邏輯，讀者不妨拿偉特塔羅牌來對應，一定會帶給你另一種視野。

數字牌組

1號牌

1是個創始的數字，性質與火元素滿接近，代表一種開創性、新生的、活力的含意，就像一個人在剛出生的階段，沒有受過污染，當然也沒有經過磨練，所以好跟壞都是最純粹、原始的，可能性也最大。

數字1保有很大的創造空間，雖然在這個時候，它還沒有真正的成形。

正由於數字1是這樣純然、不含雜質，所以四個類別的1號牌，分別代表該元素最純粹也最原始的特質，例如火之么（權杖Ace）是全然的火元素、雲之么（寶劍Ace）是全然的風元素……不同的是，風跟火都是陽性元素，陽性元素的1號牌往往代表一種將開發或將往前的意味，而水和土這兩個陰性元素的1號牌，代表的則是要開始定下來、有待生長茁壯的意思。

火之么——源頭

雲之么——意識

水之么——順著流走

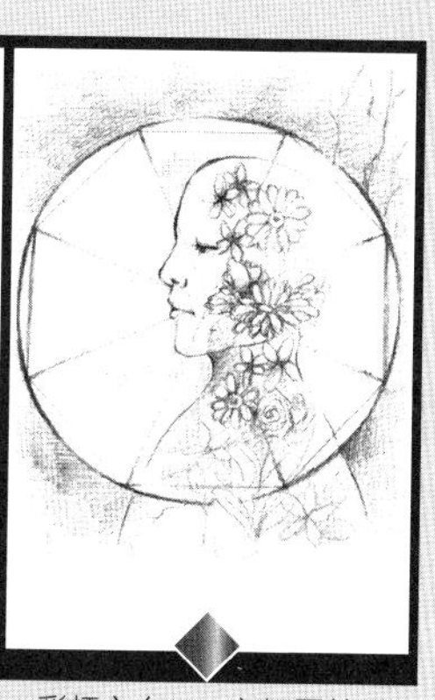

彩虹之么——心智圓熟

火之么

源頭 The Source

牌名：源頭

· 元素：火。

· 牌圖解說：圖中融合了多種生命之源的象徵意味，比如代表地球生命源頭的太陽，太陽外圍的火燄形成花瓣，就像是跟太陽有相同象徵意義的向日葵。此外，圖像看起來也像「卵」，代表一個單細胞的所有結構，而單細胞是所有有機體的最原始狀態。

對應塔羅牌的「權杖Ace」

牌名：權杖Ace

· 元素：火。

以塔羅元素為鑰　權杖Ace

火元素跟1這個數字是相似度最高的，所以不管是哪副牌的火元素1號牌，都帶有極度的火元素性質：天真、熱情、不假思索、衝勁、爆發力，以及奔向一個全新而未知的未來的力量。

我們人在生命能量、身體的健壯度最強最完美時，通常是小時候，沒有經過損耗，也沒有加入其他雜質，更沒有形成許多的不良習慣，一切都是最充沛的。這時我們想到未來，會充滿光明的想法，也不會讓經驗值或受過的挫折，限制了我們對自己的期許，就像權杖Ace圖上那根沒有經過修磨的木棒，上面還有野生的枝椏和樹葉，一切都沒有經過太多的加工，所以在這張權杖Ace的觀點中，任何事都是有可能的。

一般權杖Ace的通用牌義，代表的是一種新的行動、新的企圖，因為1這個數字代表全新，而火就是我們往前行動的驅動力和能量。這張牌就是初出茅廬的年輕人，充滿非制式化的想法及戰鬥力，有時會顯得太沒有常識也太不懂人情世故，但如果是在一個急需新血輪帶來突破及變動的環境，這種未經琢磨的璞玉是很受歡迎的，沒有經驗也就等於沒有包袱。因此這張牌雖然令人無法放心，卻也值得期待它更大的可能性。

火之么——源頭

火之么這張「源頭」，牌圖一入眼就非常的振奮人心，它是多種圖形的綜合體，乍看下像個火紅的太陽，這是最明顯的地方。大家都知道陽光是生命的源頭，支持著我們生命活動所需的能量和活力，也支持一切生物的存活。再仔細看，又覺得像個雞蛋的內部，雞蛋是最大型的細胞，本身就代表有一個最完整而新生的生命藏在其中有待展開，中間有供應養分的蛋黃，所有的希望和生命都可從這裡吸取。如果注意它外圍那圈火燄，也像花瓣一樣開展著，又像是充滿希望和活力的向日葵。

•創意發想過程的熱情，才是推動新產品問世的動力

電燈、電話、飛機……，乃至現在蘋果公司新產品ipad、iphone，要把成品製造出來，需要經過無數次的製造→實驗→失敗→改良的過程，才能夠讓一開始的想法呈現出來。但是在實踐過程中，一開始在你腦子中形成的那種想法，還有你被這個想法震撼時所產生的興奮和非做不可的感覺，才是整件事當中最基礎的部分。

因為這種熱情帶有執著的成分，使你不會偏離方向；一旦你失去熱情，整件事投注過的心力也就跟著報銷，但如果這種感覺強烈到足以讓熱情支撐你通過無數困難，甚至無視挫折和阻礙，那麼這個東西也必定能撼動他人。因為，你賦予它的能量越大，它就能延燒越多人。

我跟很多企業單位合作過，得到了很重要的啟發。很多人常常在說：一個成功的事業，最重要的是眼光（或金援或市場經驗或運氣），但通常我看到坐在最上位的人，都不是最聰明的，也不是最善於分析的，很多人甚至連溝通能力都不太好。但他們對自己在做的事卻有著無比的信念及熱情，也許他們沒辦法用口才說服你，但是那種堅持與樂觀卻能感染很多人，讓人喜歡他、跟隨他，也吸引到更多有才華、有分析頭腦、有經驗、有專業的人，來為他貢獻一己之力；而這種人通常還具備一定程度的單純與純真，在應該已經是老江湖的年齡和年資下，還是對自己正在做的或正要開始做的事，懷抱著一種期待與興奮，會讓人不由自主地為他感動。

這張「火之么」顯現出來的人格，讓我覺得：只要一開始引爆的核心對了，後面一切自然水到渠成，也會跟著都對了。而「源頭」這張牌，就是那個引爆點。

數字牌

雲之么

意識 Consciousness

對應塔羅牌的「寶劍Ace」

牌名：意識

· 元素：風。

· 牌圖解說：圖中的佛陀形象是透明的，透過祂，我們可以看到星空，也就是整個宇宙。這張牌代表一個清明的意識，就是人的頭腦尚未開始分裂之前的狀態，無明還沒有占據我們。就像嬰兒第一次睜開眼睛，看到的東西全都會是它們原本的樣子，不會被迷惑。

牌名：寶劍Ace

· 元素：風。

寶劍Ace

寶劍不同於權杖，雖然兩者都是工具，但寶劍完全是人工智慧的產物，左右對稱、一絲不苟，帶有一種客觀與理性的味道。但是這種客觀理性還不至於到死板的地步，而是真正看得清事物的全貌，能夠把所有的狀況考量進來，所以「寶劍Ace」有著超凡的判斷力和邏輯性。

雖然在我的分類中，「直覺」應該由火元素來代表，但是1這個數字其實已經隱含了火元素的性質在內，而寶劍組的風元素，比火元素更有客觀性的觀點，也富有判斷力及推理能力，所以比起「權杖Ace」，我認為「寶劍Ace」的直覺更強烈。「權杖Ace」的直覺，比較接近一種生物性的衝動、本能，在達到目的之前，可能自己都不知道為什麼要做這件事，也不知道會有什麼樣的結果。但是「寶劍Ace」因為有風元素的心智，因此它的直覺更接近「預知」，在行動之前，往往已經看到整件事的來龍去脈，也知道將會演變成什麼局面了，「寶劍Ace」是一張先知牌。我們很難看到「寶劍Ace」熱情如火的樣子，因為在很多事你都已經提前知道會如何發展的情況下，很難激起你的戰鬥力。由於「寶劍Ace」不會輕易被驅動，所以這張牌適合當輔助及指點迷津的角色，不太會有旺盛的企圖心與浪漫的感情。

雲之么——意識

禪卡的雲牌組就是風元素的象徵，代表頭腦的干涉，因此奧修禪卡的雲牌組，大都代表我們的負面情緒和負面知覺，也就是小我創造出來的焦慮和不滿。但是這張雲之么「意識」牌，看起來卻非常清明和寧靜，還具有一種超越力量，讓世間的一切都無法戴上偽裝的面具，佛陀的形象超越了宇宙，俯瞰著人間的種種微小事物。為什麼只有「雲之么」這張禪卡，有別於其他雲牌組象徵的痛苦和焦躁呢？因為雲是心智、左腦思維的代表性元素，而所有的思維在一開始都是最清明的，就像我們在嬰兒期第一次睜開眼睛看到這個世界時是不帶任何主觀和批判性的，看到什麼就是什麼，如此而已。數字1純粹、不含任何雜質，所以「思維」一開始也是清明的，不帶任何偏頗。

慢慢長大以後，我們接觸了許多資訊，被灌輸了善惡、是非等二元化觀念，批判性與人我之分就開始出來了。這時的我們開始越來越無法用原本的視野看待眼前的事物，凡事都會加上我們的評論、分析、猜想，以及我們價值觀的篩選。這時，事物進入我們的眼中時，就不再是它原本的樣子，而是經過我們自己詮釋後被扭曲的版本，那時不管我們看到什麼，都已經不是真相了。但這一切混亂和謊言，要等到數字2之後才會出現，在數字1的階段，一切都是透明、沒有任何疑慮的。

●用觀察者的角色，不帶主觀意見地累積意識與知識

雲之么「意識」象徵著我們的頭腦剛剛萌芽的那一刻，人類的意識剛剛出現，是一項強而有力的工具，能幫我們塑造經驗，創造出一個「觀察者」的角色，讓我們能夠除了自身之外，還可用另一個角度來看待自己所有的經驗和感受，並且有系統地處理。在這時，意識是可貴的。

到了後來，意識會開始分裂，與自己打架，給每一樣人事物都賦予「概念」，然後我們會只看到表面的意思，看不到事物的真相。雲牌組接下來的數字，就會顯示出這樣的狀況。但是我並不覺得雲之2到雲之10的狀況有多麼可怕，雖然每一張牌看起來都會擾亂人的心神。事實上，一開始的平靜不是真的，很多超然的態度，其實是出自於無知或缺乏經驗。如果我們勇敢走上旅程，從雲之2走到雲之10，經過種種的痛苦與煎熬之後，再回復到雲之么這張「意識」牌，其實我們就會更無懼。誰都不想遭遇讓人煩憂的事，但是一旦我們把所有的壞事都經歷過一次，到最後往往會發現，真正快樂與否的權力，以及詮釋命運的能力，都在我們自己身上，不是任何好事壞事可以影響的。既然一切都會過去，也就沒有真正好與壞的差別。

水之么

順著流走 Going With The Flow

牌名：順著流走

・元素：水。

・牌圖解說：圖中這個人不僅隨著水流漂，整個人幾乎跟水合為一體了。這代表融入周圍的一切，輕觸這個世界而不影響它，甚至不被人發現。這樣一來，就可讓一切事情不費力地往它該有的方向發展。「無為而治」能達到的結果，常常會比強求的結果來得好。

對應塔羅牌的「聖杯Ace」

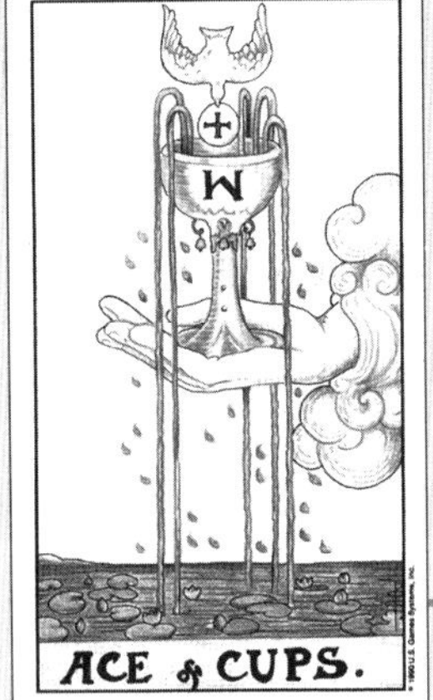

牌名：聖杯Ace

・元素：水。

以塔羅元素為鑰

聖杯Ace

水元素不管在哪一副牌，都代表宇宙的和諧基礎——愛。愛不只是我們認知的情愛，其實是整個宇宙的本質。由於偉特牌比較「入世」，更能對應到我們生活的世俗層面，因此這張「聖杯Ace」包含的情感也比較是我們可以了解的，並充滿在我們的周圍。「聖杯Ace」公認的牌義就是「純潔、毫無雜質的愛」，在感情問題上抽到這張牌是非常好的狀況。不過「聖杯Ace」的愛太完美太無私了，我常覺得親子間比較容易有這樣的狀況，若是情侶或夫妻抽到這張牌，通常表示兩人的感情已經昇華到像家人的層次，但也不失心有靈犀的感應，以及親密無間的兩性情感交流。

在一般牌義中，「聖杯Ace」被認為是給予的、奉獻的，但我認為因為有了數字1的勇氣及自我性，使得「聖杯Ace」雖然是水元素的極致牌，卻不會有犧牲或軟弱的特質。相反的，我們都知道，要給予別人，必然只能給自己所擁有的東西，就像兩性書中常說的：「你要先學會愛自己，才有辦法愛別人。」所以在我的解釋中，這是一張完全珍愛自己的牌，不會壓抑及否認自己內心的聲音，同時知道什麼對自己是最好的。許多假愛之名，卻行控制、需索、依賴之實的情感，都很容易變質（其實本質就有問題了），自然無法維持像「聖杯Ace」一樣純粹的愛。

水之么——順著流走

我有很多神祕學界、身心靈界的朋友，最喜歡的就是這張禪卡，因為這是大家都嚮往的境界：不受拘束、讓愛自由流動，自己只要放心跟隨就好。同樣是水元素1號牌，「聖杯Ace」的愛在我們看得到的表面上流動著，但是這張「水之么」的愛是根植在人與人之間相連的場域，已經無分彼此，也不會刻意地在言行上表現出來了。

但是一般人看到「順著流走」，往往會有種不安全感，會覺得「難道我要放棄自己的主宰權嗎？」、「我的自由意志呢？」、「我不應該有責任感，不應該把事情做好嗎？」……我也見過有人把「無為」過度解釋，反而逼迫自己要放棄目標，或者放棄自助的行為。但其實順著流走並不等於放爛，這種太過刻意的無為又是另一種作為了。水元素再怎麼無為，數字1還是必須要開展，要觸發一些東西的。

●沒有預期心理，「順著流走」要你安心順應環境

水之么的「順著流走」，是用「信任」來表達愛。牌圖中的人與河流的顏色一樣，與整個河流融為一體，並且安然自在，相信要去的地方就是該去的地方。把這幅畫面放進人生裡，並不是完全沒有可以作為之處。「順著流走」要順應的是環境，並且要在每個不同的環境中做出相對應的行為；差別在於，最終的目標不是我們自己訂出來的，而是我們順著事物的走向，跟著它一起發現這個目標。古希臘哲學家蘇格拉底的父親是石匠，有一天他看著父親正在用石頭雕刻獅子，就問父親：「要怎樣才能把獅子雕刻得好呢？」父親回答：「我沒有在雕刻獅子，這塊石頭裡本來就有頭獅子，我只是去掉旁邊多餘的部分而已。」我認為，也沒有「怎樣才能當個好的雕刻師或好的ＸＸＸ」這回事，你應該去做你想做的事，做你熱愛的事，然後你會在不知不覺中變成你該是的那個人。就像一直研究該怎麼成為作家的人，通常當不成作家，但因為快樂而不停寫作的人，最後就會成為作家。

火之么及水之么，因為數字1的關係，讓兩張牌有個相同的特點——它們都有強烈的創作欲望，只是火之么的創作是一鼓作氣，排除所有擋在路上的阻礙，直衝到理想中的目的地；而水之么「順著流走」，是看看延伸出去的路會把自己帶到哪裡，它信任生命也信任整個宇宙，而宇宙回饋這份信任的禮物，會超越你本來的期待。我也常對朋友說：「不要過度期待事情會照你設定的路線發展，你怎麼知道自己想要的東西，會比上帝準備送給你的東西好呢？」

牌名：心智圓熟

・元素：土。

・牌圖解說：這張牌色彩豐富，幾乎所有使人舒適的顏色都在其中了。內含多邊形的圓圈，代表一切事物都已經成熟且準備好了，要邁向下一個階段，而這個完美的圓就剛好框住人的頭部，表示一個人對他的所有一切都有定見且了然於胸，只需要時間等待他實踐。

牌名：錢幣Ace

・元素：土。

錢幣Ace

錢幣的土元素，跟權杖的火元素一樣，雖然只在數字1的開始階段，但都已經設定好了最終的目標。或者換個方式來說，土元素和火元素，在萌芽的階段就已經知道結果會是什麼了，只需要時間來經過中間的旅程，而「權杖Ace」火元素的路徑比較短，比較快到達終點；但土元素的「錢幣Ace」，中間階段會比較漫長，需要用耐心慢慢澆灌，給予最舒適的環境和養分，「結果」也會一點一滴累積成形。權杖1像賈伯斯，他一個人創造出一切，但他一死一切也會逐漸沒落；而錢幣1則是創建出一個可遵循的模式，然後永久代代相傳。

不管是哪副牌的「錢幣Ace」，我都會認為它最廣泛的意義就是「種子」。土元素就是土壤和大地，如果一片土地上什麼植物都沒有，我們會認為光禿禿的它沒有任何生命力，但就算種下了植物，供給生命和營養，這片土壤也還是不起眼的，因為土地才是生命的根本。同樣的道理，不管一棵樹長得多大、花開得多美，它會變成什麼樣子，都是早在種子的基因中就已經設定好了，再怎麼生長也不會偏離它的本質。所以「錢幣Ace」代表的是穩定、基礎的意思，它是白手起家者的「本身能力及第一桶金」，家境不錯者的「祖產、根柢」，或是苦讀者拿到的「文憑」。換言之，「錢幣Ace」象徵的就是你本身的基本條件，這些條件不是讓你現在就拿來享受；你必須用這些條件當「本錢」來爭取更多的財富，而非停留在現況。這張牌基礎穩固並有機會發展遠大，雖然目前還只是站在起點，卻已經看到了最終的收穫。

彩虹之么──心智圓熟

凡是土元素的1號牌，不管是「錢幣Ace」也好，或禪卡的「彩虹之么」也好，都有一種「看來完整圓滿」的感覺，但這種完整並不是結束，因為數字1是「開始」，代表你現階段的完整，是要拿來當下一個階段的基礎使用的。就像植物的根，長得很健全，是為了要支持往上長的莖幹。所以再完美，也只是一個起點。

土元素原本就有「溫床」的意思。錢幣和彩虹的不同，象徵著我們對人生基礎定義上的不同。「錢幣Ace」的土元素要的是社會上實質的收穫，在數字1的階段，代表你在出社會工作之前，乖乖地把文憑拿到、努力充實自己的能力，然後一切都準備好了，就帶著一身的知識和力氣出社會，貢獻所學，交換你想得到的，然後慢慢累積增加自己所擁有的資產，不管是物質上的或是安全感的部分。

彩虹也有豐富的含意，但彩虹的豐富不見得是物質上的富有，它象徵的是各方面、全方位性的「豐盛」。物質方面不虞匱乏是當然的，但在人際方面也擁有許多良好的關係，心境上的滿足及平和也都具備。

●只要自己的心智夠成熟，順境或逆境都是助力

這張禪卡所代表的完美，並不是你到處去「取得」很多東西累積而成的。彩虹的豐盛是一種「人身經驗」而非世俗財物，只要是透過你的身體感官感受到的一切，都會變成你的經驗、你的認知，然後它慢慢形成一個對世界圓滿的認知，經歷了所有該經歷的，就變成了彩虹之么的「心智圓熟」。它表示我們該有的基礎，都已經準備好了，而「么」代表1號數字，則象徵我們準備好了之後，就應該利用這種成熟的心智，去面對即將開啟的下一個階段，好讓自己能經歷得更徹底、更圓滿。

換言之，彩虹之么的「心智圓熟」，是象徵著一個初期階段的穩定，但並非結果，因為還有更多有意義的人生在前方等著你，這個心智圓熟是代表你的身心方面做好準備了。如果是比較世俗的「錢幣Ace」，可能就代表你要加入這個社會的活動（例如工作、買房買車）之前，得要先「滿二十

歲成年」或是有工作保障這種「現實條件」了。

如果拿比較熱門的兩性話題來講，我們在各個網路社群的相關版面上，最常看到這一類的問題：「為什麼我的另外一半這麼過分？我是不是應該離開他？」或是「為什麼我每個交往對象都這麼差勁？」現在的網友都比較見多識廣，通常大家都會往這個方向回答：「先看看你自己為什麼會喜歡這樣的人，有可能他很好，你卻把他逼壞。或是有可能他很好，你卻只看到他的壞處。也有可能你喜歡的每一個人真的都很差勁，但你要想一想，為什麼你都會挑上這種人？如果你自己是錯的人，那麼你遇到一百個人也都不會是對的。」是的，好的開始就是成功的一半，自己對了，遇到的人事物才會對。彩虹之么「心智圓滿」，象徵我們自己就是那個好的開始，只要自己的準備夠充分、心智夠成熟，那麼不管遇到的是順境或逆境，我們都可以把它變成助力，把我們推到想去的地方。「心智圓滿」就等於是一個完整的人，而好的命運就掌握在這個人手上，等待開展。

數字牌組

2號牌

在數字1的階段，自己就是全世界，在數字2的階段當中，出現除了自己之外的另外一端。很多人覺得數字2是合作、和諧，其實在另外一個極端出現時，我們最先感受到的會是「對立」，就像家中添了第二個寶寶，原本是家中獨享父母注意力的孩子，就會對新出生的弟弟妹妹帶有或輕或重的敵意。雖然「對立」的另一面，其實也是「互補」，但在數字2的含意中，雙方的對談或交流尚未開始，另外一方才剛剛「出現」而已，沒有經歷過適應期和取捨，兩邊還不會這麼快交融在一起，一定還是保持各自為政的狀態。以男女兩性為例，過了青春期後，男女兩性會因對方和自己不同而好奇，進而產生吸引力。然而在童年時期，我們還必須發展出自己的性別意識，強化、培養自己性別的完整性。因為你要先當個完整的女人（或男人），然後才會跟異性產生相互的吸引力。所以數字2雖然有分化、對立、選擇的意味，但其實也是為了更久之後的結合在鋪路。

火之2——可能性

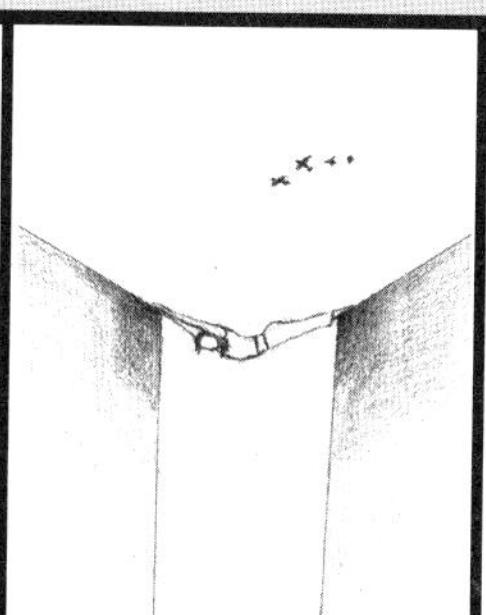

雲之2——精神分裂

水之2——友誼

彩虹之2——一個片刻接著一個片刻

火之2

可能性 Possibilities

牌名：可能性

· 元素：火。

· 牌圖解說：老鷹是所有鳥類中可以飛到最高程度的種類，視力也最好，可以發現地面上的獵物並清楚觀察。這張圖代表我們走得越高越遠，眼界就越寬大，內在及眼界一旦寬廣，就會發現自己的選擇性也變多，不再受困於多數人所處的範圍之內。

對應塔羅牌的「權杖2」

牌名：權杖2

· 元素：火。

權杖2

數字2是代表你眼前出現了多於一種的可能性（也就是選擇的目標），有很多人常會把「寶劍2」和「權杖2」混為一談，認為兩者都是「代表選擇」，應該是很接近的。但實際上，權杖的火元素代表了一種全新的可能性，有較為令人興奮及渴望的特質，所以不像「寶劍2」還帶著猶豫，「權杖2」的選擇更積極，思考的過程也較為樂觀、有建設性。這代表他眼前出現的兩個選擇，雖然性質截然不同，看起來卻都頗有好處、令人期待的，只是優點和方向大不相同而已。

這就像你在找工作時，有兩份工作性質差異很大的職位同時錄取你。雖然性質不同，但都是薪水高、發展性強，換句話說，雖然性質不同，但格局和高度是相同的，所以在面臨這張「權杖2」時，最重要的不是「得到」，而是「取捨」。由於火元素帶有專注的性質，沒辦法一心二用，所以如果想成功，一定得要把能量聚焦在一個特定的點上，才能產生爆發力，多餘的選項就必須捨棄。就像果農要捨得疏花疏果，才能減少養分消耗一樣。

火之2——可能性

火之2牌圖上的老鷹，看起來比「權杖2」的那位男子自在多了。牠的選項似乎更大更廣，並能凌駕一切事物，因為鷹的特色，就是牠的飛行高度高於其他鳥類，所以能看到的一切也就更廣大、選擇性更多。老鷹的特點不只飛得高，視力平均有五・〇，在飛得比所有生物都高的同時，牠仍然能清楚地看到地面上每樣東西的細部，並且快速判斷，什麼才是牠的獵物。

在這張「火之2—可能性」當中，數字2的選擇性質仍然存在，但被擴大了，在塔羅牌「權杖2」中，這個選擇項目是單純的二選一，但在「火之2」禪卡中，天下的一切都供你選擇，你的可能性是無限寬廣的。但這並不代表「權杖2」的選擇就有限，記得「權杖2」中，那名男子手上捧著的地球嗎？這代表他仍然保有更多的選擇項目，只是目前放在他面前的選擇是兩個大的方向而已。

●擁有無限自由的選擇權，要成功同樣也要懂得取捨

奧修禪卡「火之2—可能性」，特別強調了「無限自由的選擇權」，依奧修的論點及個性，這個部分也的確應該被當成牌義重點。而這張牌中老鷹象徵的意義，是代表牠不但有「權杖2」的選擇權利，還擁有更大的前進空間，以及擺脫束縛的能力。因為我們如果在自己熟悉的環境內，面臨的選擇不管有多好，總是無法超越我們既定的層次，而擁有高度飛行能力的老鷹，一旦衝上天際，就代表我們可以脫離原有範圍的限制。

但是火元素的專注性和執行力，並沒有被忽略掉；我們要知道，不管老鷹的飛行能力再強、視力再銳利，總不能永遠在空中飛。牠飛得這麼高，只是一種過程和手段而已，最後真正的目的是挑準牠要的獵物，然後俯衝下來捕捉。這個部分就跟「權杖2」一樣，帶有取捨的意味在內，一隻老鷹的視力再好，也無法同時捕捉兩隻獵物，所以牠必須在最短的時間內，做出對自己最有利的判斷，並且一旦決定就不能再三心二意，要在最快時間內執行完畢。這種魄力、企圖心及進攻能力，都是火元素的特質。

這張牌中的老鷹還飛在半空中，代表這張「火之2—可能性」，還沒有進展到真正出發的程度，它還在不斷擴大自己的視野，替自己收集更多選擇的權利。所以抽到這張牌，代表當事人正在蓄積實力，要看準時機才出手。如果是在我們人生的道路上，就代表正處於收集資料、評估利弊得失，最後看準時機點做出最後決定的中間階段。也就是說，一切都尚未成定局，就像我們在初出茅廬的年齡層，擁有的都是前進的空間，而沒有太多的包袱。

數字牌

雲之2

精神分裂 *Schizophrenia*

對應塔羅牌的「寶劍2」

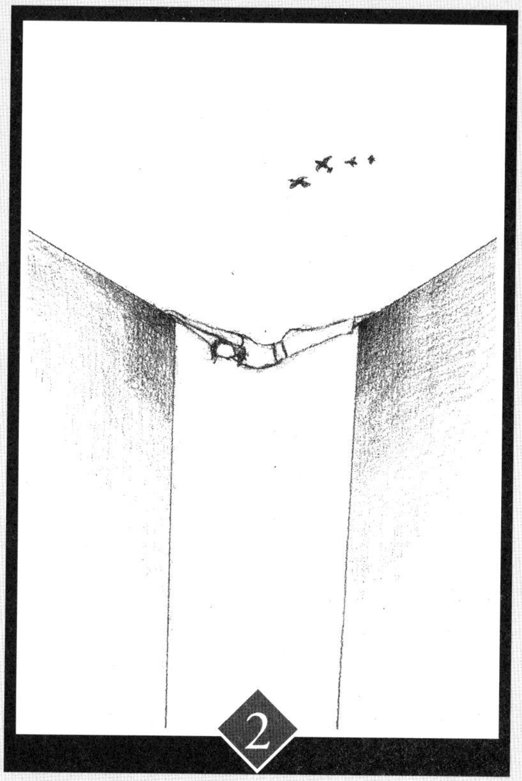

牌名：精神分裂

·元素：風。

·牌圖解說：這張牌出現代表「對立」的意念了，也就是人開始有了「分別心」，開始與整個世界為敵。一旦我們開始覺得自己和群體是完全分開的，我們就會想要保護自己，覺得整個世界都很危險，那就哪裡也去不了，什麼事也做不成。就像牌圖中的人想去左邊，也想去右邊，最後只能懸吊在中間。

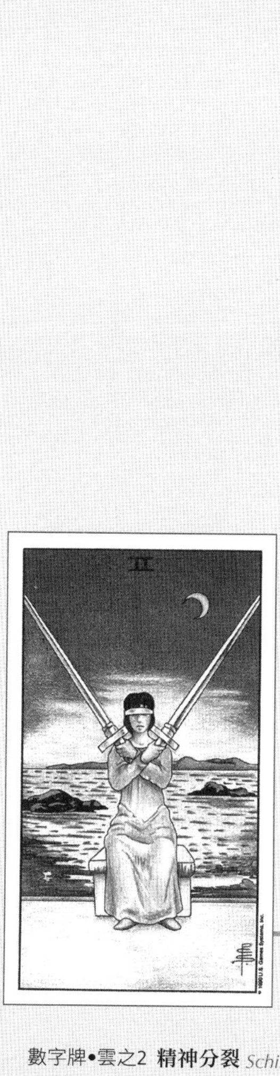

牌名：寶劍2

·元素：風。

寶劍2

常常有人把「寶劍2」和「權杖2」混為一談，因為這兩張牌都是數字2，都跟「選擇」有關。但是這兩張牌的選擇完全是不同性質的，「寶劍2」的風元素因為沒有火元素的專注性，顯得渙散而沒有焦點，所以會是停止前進的狀態。看看圖中人，兩把劍平衡地橫叉在身前，交叉點剛好位於心輪部位，表示他的知覺及判斷依據是呈現封閉狀態的，他並沒有抱著積極的態度做出正確的選擇，加上他的眼睛是矇起來的——與其說他面臨選擇，不如說他是在逃避選擇，或是不想正視選擇後要面對的結果。

上文說過，「權杖2」是勇敢做出「取捨」，但是「寶劍2」是風元素牌，面臨取捨時通常會猶豫不決。火元素為了追求目標，會放掉目標以外的東西；但風元素因為企圖心沒那麼強，比起得到的快樂，更害怕失去的痛苦，因此它認為只要不下決定，就可以都不失去。但是它不懂，即使都不失去，兩個目標它也都同樣沒辦法完全擁有。

雲之2——精神分裂

我們都看得出來，這張禪卡比起偉特牌的「寶劍2」，多了許多情緒上的焦慮，以及左右為難的煎熬。「寶劍2」的平靜是一種假象，因為它的平靜來自於逃避現實，但是真相卻在「雲之2—精神分裂」中顯露無遺，在逃避選擇後的責任時，他也同時無法實現任何一個目標，更不能到達任何地方。

在奧修禪卡的系統中，雲牌組是代表頭腦的（也就是風元素的象徵物），奧修口中的頭腦，比較像是我們常講的「左腦思維」、「算計」、「小我」，也就是用有限的眼光來看所有的事物。因為頭腦有著很重的分別心，所以會覺得自己在這個世界上是不安全的。因此，「頭腦」最大的致命傷，就是它與整體失去了連結，容易陷入痛苦之中，數字2在風元素面前等於是在提醒它，它是一個小小的個體，是獨立於世界而存在的。如果我們記得「雲之2」的上一張牌——「雲之ㄙ—意識」，就會憶起在意識的萌芽階段，全世界就是一個整體，所以安祥、和諧、清明，凡事都沒有太多的危險，更沒有善惡是非之分，也就容易自然而然的平靜。但是頭腦如果創造出另一個人，也就是自我分裂，就代表他有需要打敗、競爭及比較的對手，雖然雙方敵對的狀況很可能只是頭腦投射出來的，但是人一旦感覺與整體失去連結，就會陷入無休無止的算計，沒有辦法依天性過自然的生活。

所以說，風元素遇到2這個數字，就是分裂的開始，也就是小我、頭腦、分別心出現的那一刻。

●魚與熊掌不能得兼，面臨選擇時，你不能兩邊都要

我們看看這張禪卡牌圖上的人，他的手攀住左方平台，腳勾到右方平台，整個人搖搖欲墜，隨時都有可能往下掉。這時他唯一能有的、也是最好的選擇，就是「挑一邊」，「做出選擇」的模式也是火元素2號牌最擅長的「取捨」。但風元素一向拖泥帶水、不乾不脆，頭腦總是左飄右蕩在算計各種可能性，捨不得放掉任何一個在眼前的機會，然後犯上「貪多嚼不爛」的毛病，每一個機會都無法被妥善掌握。

簡單舉個例，這就像是一個人有兩個可以選擇的對象，但是要做出取捨時，風元素（也就是「雲」，代表思考和算計的能力）會害怕：「如果我選了A，就代表我必須放棄B」，因此遲遲不肯選擇，希望自己可以坐擁齊人之福，一直這樣下去。但是他忘了，人與人的交往需要誠心和對等的交流，他的時間和資源不足以對兩個人同時付出。所以不做出取捨的後果，就是會讓他跟雙方都維持一定的關係，但跟兩邊的關係都不夠深入也不見得能長久，會維持得非常辛苦，最後還可能什麼都沒得到。

在禪卡「雲之2」中，雖然跟「寶劍2」同樣不能兩邊都要，但抽到這張禪卡或許是兩邊都不要最好。因為凡是頭腦的選擇都是錯的，當兩邊都放掉時，你才能看清你的心會被帶到哪裡去。

水之2

友誼 Friendliness

牌名：友誼

- 元素：水。
- 牌圖解說：兩棵各別生長的樹，樹幹與樹根都是分開的，樹葉的顏色也不相同，但枝葉部分卻交織在一起。這代表你在面對和自己來自不同背景、不同族群的人時，心胸仍然是開闊的，可以接受別人不同於自己的部分。這張牌代表的是和諧的人際關係，以及對他人信任的態度。

對應塔羅牌的「聖杯2」

牌名：聖杯2

- 元素：水。

聖杯2

塔羅牌的「聖杯2」，常被稱為「小戀人牌」，很多人把這張牌詮釋為真愛、深情，但我倒覺得水元素＋數字2的特質，並沒有這麼濃烈。數字2代表一種相反的兩極，一開始會是互斥或競爭的，但是水元素本身帶有融合、交流、和平及情感等特質，可以成功地弭平數字2的兩極化。我們來看看這張牌中的兩個人，依年紀來看比較接近少男少女，而他們兩個的氣質和外型，相似度卻是很高的。這表示雖然這張牌是數字2，但兩者間的差異卻沒有那麼明顯，也不像前兩張陽性元素的2號牌，帶有那麼重的「選擇」意味，「聖杯2」這張牌，較大的含意是融合、協調。

我常說「聖杯2」就算代表愛情，也只代表「二十歲以下的純純之戀」，水元素的情感自然而然地交流，是一種舒適溫和的情感，不會引起衝突和占有欲，更不會有太多的利益評估。就像我們在學生時談的戀愛，雖然不成熟卻很真誠，不會考慮到對方的職業、年收入、家庭計畫、門當戶對等等條件，喜歡就是喜歡了，「好感」是這段關係中最大的成分。

水之2——友誼

這張禪卡命名為「友誼」，我覺得很有趣。如果用偉特牌來對照，「聖杯2」看來像是很相愛的牌，為什麼「水之2」會被輕描淡寫為友誼呢？我認為這單純是定義上的不同，兩張牌的本質還是非常相近的。「聖杯2」的愛情著重的是雙方心靈的感受，以及對彼此的感情，重點在於兩個人「內心的情感」，而非形式上的名分。水元素加上數字2，代表兩者之間的感受是沒有隔閡的，可以互通心意，有一種非常美好的相處品質。

我們再來看看「水之2」的牌圖，兩棵樹並沒有做任何努力或加工，自然而然地就長在一起了，就跟貼身的舊衣服一樣舒適且理所當然。這張牌代表的是一段感情最初、最純真的樣貌。因此奧修禪卡之所以把「水之2」定為「友誼」，不表示它只能停留在交交朋友的階段，而是代表兩人間對彼此的感覺、相處時的舒適愉悅，才是最重要的部分。

• 缺乏責任和承諾，沒有經過轉化的感情，都不足以成為愛情

我們都知道，感覺是一回事，而真正成為戀人（或夫妻）所需要的形式和承諾，又是另一回事。所謂「相愛容易相處難」，水元素的2號牌代表的是那種心意互相流動的感覺，但不能把這種感覺丟進粗糙的現實，例如婚姻、責任、誤會等等在一段關係中避免不了的東西。

談過戀愛的人都知道，一般只要外型對了、感覺對了，甚至磁場對了，很輕易就可以萌生愛意；但要成就一段「社會定義下的伴侶關係」，事情就沒有那麼簡單。你必須要考慮雙方五年、十年後的計畫，還有兩個家庭之間的互動、兩人的收支分配、權利及義務的承擔等等，這些東西，都不是靠「好感」就可解決的。不只如此，一旦碰上這些現實，美好的感受還通常是第一個被折損掉的。

「水之2─友誼」因為沒有經過淬煉，很難成為堅實的關係，這份感情也不像一般夫妻比較偏向人生伴侶的型態，「水之2」沒有那麼功能性，它代表的感情比較不食人間煙火，需要好好呵護，而不是拿來考驗。奧修說過：「真正的愛是會犧牲的，犧牲你的祕密、隱私、你的自我，犧牲很多，浪漫的愛是不需要犧牲的，但是沒有犧牲就沒有成長。」作家九把刀執導的電影《那些年，我們一起追的女孩》，就最有禪卡「水之2─友誼」的感覺──即使沒有在一起，那種美好的感覺卻依然鮮明，甚至可以說，如果男女主角決定要成為戀人或夫妻，反而會破壞了這份感覺，或至少會改變這段感情的品質。

在這張「友誼」牌中，不要去強求，也不需要結果，你只需要處在讓你感到愉悅的這個片刻，這一刻就是最真實的。雖然沒有成長性，但是這樣就很好，不需要再去規畫太多。但缺乏責任和承諾，沒有經過轉化的感情，都不夠稱之為愛情，只能以「友誼」名之了。

彩虹之2

一個片刻接著一個片刻

Moment To Moment

牌名：一個片刻接著一個片刻

· 元素：土。

· 牌圖解說：這條河充滿了繽紛的色彩，是一條生命之河。在生命的洪流當中，我們沒辦法預先溫習躲過一切，也無法在事後追悔改變從前，所以思考太多過去或未來的事都是不必要的。你只能把注意力放在腳下的石頭上，其他什麼都不想，才能安然渡過。擔憂或悔恨甚至慶幸，都會讓你掉入河中。

對應塔羅牌的「錢幣2」

牌名：錢幣2

· 元素：土。

錢幣2

在我的解釋中，「錢幣2」一直是代表運籌帷幄的一張牌，他既堅定，又能掌握自己手中的一切，並把它們都放到最適合的位置上，產生出最好的搭配效果。土元素的意志力和數字2，不適用單一觀點來思考，但組合起來會是很有謀略且胸有成竹的。

有些人習慣看圖說故事，由於「錢幣2」的牌圖並沒有明顯的故事性，所以被正確解讀的情況很少見。有人說這張牌是在衡量、計畫，這就忽略了他擅於掌握資源的那一面；又有人說因為圖中的人看起來像在玩弄技巧，就解釋成玩世不恭或狡猾油條，這樣講的人，只看到「錢幣2」同時掌握所有方向、調整資源的能力，卻看不到土元素的基礎和講求實際的部分。

在我看來，土元素遇上數字2，代表在兩個完全相反的性質中，不但可以保有各自的特質，還能互相配合，不只是像「聖杯2」那樣和平相處而已，「錢幣2」還能互相輔助，激發出雙方最有利的部分，發揮相加或相乘的能力。「錢幣2」比前幾張牌，都要更接近「伴侶」的性質。

彩虹之2——一個片刻接著一個片刻

這張土元素彩虹2號牌，顯得非常愉悅、專注在當下又不斷前進，讓人感覺到是一張非常投入人生的牌。書中有提過，彩虹對應土元素，是對應它豐富、感官體驗的那個部分，所以彩虹對應的不是土元素的人生考驗，而是對人生這場大夢的精彩演出。即使是由彩虹來代表，土元素還是有許多特質是不變的，在「錢幣2」的解釋中，土元素代表堅守自己的特質，但由於是陰性元素，又不會想要改變對方，所以數字2代表的雙方，更能在不改變自己也不改變對方的前提下，做出對彼此最好的配合度，不但自我發揮，也能輔助對方。相較之下，彩虹2號牌就少了一些嚴謹，多了一些感官的投入。

●認真面對當下，用片刻完美串連起完整的人生

雖然依牌圖來看，這張牌並不認真，看起來隨興又不瞻前顧後，會讓人有「彩虹對應土元素是否並不完整？」的感覺，土元素不是都應該要認真努力的嗎？但是深入來看，其實越是認真在過生活的人，越是心無旁騖，越是可以感受到當下的每個喜怒哀樂。彩虹2號牌中的人之所以悠遊自在，並非他對身邊的事物不在乎，而是因為他完全融入在感受當下這一刻，徹底去經歷，這就是真正的專注。所以他的每一個反應和情緒，都是最真實、毫不做作的，正符合彩虹代表的片刻完美。

我個人很喜歡這張「彩虹2」代表的含意，圖中的人踩過一塊又一塊的石頭，那是很驚險的，身邊水流湍急，一有不慎就會墜入其中（河流本身也是彩虹的顏色，所以墜入河中應該不代表會發生什麼悲慘的事，只是會被更多的周邊景象迷惑，忘記了自己前進的方向），但是就像我們在攀岩或登高時，旁人都會告訴我們「不要看下方」，因為只要稍有猶豫，就很容易被恐懼抓住，忘記了自己的目標，而把注意力放在擔憂及幻想種種困難狀況。相信大家應該都有這樣的經驗，越是三心二意、越是擔心可能會發生的種種狀況，我們就越不可能靜下心來面對真正要做的事。所以這張「一個片刻接著一個片刻」，就是要我們，除了現在正在處理的事之外，一切都不需要去揣測，也不需要去預期，更不需要擔憂；要像彩虹2號牌中的人一樣，做好自己當下該做的事，其他的就順其自然發展，不要想去控制，自然就會少掉很多阻礙。

對照塔羅牌的「錢幣2」，這張彩虹2號牌去除掉的，就是「規畫和掌握」的含意，而被強調出來的是「認真面對當下，唯有度過每一個成功的片刻，才能自然形成一個成功的整體」這個部分，兩張牌最後得到的結果，差距是不大的。

數字牌組

3號牌

上一個數字2常常被認為是溝通、合作的意思，事實上有關雙方面
溝通、協調、合作，都應該是歸屬於數字3的。
因為2代表兩個不同的極端，而數字「3」才是
那個把兩邊銜接起來的橋梁。數字3還代表最小的團體單位，成語「三人成眾」
就是這個意思，所以3也有友情、聚集、表達、理解以及社交等含意在內。
此外，因為數字3還有很多成長的空間及可塑性，
優點是彈性大、吸收能力強，缺點則是還不夠穩定，力量也沒有那麼強大。
數字3遇到不同元素，會形成不一樣的小團體。火元素加上3是風雲際會；
風元素加上3因為不穩定的性質太重，會加強混亂程度；
水元素遇到3，感情交流會特別順暢；而土元素遇到3就有一種基本班底的味道。
如果多張3號牌同時出現，事情一定跟人際、社交、溝通有關係。
但是在奧修禪卡系統中，數字3反而多用在
自己和自己的交流上，這是比較特別的一個差異。

火之3——正在經驗

雲之3——封閉

水之3——慶祝

彩虹之3——引導

火之3

正在經驗 Experiencing

牌名：正在經驗

‧元素：火。

‧牌圖解說：所謂的「經驗」不在於一連串的事件本身，而是在於我們感受到的心得與意義。圖中的女子用手觸摸看似靜態的樹，靜下心來接收這棵樹的脈動及生命力，體驗一棵樹生存的方式與感覺。這意味著你所在的地方不是重點，你是否能享受與自己日常生活不同的事件才是重點。

對應塔羅牌的「權杖3」

牌名：權杖3

‧元素：火。

權杖3

火元素是獨立性很高、自我意識很強的元素，一般來說跟數字3有很大的不同，數字3是要組成小團體，且彼此之間互通有無的數字，說起來應該要比較不堅持的。但是火元素和數字3的組合卻出乎意料的好，我想這是出於互補，火元素提供了數字3沒有的向心力，而數字3則具備了靈活度，讓火元素可以有更好的發展空間。

火元素代表每一個發光發熱、專業又積極的人，那為什麼這張牌中三個火元素聚集在一起沒有互相抵制和衝突呢？這是因為火元素再怎麼有能力，畢竟只能掌握局部的專業（火元素範圍很集中，是專才而非通才），而成就一件真正的大事，則需要把各種專長的人結合在一起，才不會互相拖累對方，因此這些火元素碰在一起，反而會有一種風雲際會、英雄惜英雄的心態。數字3在這裡將溝通和協調能力發揮得很好，就像讓好幾個身懷不同絕技的高手，彼此互相配合，集結起來自然是一個不可小覷的團體，也是一張蓄勢待發、前途不可限量的牌。

火之3──正在經驗

這張火之3號牌，呈現出的感覺很靜態，似乎與「權杖3」的感覺有點落差，但是就跟每對牌一樣，我認為它們的本質還是相通的。在「權杖3」中，火元素代表的是有自主性、具備獨立才能的個體，而數字3是負起串連和協調的工作，把他們融合起來，組成了一個小組之後，等著創造出更大的可能性並發展起來。而奧修禪卡的「正在經驗」，火元素代表的不只是個人的價值和獨立性，也代表了一種生命的熱度和力量；數字3則是負責起一種交流和共振的工作，它代表生命中的經驗以及我們感官所接收到的一切，都正在反映我們自身的狀況。就跟前文提到的一樣，禪卡系統中的數字3，跟自己的交流比跟外界的交流還多，因此這張牌呈現的，是比較轉往自己內在的經驗。

●全身心的投入，要怎麼收穫先怎麼栽

不管是哪個元素的3號牌，我認為都有一個共通特質，那就是「3等於是在一個過程當中，尚沒有任何結論」。數字3處於一個正在開展、活力十足的位置，又具備了最大的可塑性（數字1跟2都還在準備階段而已）；而火元素代表了行動及企圖心，所以「火之3－正在經驗」代表一種體驗和作為的過程，這張牌的重點不在目的性，而在達到目的之前的過程（之後的火之8也有類似的含意），更代表當下投入的程度越多，越能得到圓滿的結果。

塔羅牌的「權杖3」偏向在過程中我們與外界的一切互動，還有周遭發生的種種經驗；但是禪卡「火之3－正在經驗」，代表的是我們內心對外在發生一切事物的「感受」與「解讀」，重點不在你經歷了什麼事，重點在於你的心路歷程感受到了什麼，而這些情緒經驗形塑了未來的你。

塔羅牌的「權杖3」可能代表了你「擁有什麼樣的資源，做出了什麼樣的行動，當成未來的開端」，而「火之3」則是你「咀嚼自己行動過程所帶來的體驗、嘗到事件表象之下的真正滋味，然後用這些經驗去創造未來」，也就是說，「權杖3」等於事件本身，而禪卡「火之3」則代表你經歷事件之後所產生的心得與收穫，也就是「這件事情對你來說，到底真正的意義在哪裡」。

抽到這張「火之3－正在經驗」，通常我會給的解釋，都比較偏向「不要去想未來，不要去想結果，你只要完全投入現在這一刻，未來就會從現在這一刻產生」。就像在考試前夕，去想考試的結果、去恐懼失敗的可能，都沒辦法達到你要的目標，唯有拋開一切念頭去做該做的事（念書），自然會達到你滿意的未來。每件事情都一樣，當你投入得越深，達到目標的時間就越會縮短，等於是爆發力就越強，這張牌就是要我們深入去感受經歷過的每一刻。

數字牌

雲之3

封閉 *Ice-olation*

對應塔羅牌的「寶劍3」

牌名：封閉

·元素：風。

·牌圖解說：如果我們覺得自己是自己、別人是別人，看不到我們本身與「整體」的關聯性，就會變成一種孤立的狀態，並且因為能量無法流動，自己的心和感情就會日漸萎縮。自我保護的同時，也等於隔離了自己，在牌圖中，彩色的眼淚化解了寒冰，因為即使是痛苦的經驗也是感受自己心跳的一種方式。

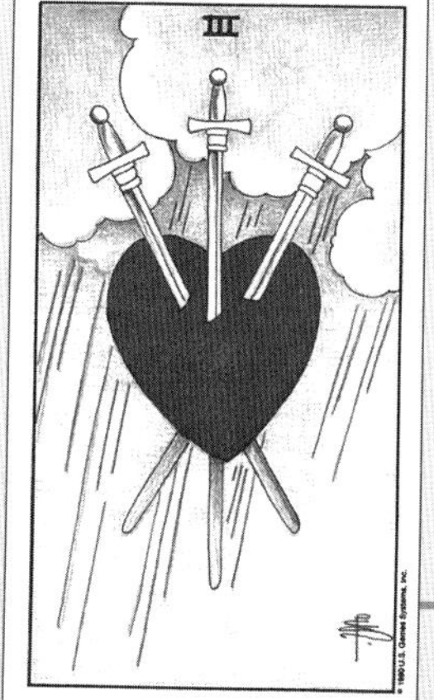

牌名：寶劍3

·元素：風。

寶劍3

這張牌淺顯易懂，即使沒學過塔羅牌的人都可一眼看出三把劍插在一顆心上會有多麼痛苦及折磨，常常我還沒講牌義，被占卜者一看到牌圖也會哀嚎個幾聲。這張牌，的確代表非常傷心和受苦的狀況。在教學過程中，學生常常很好奇，他們說風元素是人際交流，而數字3是和諧溝通，基本上風元素和數字3的性質很像啊！為什麼這張牌不管在哪一副牌的定義都很哀傷？其實，風元素通常代表的是人心之間的傾軋，有一種沒有特定目標的意味，數字3雖然擅於溝通協調、互動多，卻缺乏原則，沒有一定的核心價值。這兩個性質合在一起，就變成了人與人之間關係的混亂和背叛，也帶來了痛苦及傷害。

風元素和數字3同樣都代表人際關係和社交，形成的傷害也通常是「感覺」上的，比較少指向真正的身體或財物損失（但也不代表一定沒有，只是這張牌呈現的心理性質比較重），所以「寶劍3」的痛苦是有辦法可以快速脫離的，並且在拋掉痛苦後，不會有太多後遺症。只是人心很容易被自己困住，抱住傷害，對某些人來說總比失去重心來得好。

雲之3——封閉

這一組牌同樣都有情緒上的痛苦及精神折磨的含意，只是因為這是風元素牌，所以我比較少解釋成實際上發生的壞事，通常都是一些溝通上的誤會，以及關係中出現的信任危機等問題。

相對於「寶劍3」，我覺得這張禪卡更像是前後關係，「寶劍3」是因為「他人」的背叛或否定，帶來一種感受上的痛苦；而這樣的痛苦會讓一個人把伸出去的觸角縮回去，為了避免受傷害而躲在自己的安全範圍內，這種逃避行為，就會形成禪卡的「雲之3—封閉」這樣的心態。

牌圖中的人是把自己冰封起來的，所謂「冰凍三尺非一日之寒」，這代表牌圖中的自閉與退縮是經年累月的打擊所造成的。比如說我們有某部分或許不擅長、或許不符合主流，常常受到外界否定，自然而然就會不願再觸碰。就像你每次穿紅色衣服，得到的評價都不好，久而久之，逛街時你本能上就不會再購買紅色衣服了。禪卡中的數字3比較是跟自己的內在相處，而風元素的「雲」則是頭腦製造出的混亂，在這裡指的是不用和外界接觸，自己就會鑽牛角尖，既痛苦又無法解決問題。

●縮在保護殼裡永遠長不大，放開自己才能體驗人生千百種滋味

通常要我們承認自己的脆弱和缺點並不簡單，與其承認，還不如直接把這種脆弱藏起來。但是我們也知道，保護過度會更容易受到傷害，就像溫室花朵，小風小雨就撐不住了。

我們可以看到這張禪卡上，冰封的唯一裂縫是這個人流出的眼淚溶化而成的縫隙。眼淚是彩色的，是我覺得很有意思的地方——通常眼淚代表的是痛苦和挫折，但這張禪卡卻用了彩虹的顏色，這代表人生當中經歷的磨難，在這裡的定義反而沒有那麼糟糕。我們以為是磨難的東西，其實就只是人生各種滋味中的一種而已，沒有痛苦就襯托不出愉悅，沒有平淡就襯托不出高峰。如果我們都不敢放開自己去感受，雖然可以保護自己不至於受傷，卻也失去了發掘更多快樂的機會。畢竟很多驚喜都是藏在未知裡，或者是用挫折來包裝，當你願意把這些痛苦和失敗嚥下去時，你才能得到包覆在其中的另一種收穫。所謂的悲傷、挫敗，只是眾多人生經驗中的一種而已，接受之後才能放下它，也才能將它對你的傷害力減少。

這塊冰的內部，代表的是我們為自己築出的安全範圍，可能在短時間內，會有一種讓你受到保護的錯覺，但長期下來，卻阻隔了更多的東西，而且把「過去的痛苦」也同時封存在內，失去了釋放的機會。比如說你有藝術天分，卻為了能在社會上生存，跑去念不擅長的科系，這樣一來，當然你不會經歷到可能的失敗，但你得到的安全也和個人成就扯不上關係。這張「雲之3」告訴我們，要允許自己摔跤和承受打擊，感受了這些痛苦後就放掉它，你才能打破封閉的世界，看清楚自己人生的模樣。

慶祝 Celebration

牌名：慶祝

‧元素：水。

‧牌圖解說：三個興高采烈的女人聚在一起，什麼正事都沒做，就是全然沉醉在歡樂中，就連風雨也不能減少她們的快樂。這張牌的構圖跟塔羅牌「聖杯3」是類似的，但是塔羅牌中的三個女人是優雅內斂的，相對應的禪卡牌圖卻是情緒高昂、歡欣鼓舞的。表示這張禪卡更加不顧外界的一切，更能享受自己的生活。

對應塔羅牌的「聖杯3」

牌名：聖杯3

‧元素：水。

聖杯3

水元素本身的性質和數字3是很合得來的，水元素和風元素一樣，在人際關係方面都很擅長，但是水元素本質溫和，雖然也跟風元素一樣缺乏核心價值和目標，卻不會像風元素一樣造成困惑及傷害。水是交流，數字3是群聚交集的意思，兩者都可以指向人情和社交的性質，也因為水元素沒有太強的自主意識或利益觀念，因此跟數字3結合得很好，這是一張很純粹的情感牌（不限於戀愛）。

這張牌有一個很重要的特點，就是「沒有目的性」，「寶劍3」是缺乏目標，而「聖杯3」卻是根本沒有想要設目標，所以不會陷入像「寶劍3」那樣的混亂和痛苦，可以很喜悅地隨遇而安。水元素通常是很單純的，心性喜樂平和，加上數字3本來就是一個很友善的數字，所以「聖杯3」的友誼是在何時何地都可以對人開放，對誰都不會設下防線或隔閡，非常好相處。但難免的，這樣的兼容並蓄最後也會演變成缺乏篩選機制，交情完全就只能靠緣分，沒有共同理念，很難培養出革命情感。就朋友而言，這種交情會顯得膚淺單薄了些，可以共安樂但不能共患難。

水之3——慶祝

在偉特牌系統中，即使「聖杯3」是一張愉快的牌，但是如果碰到事業或金錢時，我仍然把這張牌定義為：「沒什麼建設性」的牌。水元素本來就對財富、事業這種需要積極性的事不是很有幫助，加上數字3一向追求眼前的輕鬆，所以「聖杯3」雖然氣氛好、交情佳，但我仍然覺得這張牌的裝飾性大於實用性。

但是到了禪卡「水之3—慶祝」，就不一樣了。奧修對「愛」的評價更高，賦予的力量更大；

水元素代表的不只是我們日常生活中的感覺，還代表一種喜悅的本質，可以對抗任何外在的醜陋。因此禪卡水之3號牌圖中的三名女子，並不像偉特「聖杯3」的女子是處在祥和的順境中，而是沐浴在風雨飄搖之中，但卻沒有澆熄她們的快樂。這張禪卡很鮮明地顯示了一句新時代主義者常說的話：「一切發生都是最好的。」水之3號牌同意一切，能夠從任何微小或負面的事物中，發現其美好之處，並且為之歡呼喝采！她們的快樂來自內心、來自自我的本質，而非依靠外人或環境給予。

•快樂由我自己創造，有顆快樂的心就能無處不快樂

這張「水之3—慶祝」是水元素牌，除了沉浸在自己的喜悅中，她們也可以把這份快樂散布出去，因為水元素和數字3最擅長的，就是「交流」。所以這張牌一旦出現，不管我們占卜的是哪方面的問題，都可以被當成一種潤滑劑或調和的能量來看待。

禪卡採用的是奧修的觀念，所以價值觀和一般世故的觀念比較不同。我們在很多事情上，一般會認為努力、有計畫是好事，是一切成功的基石。但是這張禪卡正符合奧修要的，也就是「不依靠頭腦」。水之3號牌的快樂沒有原因，也沒有條件，它可以發現一切事物中值得喜悅的地方，這在「聖杯3」中容易被解釋成酒肉朋友，或今朝有酒今朝醉的觀念；在「水之3」其實也是，但重點在於，這樣又有什麼不好呢？如果你沒有能力發現當下的美好，那麼就算未來到了你眼前，你夢想的美好已經成真，你還是缺乏更快樂的能力。所以水之3「慶祝」牌所強調的，是「不要去追求會讓你感到快樂的東西，而是要追求自己可以創造出快樂的能力」，這樣一來，在你的眼裡，每件事都值得全然的喜悅、都值得帶著驚喜去看待它，自然能無時無刻處在快樂中。

所以如果你要的是建設性、成功、財富等等「有形」的東西，這張禪卡恐怕無能為力；但如果你要的是「感覺到幸福的能力」、「對愛施與受的能力」，這就是水之3「慶祝」牌的強項了。

數字牌

彩虹之3

引導 Guidance

牌名：引導

‧元素：土。

‧牌圖解說：我們必須不斷開創新的人生經驗，才能讓自己成長。執著、留戀在某個時間點上，都會造成我們自己的困擾。牌圖中有一位長著翅膀的仙女，代表的是我們更高層次的指導靈，但是旁邊那個應該一起奔向新境界的人卻愁眉苦臉的回頭看，代表如果我們不擺脫以往，不管有多少機會放到眼前，我們都看不到。

對應塔羅牌的「錢幣3」

牌名：錢幣3

‧元素：土。

錢幣3

這是一張我覺得很踏實的牌，把土元素的特質表現得很明顯，雖然顏色偏沉了點，但我覺得「錢幣3」不是一張太過死板的牌。雖然它是土元素牌，但數字3其實是一個剛剛才集結、凝聚起來的數字，並沒有那麼僵固，還保有些許的彈性和可塑性。

牌圖中有人拿著一張建築藍圖，正在指點工匠要怎麼做。這代表計畫已經成形，執行動作也開始了，但還進行不久。這張「藍圖」是個重點，因為數字3帶有隨興意味，而土元素需要的是「核心指導原則」——藍圖就是工作或任何事情的施行原則指標；但要看到圓滿的成果，則需要等待一段時間。而「錢幣3」也代表「分工合作」，每個人都必須把自己的部分做到最好，就像一部好機器一開始就要把每部分的零件製作到最好，組合起來才會是一個完美的整體。「錢幣3」象徵一個重要的過程階段：在各自的專屬位置努力做到最好，替未來的完美成果打下基礎。

彩虹之3——引導

這張禪卡若要跟原本的塔羅牌義連結，乍看之下會找不到相似之處。但我只要指出重點，有涉獵過一些靈學的人就可以聯想。很多人都聽過「靈魂藍圖」這個字眼吧？這個名詞是從西方的靈學概念來的，認為人的靈魂是一個遠比肉體的靈性更有智慧的層次，我們每個人在出生之前，要成為什麼樣的身分、經歷哪些遭遇（不管好或壞），都是為了自己的進步和提升而設下的人生考題。所以即使你發生了悲傷的事，也不代表這些事件是要來拖垮你、折磨你的，而是因為你的高我（靈魂）知道你的缺失及不足在哪裡，因此設計了一些人生遭遇，藉由這些困境來磨練你成為一個更有能力面對這些問題的人。即便有業力牽扯，最終目的也是為了和解、體諒，而非為了一報還一報。

但是，人都是遺忘了過去而再次投生的，這時我們要如何跟隨我們的靈魂藍圖而活呢？

就跟「錢幣3」一樣，這張禪卡的重點也在藍圖，只不過這個藍圖是指靈魂的藍圖，它設定了我們這一生的目標及關卡，只要按圖索驥，就可知道我們這一生所為何來；而這些功課又是為了達成哪些目標而設。就像建築設計圖可以引導工匠如何蓋出一幢符合設計者理念的房子一樣，靈魂藍圖也引導著我們，如何去經歷我們替自己設計的這一次生命經驗。

● 傾聽內心的召喚，跟著靈魂藍圖的設定走完今生的任務

建築物的藍圖就像我們做某件事的計畫表一樣，必須有條有理規畫，並且用頭腦思考，以符合我們的設定和要求。但靈魂藍圖不同，在我們生而為人的那一刻，這份藍圖並沒有白紙黑字的交到我們手上跟著一起誕生，而是以一種類似「本能」和「原始驅動力」的模式，儲存在我們的基因或細胞記憶中。所以，如果想知道自己的靈魂藍圖是什麼，最好的方式是轉往自己的內在，去傾聽自己真正想要的是什麼，有什麼事物能讓你感覺到真正的自我實現。這個心靈帶領你前往的地方，就是你當下人生藍圖中所在的位置。彩虹代表精彩豐富的人生劇情，跟學習動力很強的數字3結合，有一種探索和創造的性質。

圖中那位看起來像仙女又像天使的引導者，多數時候應該是代表一個人的指導靈，指導靈就像數字3代表的夥伴性質，跟我們是一種合作關係，在人生道路上為我們提供協助。祂沒辦法用具體的語言或文字來跟你我溝通，所以祂的指引會變成一種直覺或使命感，驅動著你往某個方向前進。如果你常常用理性思考抗拒自己的直覺，那就是偏離了藍圖的設定，那麼最後不管成就再大，你潛意識中都會知道，你並沒有達成這一生真正的目的，因而若有所失。過多的努力有時會是強求，太認真地形塑自己的人格，往往會把原有的部分抹滅掉，但也許那才是你真正該保留的。如果你帶著憂慮和恐懼在算計自己的人生，就會像牌圖上滿面愁容的人一樣抗拒引導，而一直拖延自己的進度。

數字牌組

4號牌

數字4是一個在吉凶方面算是很中性的數字，沒有特定的好壞。
出現在某些狀況中是吉，出現在另一些狀況中卻是凶。
數字4給人的印象是「四平八穩、可以預測、不容易變動的」，
所以是一個象徵可以保護我們的數字，
比如家庭、學校、法律、社會制度等等。而大多數人最有安全感、
也最不用擔憂的時候，就是在家中當小孩、在學校當學生的時代。
然而，我們都有突破和前進的本能，一旦超過了某個年紀或階段，
就會覺得數字4的保護性質變成了一種「限制」，甚至覺得擺脱不掉。
這就像急著離家獨立的年輕人、急著畢業的學生，
雖然在被保護的狀況下比較安全，但是也阻礙了自我的挑戰和成長。
數字4只適合被拿來當一個好的基礎，但還不是一個圓滿的狀態。
由於4的積極特質，跟同樣有目標性的火元素、土元素，比較能互相加強；
渙散的水或風元素遇到數字4，是找不到著力點的。

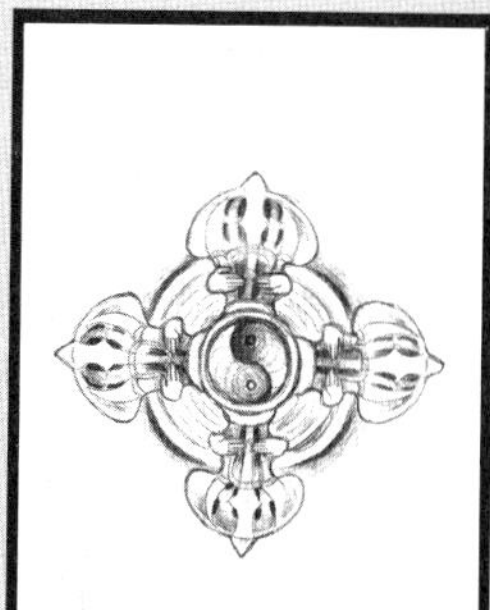

火之4——參與

雲之4——延緩

水之4——轉入內在

彩虹之4——守財奴

參與 Participation

牌名：參與

- 元素：火。
- 牌圖解說：牌圖看起來像是四個顏色不同的人，用平等的方式聚合在一起，讓自己的特質與別人的特質結合起來形成一個整體，並發揮最大的轉化能力。風火水土四個顏色到齊，黃道十二宮也都羅列在上，代表所需要的一切都圓滿存在，讓人順利邁向下一個階段。

對應塔羅牌的「權杖4」

牌名：權杖4

- 元素：火。

權杖4

這張牌是七十八張塔羅牌中，我最喜歡的牌之一。數字4的性質接近土元素，而這張牌有火元素又有4，等於是既有爆發力也有持續力、既穩定又有發展性，加上火元素本身的熱力，使得這張牌顯得積極又容易成功。不管是占算什麼問題，抽到「權杖4」，都會往不錯的方向發展，而且這張牌即使是處在負面的狀況（比如出現在「問題」位置，或是被其他元素沖剋，或是抽到逆位牌），不好的程度也有限。這張牌的意境，是我們大家都最希望處在其中的狀況。

我常用的比喻是，數字4很穩固，就像是一輛車的車殼，板金和封閉式結構讓我們坐在車內的人有了一層屏障，但有了保護通常就等於失去拓展的機會，不過這張「權杖4」因為是火元素牌，行動力和企圖心都很旺盛，所以數字4就轉而有「基礎」的意思，而火元素就變成車子裡的引擎，發動力量推著車殼前進。這時我們既可高速前進，又在車殼保護下不會受風雨侵襲。不管事業或愛情，遇到這種「既有保障又有發展力」的牌，都會是不錯的狀況！

火之4——參與

按照書上的說法，「火之4」這張牌本身就是一張曼陀羅，這張圖帶有均衡結構的美感，確實是曼陀羅那種「自成一格，圓滿俱足，是個一切都在其中的小宇宙」。一個小小的圓代表著圓滿和完整，藉由繪畫曼陀羅，可以變成反映我們內心的鏡子，看出我們心中小宇宙的混亂和失序，然後經由自我觀照，讓圓內的圖達到一種平衡的程度。

我們可以從火之4號牌的牌圖就是曼陀羅（自我圓滿的小宇宙）這一點，看出數字4的完整性，還有火元素的創造和新生。至於「參與」這個牌名，更點出了火之4號牌均衡圓滿。再看看牌圖中俯視的四個人形，是由四種不同顏色組合而成的，代表他們各自擁有不同的特質。一個完美的整體，的確是不能由相同的人重複組合起來，必須每個人都有自己的優缺點，彼此截長補短，形成一個契合的全體。就算只是兩個人的戀愛，互補性也比相似性要來得合理，我們本來就需要一個可以彌補我們短處，同時也有長處讓我們崇拜珍視的「另一方」。我常跟抱怨無法溝通、性格不合的情侶們說：「如果有兩個人完全一樣，那麼其中一個人就是多餘的。」

• 你是群體的一份子，要無私地給予和接受，帶動全體一起提升

我們可以將禪卡「水之2—友誼」和「火之4—參與」做個比較。水之2號牌同樣是一個和諧的組合，但就僅止於和諧而已，可以舒舒服服相處，就是激發不出什麼上進心或建設性。相反的，「火之4—參與」具有火元素更新和提升的特質，看看牌圖上這四個人到齊後，彼此互相給予和接受（看他們的手，每個人都是一隻手往上、一隻手往下打開），創造出了中間的旋轉太極。

太極是陰、陽交互作用的意思，一黑一白（也就是一陰一陽）可以生出萬物（而水之2號牌可能就是一黑一白已經融合成兩個灰色的意思）。禪卡書上說，這個太極圖也是西藏雷電的符號，不管什麼牌，只要一出現閃電，就代表改變的時機到了，一切都要更新而不同以往。如果我們不把太極圖看成雷電符號，其實它所呈現的漩渦狀，在象徵學當中也代表凡事要從內而外發生轉變了！這些都代表四個人的力量和特質結合起來，會激發出一股超越他們自己本身的力量，到了最外圍的花瓣，可以解讀成奧修常說的「開花」，也就是讓一件事達到最顛峰的狀態。這樣的狀態，是牌面上這四個人處於個別狀態時無法達到的境界。這張牌「團體大過於個人」的性質，讓我想到音樂老師常說的：如果兩個人唱歌分別有六十分，那麼二重唱截長補短，一起唱可以達到九十分程度。「火之4」的團結，可以大幅提升原來的自己。

數字牌

雲之4

延緩 *Postponement*

牌名：延緩

- 元素：風。
- 牌圖解說：明明是一大片美好的景色，但是圖中的人卻把自己的期待和眼光限制在一塊小小的範圍之內。這除了是一種怠惰的表現，我覺得更是一種缺乏自信的意味。把自己的注意力放在很小的安全範圍內，代表一個人覺得自己不值得擁有更好的，太美好的生活反而會讓他不安，這種人的格局永遠打不開。

對應塔羅牌的「寶劍4」

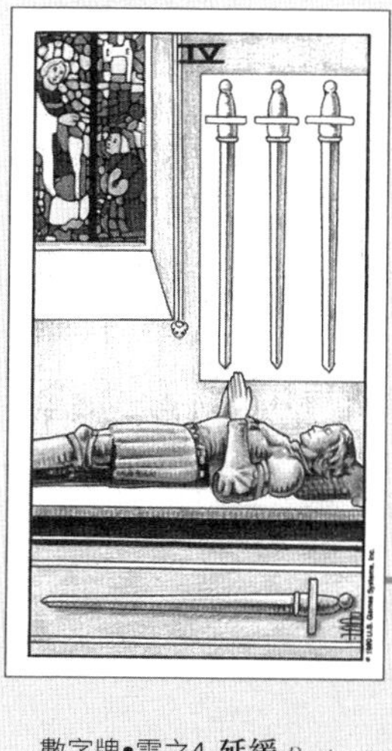

牌名：寶劍4

- 元素：風。

寶劍4

牌中的人物平躺在板床上，這個姿勢很明顯的讓人聯想到他正在休息。不過仔細想想，在休息的人為什麼要把他描繪成一個幾乎石化、沒有顏色的形象呢？這種把人變成有點像無機物的畫法，讓我覺得他不只是在睡覺，而是表示他的感官功能是處於一種關閉狀態：不看、不聽、不碰、不說、不想——逃避的最徹底境界，莫過於對外界的事物完全不起反應。就像鴕鳥把頭埋進沙子裡，就以為人家看不到牠一樣。

上一張的「寶劍3」，痛楚很深刻，或許一下子無法承受；到了「寶劍4」則有一種暫時逃到安全範圍、把煩惱摒除在外的意味，但摒除不代表是把煩惱解決了。風元素的寶劍一向代表傷害和混亂，但是由代表穩定和框架的數字4來框住風元素，可以暫時收到一點平息效果。圖中的一支寶劍壓在他的身下，表示隱憂仍然存在，另外三支寶劍仍然指著他的上三輪，表示讓他煩惱的事情還是不斷蠢動，直到他醒來就不得不面對。綜合以上的結果，可以知道「寶劍4」最主要的是有「暫停」和「逃避困難狀況」的意思。

雲之4——延緩

比起「寶劍4」，這張禪卡就比較強調「要及早行動」，如果你只是一直躲在舒適地帶，那麼開始行動的那一天永遠都不會來到。雲（風元素）在禪卡系統中代表一種「頭腦的障礙」，象徵顏色是灰色；我們可以看到牌圖中除了中間一方小小的格子是彩色的，其他更大部分都被灰色遮住了。這個被遮蔽的動作，就像是數字4代表的含意，頭腦（雲）會恐懼未知，害怕自己無法掌握的狀況，所以寧可讓自己停留在很窄的領域內，以免事情超出自己的控制範圍。

●畫地自限，只會讓你成為平庸的人，過平凡的日子

「寶劍4」是為了替「寶劍3」的狀況止血，所以停留在一種「暫停」的狀態。但是「雲之4—延緩」，則是在「雲之3」的封閉找到出路後，又因為種種理由以及對未知的恐懼，重新替自己設下了藩籬，沒辦法徹底跨出去。這已不像「寶劍4」只是暫停狀態，「雲之4」是因為在小地方缺乏勇氣而變得苟且偷安、只坐而言卻不能起而行，這樣的心態會影響未來的長久性，以及身為一個人的格局和氣度。雖然平心而論，走安全牌、謹慎地活著看起來並沒有太不好，但是這樣的人生難免會留下些許遺憾。

舉個嚴重點的例子。我在當企畫部上班族時，年輕又不怕挫折，除了公司要我寫的案子，我自己也會主動想其他可能的開發方向，寫個草案遞出去，當然多數是被打槍，無功而返。不過，偶爾還是會激發出一些新火花，或是開發出可以讓業務部嘗試的新方向，那時對我來說，案子是否會過已不是重點，重要的是在多次徒勞無功之中，可以有幾次漂亮的突破，就很足夠了。就像淘金的人，必須篩掉多少泥沙才能有一些小小的金礦，但這麼一點點成功就足以抵過大部分時間的失敗。

有一天，同為企畫人員的同事對我說：「我覺得妳做事情太沒有效率了，都在亂槍打鳥，成功率那麼低，一點都不值得。妳有沒有發現妳過案的比例很低？而我提的案子幾乎有九成都會過。妳不能再這樣浪費時間下去。」我說：「我的過案率只有三成，但我一個月提十個案子，就會過兩、三個。妳提案率有九成，但三個月提不了一個案子。依絕對值來說，妳才是在浪費時間。」

她的狀況就非常像「雲之4—延緩」，永遠在觀望，永遠在看「不能做」的理由。就是因為她怕失敗、怕案子過不了沒面子，怕給自己額外的負擔，這種種的念頭就像是雲所代表的障礙，而數字4也有一種過度想自保的性質，這兩個部分加起來，讓她沒有辦法努力把自己的工作範圍拓寬，也讓她的工作成績就像那塊小小的彩色方格一樣，雖然看起來工作品質不錯，但永遠只停留在同一個程度。

至於輕微一點的例子，就是永遠都在念著：「我明天就要開始減肥了。」

水之4

轉入內在 Turning in

牌名：轉入內在

・元素：水。

・牌圖解說：外界的干擾，只有在你自己願意去看時，才有辦法影響你。牌圖中的女人閉著眼睛，把注意力放在自己的內心，旁邊的牛鬼蛇神對她來說，就像是不存在一樣。這張牌要說的是，應該適時放下尋求外在的認同與證明，回頭去注意自己真正的感覺。

對應塔羅牌的「聖杯4」

牌名：聖杯4

・元素：水。

聖杯4

牌圖中的人坐在綠樹蔭下，代表的是休憩以及不往外行動的意思，在塔羅牌中，聖杯通常代表一種夢想和喜愛的動力，但是面對舉到他眼前的聖杯，圖中人採取的姿勢卻是雙手交叉於胸前，雖然像在思考，但在肢體語言中，這也代表一種防衛及不信任。因此可以知道，他對自己下一步該做的事以及外界的環境，都是沒有什麼信心的。

數字4本身就是一個容易畫地自限的數字，而水元素被動、消極、容易缺乏信心，或以為別人都比自己正確，所以在數字4的範圍內，水元素不會有太多束縛感，反而會覺得在這個框框內是安全的，走出去才會碰上不好的遭遇。對這張牌來說，已知的缺點比未知的優點來得可接受多了。牌圖中的人盯著遠處的三個杯子看，並且很認真地在考慮要怎麼去做，卻對已經拿到面前的那個杯子視而不見，因此「聖杯4」有點空想的味道，計畫很多，真要開始執行時又不由自主地放棄或逃避。這張牌的性質，就是想很多卻沒有勇氣跨出第一步，所以消極、眼高手低、容易倦怠，也是「聖杯4」會出現的狀況。

水之4——轉入內在

相較於「聖杯4」，這張禪卡對於要遁入自己的世界，採取的並不是逃避或不想面對，相反的，她的神情愉悅、態度平和。但這張牌真正的重點不在於「往內」的態度，而是可以成功不受外界的擾攘影響，將心思凝聚起來，去感受自己真正的需求及想法。至於「聖杯4」就是因為容易受到他人干擾，所以對於外界沒有什麼抵抗力，也才必須用一種不去面對的方式來保護自己。

在禪卡「水之4—轉入內在」中，數字4就真的代表一種安穩和定力，比較沒有那麼重的限制意味。而奧修觀念對於水元素的解釋，比較偏向愛、潛意識、內在的指引這一類層面，因此水元素加上數字4，就會更為內化、能跟自己平靜相處，也最能夠看到真相。在這張牌中，數字4就真的有「保護」意味，也能代表寧靜和專注，不讓心思過於分散。

●能安住在當下就不虞匱乏，你需要的是內省而不是外求

這張禪卡有很強的「安住在當下」、「不受干擾」的意味，看牌圖中女子的頭部四周有許多猙獰面孔，這些面孔代表欲望及企圖；點出了我們每個人往往都不滿意現在的自己，一直希望自己有更高的薪水、更好的身材、更高的職位……即使設定的目的達到了，我們也還是永遠會想要再上一層樓。因此不管我們的成就有多大，永遠都沒有辦法安下心來，好好休息以及享受已經擁有的一切。

數字4本來就是一個只代表基礎的數字，在塔羅牌代表的是：在基礎之上還要建築更高的東西；但在禪卡系統中，數字4雖然是基礎，但這個基礎就是自己的內心，只要你把自己的心穩下來，或把身邊的事情處理好，那其他額外的東西就會自然衍生，根本不需要自己汲汲營營去追求。

容易被外界干擾的人都有一個特點，除了「不滿足」以外，還有「不知道自己要什麼」。旁邊那麼多的臉代表你看到的東西：別人的享受、別人的擁有物、別人的財富。於是你會投射到自己身上，以為那也是自己所需要的，或是不能缺少的東西。但事實上，每個人需要的東西都不同，何況得到某些東西，或許你必須付出另一些相對的東西作為代價。我們為了一個理想中的情境不惜付出任何代價，到了最後卻發現我們失去的早已超過收穫本身，這是人生百態中屢見不鮮的例子。

如果能像這張「水之4—轉入內在」一樣，不盲目追求，而是了解自己，把力氣放在當下我們所擁有的，沉浸在其中，可能你會發現很多追求都是多餘的，你所需要的其實都夠了，更多的追求只是刺激而已。你不可能買光這個世界的商品，你只能放下你不需要的東西；再說如果你本身具備快樂的能力，根本不用透過擁有才能快樂，而且這種快樂要真實且踏實多了。

彩虹之4

守財奴 *The Miser*

對應塔羅牌的「錢幣4」

牌名：守財奴

· 元素：土。

· 牌圖解說：這個女人看起來充滿猜疑，不信任的心情讓她無法跨出自己的小圈圈，無法跟他人交流。這是因為她要保護懷裡的一堆珠寶，但是財富無法流通，就跟沒有財富差不多。她的猜疑和小氣，讓她就算擁有財富，也無法過自己想要的生活。

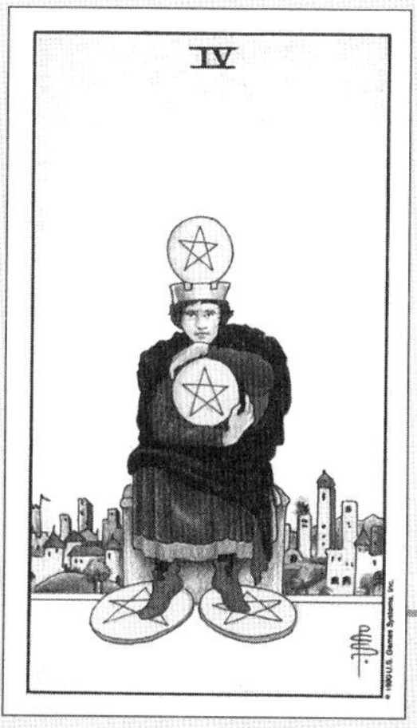

牌名：錢幣4

· 元素：土。

錢幣4

數字4的性質跟土元素很像，這兩個性質加在一起，就會格外僵硬頑固，但是好是壞則完全取決於這張牌在什麼問題、什麼位置出現。不過，因為凝固不動的性質太重，在需要靈活和溝通的事件上若抽到這張牌，就會失去彈性，也很難找到突破的空間。

這張牌抓住的不僅是財物，土的性質也是利益的象徵，所以這張牌也會緊守住權力、威望等既得利益不放，但是它把力量全部投注在「守成」上面，所以完全沒有餘暇去開發、拓展自己的其他方面。因此「錢幣4」的優點，就是一旦得到了，就不會再耗散掉也不會崩垮；但缺點是，它只會守住原本已經擁有的東西，沒有餘力去多得到一些，更不可能再創造，會長期只能維持在一個固定的程度無法成長。雖然看起來像是穩定持平，但我們都知道隨著年紀增長，很多事情都是不進則退的，沒有突破就會被淘汰。「錢幣4」的土元素已經很緩慢了，再加上數字4的封閉性，穩定性可以，但是要出色可能就會有點難度，成就更是會來得比較晚。心態方面，也有太守舊、權力不下放、難以溝通的傾向。

彩虹之4——守財奴

塔羅牌的「錢幣4」把自己的立場緊緊封鎖住，不管是資源或權力或未來，都被他自己的見識局限在一個小小的範圍內。「彩虹之4—守財奴」也有同樣的問題，金銀珠寶本來應該是用來裝飾自己、讓自己變得更美麗的，但是她不穿戴而是抱在懷裡，代表她不但跟「錢幣4」一樣緊抓住身外財物不放，更代表她甚至並不真的了解這些東西的價值，抓住不放僅僅是為了想占有，以及滿足自己的安全感而已。

象徵物質世界的彩虹，強調的是物質的轉瞬即逝，彩虹最美好的地方，就是如果你不試圖抓住它，把它當成一場演出而非一樣你可以抓住的東西，它就可以非常精彩，留下美好的經驗。但畢竟彩虹不是實體，如果你認定自己可以擁有它、把它收藏起來，那你就注定要失望且徒勞無功。

●不懂得放手的道理，只會讓占有逐漸侵蝕你的心

圖中這位女人手上的珠寶雖然價值連城，但只有兩個方式可以為你帶來好處：一是你賣掉它，交到喜愛它的人手上，換得可以支配的金錢。二是拿這些珠寶來適當地穿戴打扮，不是盲目展現，才能讓它幫妳變得更美。這也是物質世界要用彩虹來代表的含意，你必須懂得放手，必須尊重它的出現和消逝，這樣才能體會它的美好。如果你只是擁有珠寶（也就是物質），但不經驗它、不活用它，那麼它什麼都沒有辦法帶給你。一樣東西必須流動才是活的，是活的才能展現出價值、才能成長。而這張禪卡的數字4，會讓她不由自主地把所有東西都掛在身上，只是擁有而非享用。

牌圖中的女人眼神充滿了不信任、皮膚老化、白髮蒼蒼，象徵她心態上已經失去了活力和熱情，她的背甚至看起來已經硬化成一道磚牆了，這使她哪裡也去不了。試想看看，如果你全身癱瘓，也失去思考能力，那麼就算坐擁金山銀山，也只是多餘的吧？這些錢無法使她更快樂更自由，反而侵蝕了她生命本來的美好。原因就在於數字4——它想把不能固定的彩虹給抓住。因此4的範圍必須被打開、土元素組成的屏障必須被打破！如果能試著放手，不再只注意「擁有」這件事，而是願意適度地放手和分享，這些財物能發揮的效益一定更大；而她會得到的，也不只是財富上的增加而已了。

「彩虹之4」因為是變幻莫測的彩虹，一旦違背自由的本性，就會變得比「錢幣4」的那位富人還要憔悴。因為她的貧乏，並不只是缺乏金錢、缺乏安全感，而是她整個人的感情、柔軟度都已被凝固或掏空了，她的內心是貧乏的，這樣的人當然不可能讓人接近，也不可能與他人互動愉快。

數字牌組

5號牌

生命靈數中的數字5，本質是興致勃勃，
很想得到別人的注目和肯定，代表了「舞台」和「群體」。
而在一般塔羅牌系統中，小祕儀的四張5號牌卻是凶多於吉。
數字5的群體和數字3的群體不一樣，3是成為「多數」的一個最小基本數字，
所以3的群眾停留在一個平等的、類似友誼的關係結構之內，
沒有太多壓力和上下之分；而數字5的群眾，人數比3增加了一些，
雖然還沒完全社會化，但也漸漸發展出「領導者」與「跟隨者」之分。
所以，數字5有「小團體領袖」的味道，等於是人初步受到肯定和注意的數字。
塔羅牌的小祕儀通常象徵現實狀況，數字5的樂觀心態
在真實世界未必能一帆風順。你越是希望被注意、被肯定，
就越會發現有很多跟你一樣希望出頭的人，競爭是難免的，
因此也挑戰你的自我認同感。所以在塔羅系統中，
數字5是一個因為自我特色尚未形成而常需要面對競爭的數字。

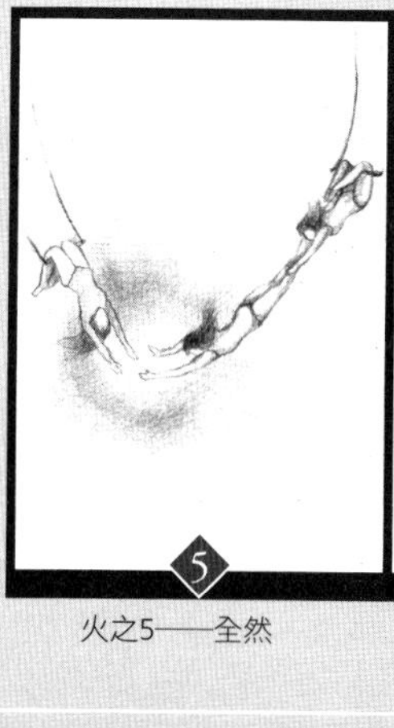
火之5——全然

雲之5——比較

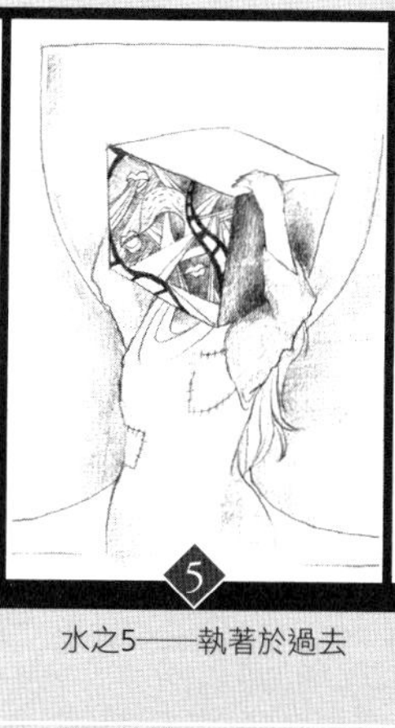
水之5——執著於過去

彩虹之5——局外人

火之5

全然 Totality

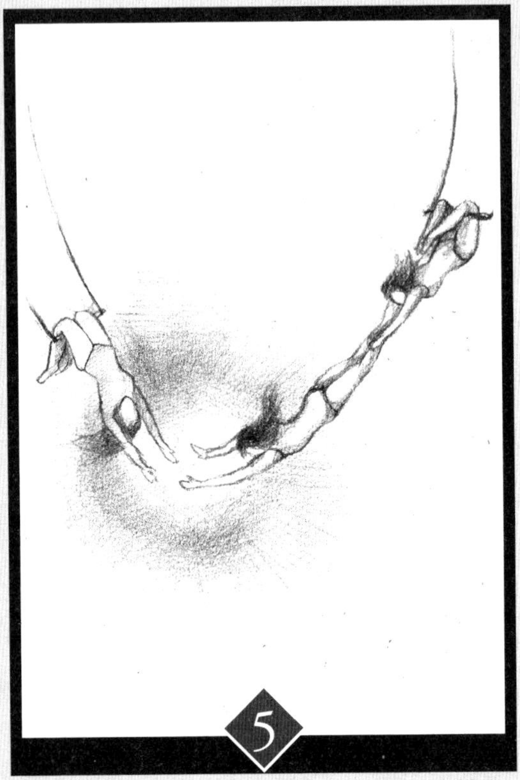

牌名：全然

· 元素：火。

· 牌圖解說：空中飛人的表演需要高度技巧、高度專注力及高度默契。每個表演者即使是分開訓練，也需要大量的練習、一定程度的天分，才能達到上台的程度，而群體表演更需要團隊成員的每個人都非常優秀，卻又能放下自我跟他人密切配合。因此這張牌代表的是全心全意地投入，忘掉自己個人的存在。

對應塔羅牌的「權杖5」

牌名：權杖5

· 元素：火。

權杖5

牌圖中有五個男人，每人手上各拿著一根棍子，看起來像是在打架。說是打架，其實戰況並不激烈（沒有人身上是有傷的），我覺得更像是在「比劃招式」，暫時沒有看出太明顯的勝負。前文說過，數字5有「分出高下」的意思，套用在牌圖含意中，會帶來競爭狀況，尤其權杖是火元素牌，火元素非常自我，且很在乎面子和榮耀，同時也代表很有本事、很有野心的個體，碰上數字5的群眾性（把這幾個應該要獨立的人聚在一起），彼此較勁的意味就很明顯了。

牌面上的五個人高矮胖瘦都差不多，武器（權杖）的長短粗細也相似，所以不只現在看不出勝負，未來一段時間要明確比出高下也很難。不過，由於火元素的特質是光明正大，所有事情都是明擺著來，所以這張牌雖然競爭意味較重，但至少還是良性競爭。數字5由於是剛從4的保護傘下走出來，雖然力求表現，但也嫌經驗不足，火元素的衝勁雖然有，但尚未培養出自己不可被取代的性質。換句話說，「權杖5」所具備的優缺點很多人都有，真正實力要長期才能看出來，個人特質也還在培養中，加上和競爭對手之間的同質性很高，還沒到可以看出每個人特色的階段。

火之5——全然

圖中三名表演者都是女性，女人的特質就是擅於互相融合和協調，會留給其他人空間，不像男性特質中帶有太多的自我意識。在這張禪卡中，數字5也代表群眾，但代表的是聚集起來後遠遠超乎個人的力量及專注程度；火元素的力量還是存在，但不像「權杖5」的力量會互相鬥爭，這張禪卡代表的力量是可以連結起來的「整體性力量」。

「火之5」採取的態度是「每個人都一樣好，與其想辦法讓自己變得比別人好或證明自己比別人強，不如直接聚集群體的力量，一起做些個人力量無法達到的事情」。想想看，空中飛人是高難度的表演項目，表演中不能存有任何私心，因為大家都是命運共同體，就是因為三個人一樣優秀，才能完美合作，有最佳水準的演出。其中只要有一個人稍微弱點或遜色點，那麼不管其他兩個人有多強，這場表演注定會失敗。因此你不能嫉妒其他人，也不能存有競爭心態，你唯一的選擇就是「合作」。

●人生無處不競爭，你是選擇合縱連橫？還是獨霸天下？

這張禪卡的牌圖，幾乎和「權杖5」是完全相反的兩個極端。「權杖5」牌面全是男人，彰顯火元素的強勢和競爭特質；而「火之5—全然」中的三名空中飛人，照奧修禪卡書上所言都是女性；「權杖5」強調的是互相爭奪比高下，而「火之5」則是合作無間，三人幾乎可以算是一個整體了。許多人會堅持奧修禪卡和塔羅牌是兩種完全不同的牌卡，沒有任何連帶關係，就是因為很多組牌就像這樣，乍看之下會覺得完全相反或沒有任何對照關係，也找不到相似之處的解釋。

但我覺得兩張牌的構成本質還是相同的，只是奧修禪卡安排了「火之5」往另一個方向發展。在「權杖5」的牌義中，由於火元素獨立又自我，跟數字5的群眾處在一起時，一定會相互排斥又明爭暗鬥。再來看看數字5，這是「面對群眾時的自我意識」，也就是才剛剛開始脫離自我感覺良好的階段，希望受到大家的承認和欣賞，但因為還沒有足夠的把握，所以別人的認同還得要靠自己的表現來爭取。然而，麻煩在於：這個群體中大家的優缺點都很接近，所以還沒有辦法讓任何一個人凸顯自己的特質，每個人都是旗鼓相當的。「權杖5」要表達的，就是證明自己有本事超越別人的辛苦過程。

此外，由於「火之5」的火元素比「權杖5」的火元素多了可以互相連結的特質，所以力量不會凌亂而分散。也就是說，「火之5—全然」的專注性、投入程度，都遠比「權杖5」的程度來得高，「獲得他人肯定」的目的，也可以比「權杖5」在更短時間內達到。

數字牌

雲之5

比較 Comparison

牌名：比較

· 元素：風。

· 牌圖解說：竹子跟樹相比，是一個很明顯的荒謬，兩者的性質和立場完全不同，要怎麼比較呢？但我們卻常常在做類似的事，拿自己的短處去跟別人的長處比，讓自己徒生沮喪；或是拿自己的長處去比別人的短處，而覺得自己很優秀，當個洋洋得意的井底之蛙。這兩者，都是不需要的。

對應塔羅牌的「寶劍5」

牌名：寶劍5

· 元素：風。

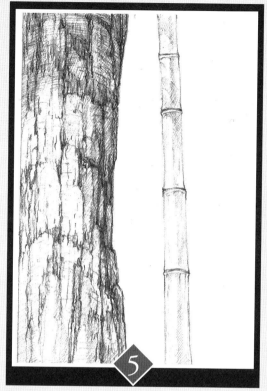

寶劍5

這張牌和「權杖5」一樣，都是陽性元素的5號牌。陽性元素本身的競爭意識就比較強，加上數字5渴望他人認同，所以這兩張牌都表現出互爭輸贏的味道。「寶劍5」牌圖中可以明顯看出，一個人看起來得意洋洋，把大部分的武器（寶劍）都抱在手上，其他轉身離開的人則是一副垂頭喪氣的樣子；因此「寶劍5」的勝敗性質強過「權杖5」，畢竟「權杖5」還在競爭過程，而「寶劍5」則是已經出現結論了。

不過仔細看，我們還會發現，勝利者似乎除了別人的武器外，沒有得到什麼實質利益，而輸掉的人似乎也沒有失去什麼。由此可知，這裡的勝負，爭的不是一個確切的目標，而是風元素代表的一種「競爭意識」，只是不想輸給別人而已，並沒有真正的競爭目標。這是因為風元素不像火元素那麼有目標，寶劍牌組一向是較為凌亂分散的牌，它們代表的只是一種念頭，而非真正想達成什麼結果。所以，我對「寶劍5」的定義比較偏向「意氣之爭」，不像「權杖5」那種貨真價實的競爭。如果「權杖5」代表的是良性競爭，那麼「寶劍5」就比較像是惡性競爭，有種損人不利己的意味。

雲之5——比較

這張禪卡的牌圖看起來平和多了，橡樹和竹子這兩者在外型、功能、生態上完全不同，卻非常平衡地處於同一個環境中。風元素的競爭意識，在這張禪卡中化為一種本質上的不同，各有各的方向和天地，不需要到真正對立的地步。牌名「比較」，其實是在說比較這個心態的不必要性，我們都知道風元素代表「頭腦」，也就是小我心智，不管是覺得自己比別人卑下、會被人看不起，或覺得自己優於其他人，別人都應該奉承自己，這些都是頭腦在作祟，因為那都是一種評價、想法，而非基於事實。

火元素的5號牌如果要比較、要競爭，會是基於實際上的成績和需要，風元素的5號牌如果起了競爭心，通常是基於嫉妒、不安、煩躁等負面情緒。火元素在5的階段，通常是真的有競爭敵手；而風元素的5號牌，常常只是把別人當假想敵，或是為了消除自己的不安而想否定別人。一旦你認定某件事情，就會形成一種成見，而這個成見將會阻礙你看到事實。當成見遇上急於證明自己的數字5，就會形成一種牢不可破的你死我活的心態，風元素的「寶劍5」很容易把攻擊別人誤當成保護自己的方式。但是更進一步來看，這些負面情緒都是虛幻的，實際上的狀況，對我們並沒有構成什麼威脅。

●比較心、分別心，都是頭腦在作祟，讓你看不清楚事實

先前說過，「雲」在禪卡系統中等於是一種認知上的障礙，它會產生比較的意識。在這張「雲之5—比較」的牌圖中，出現的橡樹與竹子就只是橡樹與竹子而已。但是如果你用家具商人的角度來看，可能會開始分析：「橡樹製成的家具堅實但沉重，會增加運送成本；竹子製成的家具輕巧舒適，但是市場上的賣價較低，會降低利潤……」。如果你用的是園藝者的角度，就會去分析兩者的種植難易度，以及所在地區比較有利於哪種植物生存。從不同角度出發，我們會得出「橡樹好或竹子好？」的不同結論，但是我們的結論只存在於我們自己的立場，跟橡樹或竹子本身一點關係都沒有；我們的論點，也不可能讓它們變得更好或是更壞。

這張「雲之5—比較」等於在闡明「寶劍5」背後的真正本質，也就是：我們的比較心都是來自於頭腦，而非來自於事實。有句話：「沒有真正的笨蛋，只有放錯地方的天才。」這就說明了，不顧一切地想要證明自己比別人好，是無意義的。我們可以永遠贏過一部分的人，也可以暫時地贏過所有人，但是我們不可能永遠贏過所有的人！與其不斷比較，還不如去選定自己適合的位置，發揮自己最大的能力，才能避免比較帶來的自我膨脹或自我貶低，因為兩者都是幻覺。

數字牌

水之5

執著於過去 Clinging to the Past

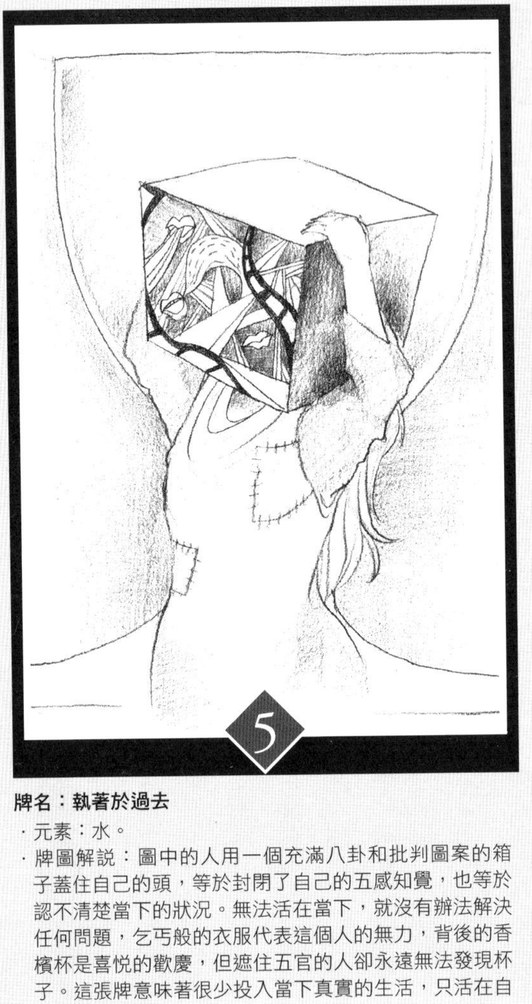

牌名：執著於過去

·元素：水。

·牌圖解說：圖中的人用一個充滿八卦和批判圖案的箱子蓋住自己的頭，等於封閉了自己的五感知覺，也等於認不清楚當下的狀況。無法活在當下，就沒有辦法解決任何問題，乞丐般的衣服代表這個人的無力，背後的香檳杯是喜悅的歡慶，但遮住五官的人卻永遠無法發現杯子。這張牌意味著很少投入當下真實的生活，只活在自己的成見當中。

對應塔羅牌的「聖杯5」

牌名：聖杯5

·元素：水。

聖杯5

這張牌最大的特點，就是那件黑色的披風。披風整個裹住了身體，黑色代表遮蔽和沉重，這個部分顯示出他的情緒低落，以及不肯放開的心態。圖中的五個杯子，有三個杯子是倒下且水已經流失，這代表曾經有過很多的情感與希望（由水來象徵），但現在已經都落空了。因此，這個人沒有辦法面對自己失去的東西，帶有自暴自棄和自怨自艾的成分。

數字5帶有比較和競爭的含意，但是水元素並不擅長爭奪，一般來說，水元素都傾向以退讓和包容的方式來解決眼前的狀況。然而，數字5帶來的競爭性，不是光靠退讓就可以了事的，那是一種不得不如此的環境狀況，就算你的本意不是要比較，但就是會有很多不斷追趕你、超越你的人事物，逼得你不得不再三地檢視自己的不足之處。這種狀況久了，難免會形成對自己的不滿意，也更沒有辦法從悲觀的情緒中跳脫出來了。通常陽性元素遇到數字5會產生混亂；而不會主動競爭的陰性元素遇到數字5，則會轉向自我壓抑，不但求不到認同，對自己的懷疑也會更深。

水之5——執著於過去

圖中女人身上那襲如乞丐般的襤褸衣衫，就等同於塔羅牌「聖杯5」倒掉的那三個聖杯，也就是她所失去或缺乏的東西。套在頭上的那只盒子框住了她的視野，使她停留在某個狀況中走不出來，這樣的含意等同於黑披風。女人身後那只發亮的香檳杯，等同於「聖杯5」中沒有倒下、裝滿水的兩個聖杯，代表她仍然擁有、可以享用，卻沒有注意到的東西。

就如同牌名「執著於過去」，這個女人無視於她身後那個代表慶祝的閃亮杯子，卻穿著一身破衣服，並用一個象徵各種繁雜事物的盒子把自己的頭套住，讓自己看不到其他的可能性。看起來她很愚昧，但她做的事卻是我們每個人都可能會犯的錯誤。

●過去意味著你無法挽回，能由你做主的，只有當下

有一個很好的例子，可以同時讓我們看到「水之5」的正反兩面。著名的蘋果電腦公司是一間領導市場潮流、市值極高的公司，當年由幾個毛頭小子創建而成，韋恩（Ronald Wayne）是當時的股東之一，蘋果公司原始的LOGO就是他設計的。當時他已經五十歲，眼看著賈伯斯一票小伙子接了大訂單，要貸款兩萬美元當資金，他因為曾經投資失敗，陰影揮之不去，對於要貸款這麼大一筆錢孤注一擲，覺得壓力很大，越來越恐慌，過沒多久就把他的持股以八百美元賣掉，而那一成股票現值高達七千多億台幣。

這就是韋恩第一個符合「水之5—執著於過去」的行為，他沒有分清楚，每一次的投資都不一樣，兩家公司也不同，再說他在蘋果電腦公司沒有太大的責任在身，這家公司又是因為要擴張而非經營不善才揹債，照理來說沒有那麼大的危機，但是他完全被自己的恐懼征服（恐懼是水元素，數字5是被困住），做出也許是他這輩子損失最大的一個決定。

到了二、三十年後的現在，對於以前錯誤的決定，韋恩反而能夠坦然看待。他在接受媒體採訪時說：「當年誤判情勢，只能承擔後果，我從不浪費時間去後悔，否則早就住進精神病院了。」這是面對「水之5」狀況時，一個很正面的回應之道—不陷在裡面，繼續往前走。

數字5帶來的競爭性，在一向是「往內走」的水元素影響下，變成是自己內心的鬥爭，而非與外界的競爭，精神壓力也大於其他三張5號牌。

我們最大的痛苦是來自後悔過去的事，以及擔憂未來的事，但我們不可能回到過去或飛到未來解決這些事情，我們唯一有辦法處理的，就是當下的狀況。因此「水之5」這張牌，雖然牌名叫「執著於過去」，但我想它隱含的重點訊息，卻是「只有當下才是我們有能力改變和掌握的」，這也是唯一可以解套的方式。

數字牌

彩虹之5

局外人 *The Outsider*

對應塔羅牌的「錢幣5」

牌名：局外人

· 元素：土。

· 牌圖解說：門上的鐵鍊並沒有真正上鎖，所以這個小孩進不去 的原因不在門被鎖住了，而是他還太小，找不到進門的方式，或者甚至不知道自己進門要做什麼。這意味著我們沒有自信或不夠強壯時，即使眼前沒有任何阻礙，我們也不敢前進。但總有一天小孩會長大、看清事實，堂而皇之地走進屋裡。

牌名：錢幣5

· 元素：土。

錢幣5

這張牌一般都解釋得很簡單——就是「貧窮」。因為牌圖中就是兩個窮人，什麼資源都沒有，就算旁邊有個漂亮的大教堂窗子，看起來他們也是不得其門而入。但是我們要深入來看，「貧窮」本身不見得是重點，重點是貧窮帶給我們的是一種「受困」的感覺。圖中的人不只窮，他們的衣物單薄，其中一人肢體不便，又置身在不良於行的冰天雪地中，不管他們要去哪裡，都比其他人要艱難好幾倍。因此，我覺得「進度遲緩」和「重重障礙」，是「錢幣5」更為核心的含意。

土元素已經像顆大石頭般，形成過不去的路障了，數字5又加強互不相讓的感覺，兩者加在一起就會像是「卡住」、「被困在某個處境中」的感覺。我們可以從數字5發現，你遇到的困難（那股阻礙你的力量），跟你本身的力量是不相上下的，所以它可以對你形成困擾，讓你沒有辦法不花大力氣去處理它。除了障礙本身會擋路之外，它還會消耗你的心力，所以不管你面對任何事情，抽到「錢幣5」，代表過程都是艱辛的，大部分的人都會在中途放棄，以免受到更大的挫折。

彩虹之5——局外人

這張禪卡看起來像是一個被拒於門外的小孩子。我猜之所以會畫小孩，應該是代表在某方面的不成熟，例如：時機還沒到，或者還沒做好準備，或者往後還有更好的選擇等等。所以，圖中的小孩子雖然失落，但是其實等到他再長大長高一點，一切事情可能就會水到渠成，現在的困頓和無法行動，對他來說只是一個培養、等待長大的過程。

彩虹雖然和錢幣一樣都是代表土元素，但錢幣代表的是物質世界中堅實的一面，而彩虹代表的是物質世界中無常的那一面。所以彩虹代表的土元素，一遇到數字5，意味著事情停滯，無法前進也看不到轉機。但是，雖然它跟「錢幣5」一樣都面臨困頓，但是彩虹的僵局比錢幣來得短暫且容易被打破，就算是停滯期間，彩虹還是會有很多細微的變化。所以，兩張牌雖然都會讓人心煩意亂，但是「錢幣5」必須要努力想辦法去打破現況，而「彩虹之5」只需要等待時機，靜待出現變化的那一刻就好。

●讓你自己變大，問題就會變小

其實，這張禪卡的牌圖，還有另一個重點──門被鍊條纏住，但鎖頭卻沒有鎖上。這代表事情本身難度並不高，就如同前文所述，只是時機未到或還沒有準備好。這就像我們會常常遇到的狀況；當我們的實力還沒儲備完全時，即便使盡力氣還是無法如願，但等到我們把注意力轉回來，讓自己慢慢壯大起來，原本看起來很困難的事就會在不知不覺中做到。

遇到麻煩時，我總會想起這樣的話：「如果你覺得問題很大，表示你太渺小了。」當我們受困在問題中時，自己的高度和問題是一樣的，這讓我們會很吃力地去應付這個問題，而且就算焦頭爛額也可能處理不好。但如果你先把問題輕輕擱著，把力氣花在自己身上，自我提升到另一個層次，再回頭看時，你會發現原來讓你煩惱的事情並不難解決。訣竅就是：讓你自己變大，問題就會變小。

在「錢幣5」中，你想完成的事進度緩慢，代表環境的阻礙和不利，這張牌也許鼓勵你要付出耐心與努力，用時間把問題一點一滴克服。但是在禪卡「彩虹之5」中，這種過程的停頓，不妨視之為一種恩賜──時間拉得越長，你每一步的根基就扎得越深；加上土元素5有一種寂寞、被孤立的味道，這反而可以培養你不借助任何外力、獨立完成一件事情的能力。

很多人之所以能成功，是因為有貴人相助，或是有群眾力量相挺；而「彩虹之5──局外人」之所以能成功，靠的是堅忍不拔的精神，不靠他人的幫助，而群眾對他的孤立，反而會形成一種「無人打擾」的優點，讓他不斷鑽研再鑽研，不會模糊焦點。因此，這張禪卡雖然過程會漫長艱辛，未來卻可以走到一般人無法達到的地步。

數字牌組

6號牌

6在數字學中，象徵平衡、和諧、美好，在所有的形狀中，
六角形也是最穩固的，比如蜂巢就是築成六邊形。
所以6代表一種「社會性的和諧」，不是人情交流的那種感情好，
而是人跟人之間互相需要、互相扶持。
這種互相依靠的關係，代表一種集體的安全感，所以
傳統塔羅牌的四張6號牌都是非常正面的牌，就連一般較為負面的寶劍牌組，
在「寶劍6」這張牌也還有喘一口氣的餘地，並暗示
有可能會成功掙脫眼前不好的局面。但是接觸奧修學說的人
都知道，奧修傳達給我們的，比較鼓勵我們保持自己的叛逆和獨特性，
不要我們迎合群眾或永遠讓自己身處在安全地帶。
因為在舒適的群體中生活久了，我們就有可能失去自主性，
也失去突破和犯難的勇氣。所以奧修禪卡的四張6號牌，
除了「火之6」因為搭配獨立和勇敢的「火」，而成為一張很好的牌之外，
其他三張6號牌所代表的情境都屬負面的。

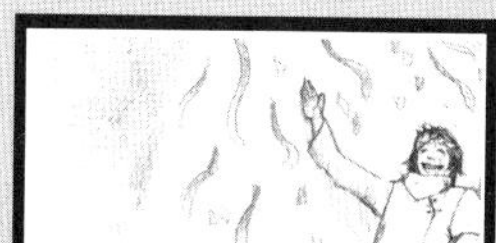

火之6——成功

雲之6——重擔

水之6——愛情夢

彩虹之6——妥協

火之6

成功 Success

牌名：成功

・元素：火。

・牌圖解說：一個人歡慶，與塔羅牌「權杖6」的牌圖類似，不同點在於，這張禪卡不需要群眾，也能為自己的成就喝采。坐騎是一頭老虎，象徵自我的意志和能力既不用跟隨群眾，也不需要他人肯定；腳下踩的地球象徵前人的經驗及自身的努力基礎，這是一張不但超越群眾、也超越自我的牌。

對應塔羅牌的「權杖6」

牌名：權杖6

・元素：火。

權杖6

圖牌上眾人簇擁，等於是數字6的「群眾和諧」；騎士戴著桂冠，似乎是凱旋而歸，象徵了權杖（火元素）的個人成就、魅力、受注目，強勁獨立的火元素遇上和諧周到的數字6，產生了非常好的協調結果。數字6是一個與人為善、顧全大局的數字，軟化了火元素原有的鬥爭性、侵略性及殺傷力；所以這位騎士的成功，並不是來自於掠奪或戰爭，比較像是在一場競技中獲勝，或是得到極大的榮耀和肯定。而6這個數字是眾人共享的，代表他的榮耀不能獨有，或是他會有今天的勝利是來自其他人的支持和鼓勵（就如同偶像和粉絲之間的關係）。

我認為這很像載譽歸國的人，例如曾雅妮、楊淑珺，或是在國際發光發熱的導演李安，他們的勝利不會讓其他人顯得渺小，反而能夠與有榮焉。另外，對於這張「權杖6」，我覺得也帶有「民主」的含意，因為在民主制度中，雖然總統是整個國家中位階最高的人，但他是經由人民投票選出來的，他的權力是人民「借」給他的，他只是暫時有「使用權」而已，全體人民才是權力的真正「擁有者」。

火之6——成功

這張禪卡雖然圖面結構和塔羅牌的「權杖6」看起來相似，但是仔細看，還是看得出象徵物有些許差異：首先，圖中的人是騎著一頭老虎；其次，旁邊簇擁圍繞的群眾不見了。如果缺乏「眾人」的含意，是不是違反了6號牌的本質呢？

就奧修傳達出來的訊息，群眾、多數或大多數的社會基本價值觀，都是我們必須去超越的東西，而不是讓我們去依靠的，數字6就代表這種「大眾觀點」與「社會性」。但是我們不能人云亦云，也不能因為多數人都同意某件事，我們就放棄了自己的思考，把整體的價值拿來當成自己的價值，也跟著附和。換句話說，「大家」給你的忠告和經驗談，都是讓你當踏腳板用的，不是要你陷在別人的判斷中，失去自我的決定權。

●至少給自己一次機會，當一次百敗不餒的傻瓜

在這張禪卡中，「權杖6」在旁邊歡呼的那些群眾不見了，反而化身成了老虎腳底下的那個地球，供老虎在上面行走。這意味著「群眾的價值」（由地球代表），不在於他們會分擔你的責任、分享你的榮耀，而在於他們的經驗法則是你的借鏡，可以變成你的養分，就像腳下的地球一樣支撐著你，讓你得出屬於自己的結論和觀點，不再重蹈他們的覆轍，也不需要變成他們的一份子。

老虎象徵的是自我價值，對「自己」擁有絕對的意志和主導權，可以不用在乎他人的看法和評斷，發掘出自我真正的優勢及獨特之處，並經由地球（群眾）的支持，脫穎而出，走上自己的道路。雖然不是跟眾人一起走，卻可以超越並領導眾人。

相較於「權杖6」，禪卡「火之6」並不完全像上文提到的曾雅妮等人（當然有部分特質是一樣的），我覺得更像是《這一生，至少要當一次傻瓜》的作者——種蘋果的木村阿公。他種有機蘋果的方式違反了所有農夫的常識和經驗法則，在找出自己的蘋果園最適合的耕種方式前，他不斷反覆實驗，淡然看待身邊人的勸阻、嘲笑或攻擊。這些痛苦的經驗，最後物極必反，讓木村阿公看到了人類是怎樣和蘋果的本質對抗，所以最後讓他可以放下控制的心態，種出最有價值的蘋果。

在這個例子中，眾人的反對及失敗的過程，都化身為牌面上老虎腳下的那個地球，為木村阿公的成功打下深厚的基礎，最後木村阿公找到了和蘋果樹共同努力的方式，他變成了那隻老虎——屬於自我的主導權，最後他的蘋果供不應求，也就是騎在虎背上的人享受著屬於自己的榮耀。雖然眾人已經認同他，但到了這個時候，其他人的認同與否，早就不重要了。

雲之6

重擔 *The Burden*

牌名：重擔

・元素：風。

・牌圖解說：這是一張代表「社會化」負面意味的牌。牌圖中可憐的男人揹著一個頤指氣使的歐巴桑，這讓我們聯想到自己身邊的三姑六婆，她們可能對你一點都不了解，卻想逼你照著她們的價值觀過日子。而她頭上的公雞，更有一種搞不清楚自己身分的感覺。但可悲的不是這種人的存在，而是你把他們的意見當一回事。

對應塔羅牌的「寶劍6」

牌名：寶劍6

・元素：風。

寶劍6

船中插著的六把劍，在一般公認的塔羅牌義中，代表過往的傷害。劍仍插在船上，代表傷害並未完全去除，但至少這艘船正在「離開」；船上的婦人雖然駝著背、披著圍巾，看起來有點消沉，但圍巾是樂觀進取的黃色，代表她即將從過去的傷害中慢慢恢復。

這張牌中最能代表數字6的，就是撐船的船夫。他的角色是幫助船上的婦幼，離開過去會對他們造成傷害的人事物，他是一個「協助者」，數字6的含意就是公眾社會的群體連結，表示大家都在同一條船上，好或壞都會互相影響，因此幫助別人也等於幫助自己。寶劍代表的是風元素類型的傷害，也就是經由言語和觀念的衝突造成的情況，就算是沒什麼好牌的寶劍系列，在遇到有療癒效果的數字6，傷害和不好的記憶還是可以被慢慢撫平。所以在這張牌中，表示經由其他人的協助和接納，可讓當事人遠離對他不好的情境，重新展開另一段生活。

雲之6——重擔

比起火元素，風元素是意志較不堅的元素，同樣是遇上數字6，火元素可以把群眾變成推力，還是站上高位；但是很容易混亂的風元素，遇到6這個會有太多人給予關心和建議的數字，就會變得更無所適從，往往會演變成父子騎驢的現象，被別人的意見牽著走，弄得自己身心俱疲。

在上一組牌中，禪卡「火之6」把「權杖6」的支持者（或稱為粉絲團）變成了老虎（自我的意識）腳下的地球，把數字6從支持分享變成了支撐穩定。而在這一組牌中，禪卡「雲之6」卻把「寶劍6」的「熱心協助者」，變成了他背上的那個老太婆和公雞。

牌名「重擔」，背負的是「眾人的評判」，是一種在大家的指指點點下失去自我意識的情形。我們可用鄉下的「人情味」來類比，有些人會覺得有人關心、注意，在自己需要時自動幫忙，讓人備感溫暖；

有些人會覺得這樣造成了很多無形的壓力、失去隱私權，寧可自己解決。這就是數字6的一體兩面。

●雖千萬人吾往矣，面對輿論，你要有做回自己的勇氣

在「雲之6」牌圖上這個形容憔悴的男人背上，有一個頤指氣使的老太婆，告訴他該怎麼做。這讓我想到很多三姑六婆（不限女人），從來不管別人的人生規畫，也完全不了解你的個性，就自以為是的建議你：你都三十了，該結婚了……是時候了，你該生小孩了，再拖下去，會變老姑婆、變高齡產婦。如果這些話真的聽進去就慘了，他又不會幫你養小孩，也不會為了你的婚姻負責。

還有些人會說，你應該放棄你的夢想安份當個公務員、你現在應該以賺錢為優先、你應該要務實工作、你應該……。你問他為什麼？他會說，因為大家都是這樣啊，我們當年也是任勞任怨走過來的，所以你一定也要這樣做才對。但他絕對不會為你設想到今昔不同，環境改變了，價值觀也不同了。這些人講話前從來不會思考，只為了表現自己是對的、是睿智的，他們的人生是值得參考的，就隨口給你一千種建議，但腦子裡從來沒有替你好好設想過。如果你想要讓每個人滿意，把每句廢話都聽進去，那麼你的下場就會跟這張禪卡上的男人一樣，沮喪又失去方向。至於那隻喔喔叫的公雞，象徵的是一種主流價值觀人士，那種自以為正確和優越的心態是你不需要放在眼裡的。雖然數字6還是有它的好處，我們活著也不應完全脫離群體；但是如果你無法不在意他人的評價（像小說《飄》中說的，那個時代的紳士，最關心的事情永遠就是「鄰人們會怎麼說呢？」），永遠都生活在人言可畏的恐懼中，就會完全失去自我的力量。這時的你，至少應該脫離眾人的影響一陣子。

在「雲之6－重擔」這張禪卡中，當事人還是必須抽離現況的，只不過在塔羅牌中，婦女和小孩是經由他人的協助，而「雲之6」則要靠自己的勇氣和決心，才能逃離他人的眼光和評價，真正做回自己。可見他人的幫助，仍然比不上自我覺醒來得重要。

水之6

愛情夢 The Dream

牌名：愛情夢

· 元素：水。

· 牌圖解說：圖中的女人把視線放在一幅男女情愛的幻影中，她相信這是她想要的，也相信如果愛情順利可以讓她的生活快樂起來。這種情形不限於愛情層面，我們會在不同面向上犯下類似的錯誤，比如我們在事業上的成就要靠老闆、我們的幸福是由配偶決定的、我們的缺陷是父母造成的……如果相信這些，就等於把自身的決定權交出去了。

對應塔羅牌的「聖杯6」

牌名：聖杯6

· 元素：水。

聖杯6

水元素與數字6是非常相配的組合。水元素代表的是感情、溫暖、善意和關懷，而數字6是群體共生，家庭、社會乃至於國家都跟6的社會組織性有連結，兩者搭配在一起，就是一種深深的人情味，沒有絲毫自私成分。偉特牌的「聖杯6」，把不同的人聯合起來變成一個群體，彼此休戚與共，因此從老朋友、熟悉的人、舊情人、親人，到故鄉、懷舊、美好的記憶，都可以由這張牌來代表。

牌圖畫了兩個小朋友，更強調了人與人之間在感情上的真誠交流，以及美好溫暖的特質。這種感情是熟悉的、令人安心的，可以回味一輩子，就像穿上舊衣服一樣輕鬆自在。人與人之間既沒有防衛和猜疑，沒有彼此驚嚇或競爭的意味，這是一張代表理想國度的牌。家人關係通常會出現這樣的牌，如果是情侶或工作夥伴抽到這張牌，表示已經與對方變成生命共同體了。

水之6——愛情夢

塔羅牌「聖杯6」歌頌「人人愛我、我愛人人」的觀念，但是禪卡「水之6」告訴我們，不應該再帶著偷懶的心態，幻想情人或至交或家人有義務要解決我們的一切問題。因為在互相依賴的關係中（不管哪種關係），成長會停止，而你渴求的人有可能離開、變質或死亡，你如果藉著依賴構築出幸福景象，也終究會在分開時而幻滅。

在靈性的境界中，水元素是一切愛的起源，它非常圓滿、強大和完整，幾乎沒有事情不能透過愛來取得平衡。比起一般我們認知中的情感，靈性定義中的愛——也就是水元素代表之物，格局太大、境界太高，這是代表一般人類社會結構的數字6所容納不下的。奧修說過：「有一件非常複雜難懂的事需要被了解：如果沒有愛，你會覺得寂寞，但如果有愛，你真的在愛之中，你就會是單獨的。」

• 你要在愛中成長，成為一個完整的個體

孤單寂寞是哀傷的，但單獨不哀傷。孤單是一種不完整的感覺，你需要某個人，而這個人沒空。但，單獨不一樣。單獨意味著你是完整的，你不需要任何人來使你完整，愛讓你觸及到內在，真正的愛使你完整。伴侶們彼此分享，不是出於他們的需求，而是他們自然洋溢出來的能量。但是我們一般凡夫俗女是很難做到的，反而比較常落入互相需索的狀況。你有沒有回頭想過，在尋求愛情伴侶時，你往往希望他能懂你的心思，知道你的需求，給你所祈求的，並且幫你趕走寂寞、孤單和恐懼。這樣的心態找的往往是一個能照顧你的人，而不是愛人，更像是父母或朋友的代替品。這種愛情縱容你沉溺在幻想中，但沒有辦法幫你看清楚自己。所以世間上大部分的愛情，往往是互相需求、互相期待的成分大過於彼此相愛。

數字6帶來的連結性質，以及水元素的被動和幻想性，會讓我們無法掙脫這種渴望，渴望處在安全中，渴望一個什麼都不用煩惱的境界，並且理所當然地認為有些人應該為了我們的喜怒哀樂和幸福負責。我們服務的企業應該保障我們的晚年、我們養的孩子應該孝敬我們、我們投注心血的事物應該要按照我們的期望發展……，這些都跟我們對愛情的幻想沒有兩樣。但是沒有人能夠為你的幸福負責，因為真正的幸福和安全感，永遠來自我們自己看待這個世界的心態，而不是來自外界或他人。

很多人都有一種普遍的誤解，就是：(1)我一定得要找到我的靈魂伴侶，不然就會不完整；(2)靈魂伴侶一定是以情人、配偶的身分出現，也就是所謂的真命天子（女）；(3)靈魂伴侶能帶來完美的愛，我從此不用再經歷愛情的磨難。可惜的是，靈魂伴侶不等於量身打造的情人，家人、朋友甚至寵物，都有可能是你的靈魂伴侶。如果靈魂伴侶以情人的身分出現，他更有可能磨練你、揭穿你，逼著你褪去虛假的外殼。因為如果不能幫你改變，你們的相遇就失去意義了。

彩虹之6

妥協 Compromise

對應塔羅牌的「錢幣6」

牌名：妥協

· 元素：土。

· 牌圖解說：圖中這兩個人看起來相處得並不融洽，雖然沒有發生衝突，但他們的表情緊繃，並排站在一起卻沒有真正的交集，僅僅是小指頭相觸，代表維持著一點點連繫而已。這是一種「雖不滿意但可勉強接受」的狀態，一旦說服自己接受不夠好的狀況，就會失去進步的原動力。

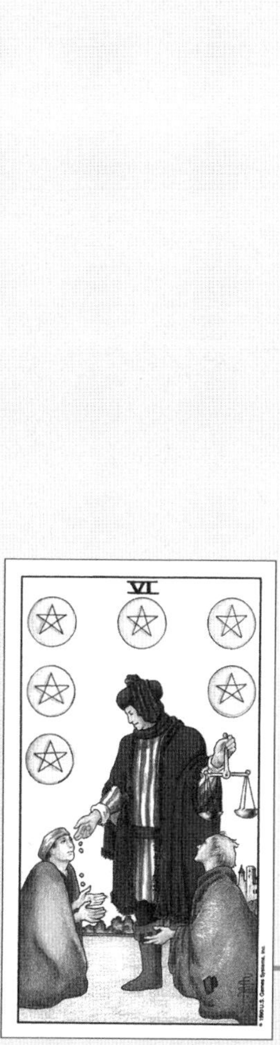

牌名：錢幣6

· 元素：土。

錢幣6

數字6和土元素的組合，比起跟水元素搭配更適合。因為6本身就有「社會性、組織化」的性質，表示一個社會要大家都願意付出，才能維持運轉，在某個人失去能力時，也能得到其他同族群的幫助；而這一點，跟土元素的「組織、社會、群體道德」的性質非常契合。所以牌圖上是富人救濟窮人，很多塔羅書會解釋為這是雙方不平等的依賴，但我認為意思正好相反。

圖中的富人把錢施捨給窮人，這是一種錢財平衡，如果沒有一般社會大眾的付出和消費，富人的生意或產業就無以為繼，所以富人有「取之於社會，用之於社會」的義務，這就是所謂的「企業責任」。不同於一般生意人只需顧及賺取利潤就好，企業和社會大眾是唇齒相依的，就像有人說過：「神明是了不起，但如果沒有信徒，神明也無處容身。」我認為這很現實，但也很傳神。因此，適當維持兩者平衡是必要的，把財富分配給他人也是一種利人又利己的表現。

彩虹之6——妥協

塔羅牌「錢幣6」認為互相施捨救濟是一種社會平衡機制，但禪卡「彩虹6」則認為這不是一種值得長久維持的狀況，太過依賴別人生存，必定會捨棄自己的自尊及生存目標，是妥協而非真正的和平共處。所以，每個人都應該徹底去面對自己所遭遇的問題，靠著自己的力量去解決。如果長期、過度的接受別人幫助，久而久之會失去獨立解決問題的能力。

大家都聽過「削足適履」這句成語，為了擠進別人認同的模子裡，寧可硬生生地切斷自己的某些部分，或許因為這個部分跟其他多數人不一樣，為了迎合所有人，讓自己被團體接受，你必須把自己獨特的一面隱藏起來或否認它、撲滅它，這是一種捨本逐末的行為。你希望大家接受你，但你卻否認了自我的特質，這時被大家接受的早就不是本來的你了。當你都不接受自己了，其他人也不可能接受真正的你，你只能委曲求全地活在這個團體中，不好不壞，這就是「妥協」。「彩虹6」的牌圖很有意思，圖上兩個男人是日本的宮廷侍者，都是被去勢的輕罪犯；而這也代表你想被一個特定的環境接納，就必須切掉自己的一部分，把自己擠進一個特定的模子裡去。

●當我們從別人那裡接受的越多，自我失去的就越多

歐美國家有健全的社會福利制度，不管老、幼、殘、弱或失能，都有國家用人民的稅金來照顧這些弱勢族群，這就是塔羅牌「錢幣6」所代表的意思。事實上，這些所謂的福利國家，長期以來也引發了不少爭議，最常被提到的缺失就是：這樣的福利政策養成了依賴性，讓許多弱勢人口緊抱援助不放，不願自行謀生。這種靠國家養的心態長期下來，只會弱化這些人的能力和自信，一天比一天苟且存活，變成了依賴社會施捨的寄生蟲。「彩虹6」就點出了這個現象——當我們從別人那裡接受越多，自我失去的就越多。

世界知名的孟加拉「鄉村銀行」，主要的業務就是提供不用擔保人及抵押品的小額貸款給一窮二白的人，只要你能提出經營事業的構想，鄉村銀行就願意無條件借款給你。創辦人尤努斯（Muhammad Yunus）因此獲得了諾貝爾和平獎。他曾經提到，他反對用救濟方式幫助窮人，因為那等於徹底否定了他們靠自己能力生存的本領；社會真正應該做的，是給予他們自立的資源，幫助他們靠自己的力量站起來，這才是長久之計。

簡單來說，如果「錢幣6」代表的是這些國家行之有年的「金錢救濟福利制度」的好處，例如慈善、公平、社會互助等概念，那麼「彩虹6—妥協」，代表的就是這種福利制度解決短期問題後所衍生出來的負面影響。同時我們也更清楚地看到，數字6的整體性在某些狀況下，是需要犧牲個體的獨特性來維持的，並不全是美好的那一面。

數字牌組

7號牌

上一個數字6，大致上已經達到最平衡及最協調的階段，雖然不是非常富有，
但需要的都不缺，身心靈各方面也都舒適愉悅。
因此到達數字7的階段已經不用再證明什麼，之所以再往前行動，
完全是為了挑戰自我、突破現有的程度。畢竟太過平穩的好日子，
會讓人形成偏安心態，這就是不進則退的道理。
數字7的階段已然經過了一番歷練，不再像數字3或5需要到處走跳，
把重點放在人際關係上面；7的計畫性較強，也有著確切的目標和專注力，所以
如果一副牌中出現數字7的牌較多，代表當事人有可能正在計畫進修、
學習某樣專業知識，或是想突破目前的僵局。數字7是處在什麼都不缺的情況下，
因為不是出自於恐懼和匱乏，所以如果鎖定一個目標，
表示就一定是真心想要的，因此行動力也會很強。
火元素和土元素的特質：目標導向、認真、專一、願意徹底執行，與數字7的性質
最合得來，也較容易成功；而風元素和水元素較為渙散，跟數字7搭配在一起，
很有可能想的比做的多，或是計畫很久最後卻不如所願。

火之7——壓力

雲之7——政治手腕

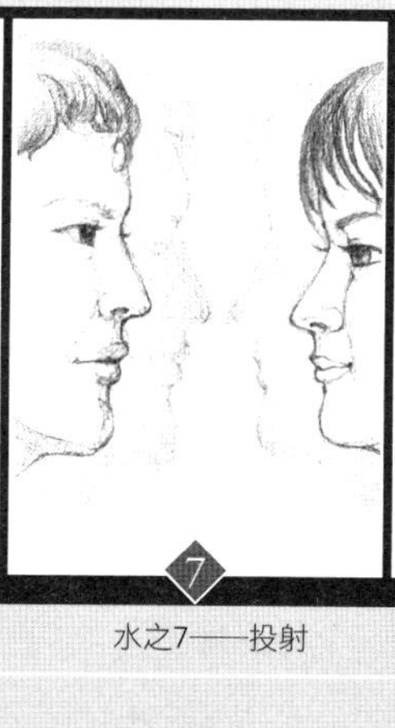

水之7——投射

彩虹之7——耐心

火之7

壓力 Stress

牌名：壓力

- 元素：火。
- 牌圖解說：圖中的人想要同時做很多事，但是每一件都無法專心投入，我個人覺得有一種貪心的成分在裡面，什麼都想做，但也什麼都做不完全。不專注投入的事，基礎就不穩，就像站在氣球上一樣，只要猴子用一根針就可破壞全部的平衡了。

對應塔羅牌的「權杖7」

牌名：權杖7

- 元素：火。

以塔羅元素為鑰

權杖7

這張牌呈現的是火元素的幹勁及數字7的專注努力，牌面上有一種「一夫當關，萬夫莫敵」的狀況，暗示這個人可以打敗所有橫亙在眼前的難關。這個人拿著一支權杖，像是在對抗衝著他來的六支權杖。他的位置在牌圖上方，六支權杖雖然在數量上占優勢，在牌圖中卻是位於下方，表示這個人雖然以一擋多，他要進行的事情會有很多挑戰及阻擋因素，但狀況和規模卻都是他個人能力可以解決的。雖然不會一路順風，但都是有驚無險，成功的過程會比較艱辛一點而已。

火元素很努力且一心一意往自己想要的方向衝刺，加上數字7本來就有努力和提升的意味，兩者加在一起，代表「權杖7」為了讓自己更上一層樓，願意付出相對的代價，也願意承受磨難，意志力和決心是不能小覷的。只要「權杖7」一出現，就會發現當事人對於想做的事是心無旁騖的，務求在最短的時間內達到最大效益。數字7視提升自我為目標，不輕易放棄，甚至會打死不退，剛好彌補了火元素較沒耐性的缺點，讓這張牌做起事來有不屈不撓的毅力。這張牌不但做自己喜歡的事會堅持到底，如果他成為你的員工或幫手，能力和意念也超強，是可以一個人抵好幾個人用的得力助手。

火之7——壓力

禪卡「火之7」強調的則是另一面，就算不清楚牌義，光是看到這張禪卡的牌圖就夠累的了。一個人同時想做很多事，把自己累到面紅耳赤，一點都無法享受當下的感覺，就算他努力到最後有了成果，恐怕也沒辦法從中獲得太大的快樂。因為他已經忘記他真正的目標，而把力氣全放在「趕快把事情做完」上面，重量不重質的結果，即使所有事情都完成了，空虛的感覺也仍舊會持續。

此外，我們仔細看看他在做的事：拋接蠟燭、吹喇叭、踩氣球……看起來都是困難、耗費心力，但實際上卻沒什麼建設性的事；旁邊看熱鬧的猴子只要用針輕輕一戳，他所有的努力都會瞬間垮台。這讓我想到金庸小說《神鵰俠侶》中，絕情谷主的「閉穴功夫」：「公孫止家傳武藝，可以封閉穴道使敵人無法有效攻擊，但飲食不能沾得半點葷腥，所以裘千尺曾說過這門功夫難練易破，不練也罷。在楊過與公孫止二度交手時，裘千尺用計以兩碗血茶騙得公孫止喝下，破去他苦練多年的閉穴功夫。」這張禪卡的人物所做的事同樣有「難練易破」的特質；而人總是不願意相信生活可以簡單一點。

●想要快樂地到達終點，就不能一路揹著包袱走

為什麼這一組牌，塔羅牌原本的含意會跟相對應的奧修禪卡差這麼多呢？熟悉奧修演說內容的人就知道，奧修對於世俗定義下的「努力」說的是：「讓我重複一遍，沒有努力你將無法達到，但沒有人曾通過努力而達到。你需要巨大的努力，然後時刻一到，努力變得無用。」也就是說，「努力」是為了達到某個目標的「手段」，但是這張禪卡把「手段」變成了「目的」，那就注定要徒勞無功了。

火元素本身在奧修理念的定義下，是一種自我的超越和提升，一種不從眾、不追隨的自我獨特性；但是加上了數字7的強烈企圖心，反而會把「手段」視為「目標」，讓你的心從向內變成向外，注意太多不需要的小細節，就會讓你慢慢偏離核心價值。這就像工作、家庭、興趣，可以幫我們確認自己活著的價值，但價值就在我們自己身上，不在工作或家庭或興趣這一類「你必須做的事情」。如果把這些輔助的東西當成價值本身，一旦失去它們，你就不知道自我的價值在哪裡了。因此這張「火之7」之所以命名為「壓力」，是因為很多我們覺得很重要的價值，有時反而會是我們的包袱。如果我們同時想完成太多事、想擁有太多，那麼這樣的貪心就會讓你在過程中迷失，忘記原來做這些事的目的了。

如果你也處在「火之7」的壓力狀態，就該想辦法把複雜的事情簡單化，畢竟我們很多努力和付出，是為了最後的快樂。所以，應該想的是如何達到「快樂」這個結果，甚至在當下發現快樂的存在。

數字牌

雲之7

政治手腕 Politics

對應塔羅牌的「寶劍7」

牌名：政治手腕

- 元素：風。
- 牌圖解說：看到這張牌，很多人應該會感覺到不太舒服。牌圖很明顯就可看出一個人表裡不一、口蜜腹劍，和善的面具配上猙獰的真面目，狡詐的蛇取代了象徵禮儀的領帶。事實上，我們每個人多少會有這個表裡不一的成分，當粉飾太平變成一種普遍的生存方式時，我們就很難全然的真誠。

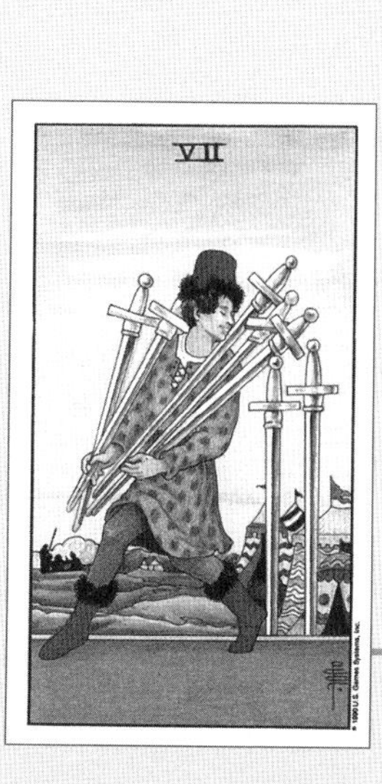

牌名：寶劍7

- 元素：風。

寶劍7

這張牌很像我們小時候沒見過世面，卻老覺得自己很聰明，調皮搗蛋時就盡做些掩耳盜鈴的事，以為只要瞞過自己，就可以瞞過大家。往好處看，我們也幹不了什麼太嚴重的壞事；往壞處看就是，如果我們傷害不了任何人，這樣的小奸小惡就更沒有任何意義了。牌圖中的這個人想要避免戰爭，就把對方的劍（武器）全都偷走，還自鳴得意。問題在於，這樣並不是釜底抽薪之計，躲得了一時躲不了一世。這張「寶劍7」的故事，象徵捨本逐末，永遠在排除多餘的水，卻不知道要把水龍頭關起來，乍看之下像是個聰明人，但永遠在做一些損人卻也不利己的事情。風元素雖聰明，卻是渙散、沒有意志力的，數字7會鎖定一個確切的目標，想要更上一層樓，但是配上風元素容易傾向用取巧、作弊的方式，讓自己和別人都以為目標已經達成了，實則不然。不過，這種特質也不是全然沒有好處，在需要努力踏實的時候，「寶劍7」的性質會顯得太奸巧，但如果需要急智來應付突發狀況，「寶劍7」就可以發揮臨場反應，因為這不需要考慮到後續的長期效應，只要當下應付過去就可以了。

雲之7——政治手腕

這張禪卡雖然與「寶劍7」構圖不同，還是看得出相似之處：同樣都帶有虛偽、欺騙以及不真誠的含意。「寶劍7」比較是鑽旁門左道，雖然品性不佳但也沒有很嚴重，算是個小人（還不到壞人地步）。不過「雲之7」的政治手腕，狀況就比較嚴重，倒也不是它更壞，而是「雲之7」欺騙別人的同時，也矇蔽了自己，並會忘記自己本來的面貌。

這張禪卡的圖面，一眼就可看出牌名「政治手腕」是什麼意思。塔羅牌的「寶劍7」雖然奸巧、愛鑽漏洞，但是傷害力不太大，只是最後徒勞無功而已。但這張「雲之7」的牌圖卻顯示出天真的面具後面竟然藏著一張居心叵測的臉，這不僅是欺騙他人，也代表他的欺騙沒有給自己帶來好處，反而讓自己的處境越來越不利。這張禪卡，除了包含「寶劍7」那種便宜行事、愛走旁門左道的毛病之外，另外還帶有一種性質：想利用意識形態和花言巧語來控制他人，並將沒有價值的事物加上美好的包裝，以矇騙手段來讓大家接受他的說法。這種政治手腕不限於政壇，在宗教、學校、商場、職場全都可以見到。奧修說過：「一個宗教團體，不會有宗教性的存在，凡事一旦變成了組織，就只會是政治，不會是別的。」因此所謂的政治手腕，不只是一種狡猾的心態，政治手腕一旦獲得優勢，會對你產生極大的影響力。我們對政客的謊言都很有警覺性，但對廣告、愛情、學校的偏差思想卻沒有任何抵抗力，政治手腕讓各種意識形態變成了我們的常識，從不起疑，也失去改變的能力。

我對這張禪卡代表的意思，還有一些看法。雲是風元素，風代表形式，也就是一種官方或大眾的認可，數字7是想更上一層樓，但是晉級需要強韌的意志力和企圖心，風元素卻是渙散又想抄捷徑的；此外，雲象徵一切矇蔽人心的表面形象，所以「雲之7」的含意即：想達到某種程度，但不想增強實力來顯現（風元素的投機取巧），就賦予某樣東西一種證明或認可，一旦貼上標籤，大家就容易被洗腦或欺騙。所以有沒有教學熱忱和內涵不重要，大家要看的是你有沒有教師資格；有沒有醫德不重要，只看你有沒有念完醫學院；只要打著「理財專員」的名號，自然有人會送錢給你……。

這種形式還包括各種口號：拯救異教徒、保護國家主義、維護世界和平、依法行政等等。喊著口號，一切巧取豪奪、私相授受都可以變成正確的。還有「廣告詞」：結婚一定要買鑽戒、情人節一定要送玫瑰花、表現自我一定要喝某種飲料……。當然也包括了「傳統社會觀」：一定要結婚、一定要生孩子、找份好工作才是為人生負責的表現等等。

我們就像被催眠一樣，照著已設定好的路線走。因此「雲之7－政治手腕」這張牌一旦出現，你要注意的不只是謊言，更要仔細檢視每一個本來覺得理所當然的念頭，看看這些舊有的觀念是否防礙或限制了你。因為不管政治手腕再怎麼高明，決定要不要被它控制的，只有你自己。

數字牌

水之7

投射 Projections

牌名：投射

· 元素：水。
· 牌圖解說：這兩個人雖然面對面，但竟然看不到彼此；他們眼中看到的，是自己幫對方描繪出來的樣子，或者說，是對方一向以來的言行形成的殘像。我們生存在社會上，很難不給每個人貼標籤，但是一旦下了評判，就很容易錯過對方的每個改變，也無法做出正確的回應。

對應塔羅牌的「聖杯7」

牌名：聖杯7

· 元素：水。

聖杯7

錢財、名聲、美貌、智慧等顯而易見的寶物都裝在夢想的杯子裡，還飄浮在半空中，看起來很不踏實。因此，懂塔羅牌的人都會為了「聖杯7」的不切實際而笑。其實，牌圖中的狀況卻是我們常常在做的事：畫大餅、發白日夢，雖然說有夢最美，但如果不能配合實際行動，空想完再對照現實，只會讓自己覺得更加無力。牌圖上層中間的杯子裝的是未知的事物，我覺得這代表：如果我們沒有真正去行動，就會渴望別人擁有的東西，卻不知道那些都只是表面的，最珍貴的東西或許是努力過後的滿足感，或許是發現自己真正的渴望，或許是了解自己現有的一切比不切實際的欲望還珍貴，這些一定要自己親身投入才會明白。

風元素和水元素都是渙散元素，數字7則有著不放棄和堅毅等認真的特質，因此這兩種意志不堅的元素若碰到數字7，壓力就會很大了。風元素的「寶劍7」面對壓力，是以閃躲、作弊、耍伎倆、顧左右而言他等欺瞞他人的方式來面對；而水元素比較柔弱又容易躲進自己的世界裡，遇到數字7往往承受不了壓力，但夢想性的本質又讓水元素也會渴望更上一層樓，因此「聖杯7」就很容易自我安慰或自欺欺人，想像著一個因為沒有行動而永遠不會到來的「未來」。

水之7——投射

雖然這張禪卡的牌圖與「聖杯7」差異較大，但共通之處是都帶有「虛幻」的成分。「聖杯7」代表的空想，是我們每個人常常會發生的狀況；同樣的，這張禪卡也是我們每天不自覺會陷入的狀況。牌面上一對互視的男女，卻是用一層虛幻的外圍來對看，感覺看到的並非真相。其實，不只是對感情上的伴侶，我們看我們身邊的事物，也或多或少帶了我們自己的某種投射。

上一篇提到的「雲之7—政治手腕」是一種有意識的欺騙，帶有極強的控制欲，並善於催眠他人，這種帶有謀略的特質是很明顯的人格缺陷，但正因為明顯，所以只要肯面對，當事人自然會知道如何調整。但是「水之7─投射」不同，這張牌是不自覺地「扭曲自己看到的一切事實」，原因很簡單，就是「人往往無法看到超出自己認知範圍以外的事物」，所以無法接受某件事情中自己不了解的部分，就把看到和感覺到的一切裁剪成自己可以接受的樣貌。這雖然是一種自我保護的方式，但數字7要的是成長和突破，水元素的逃避方式只會扼殺成長的可能性。

• 穿越虛幻的迷霧，你才能看清頭腦設下的假象

牌圖中的一男一女分別籠罩著另一張虛幻的臉，代表的是對方眼中的自己，並不是他們真正的樣貌。為什麼我們每個人都會看不清楚別人的真面目呢？答案是「頭腦」在作祟，一旦我們認定某件事，就會自我設想，把這個「定義」套用在每件事情上面，因此沒有辦法看到它真正的樣子。舉例來說，如果你曾經被人用甜言蜜語欺騙過，很有可能會因為恐懼而讓你只信任對你惡形惡狀的人，因為你會自動把好聽的話解讀成欺騙的前兆。事實上，有人讚美你或許真的是為了要放鬆你的戒心，但也有人是真心地讚賞你的優點。但是一個充滿限制的頭腦，會認為自己的經驗法則才是真相，因此你看到的只是你對他人的一種既定觀念，換言之，你看到的是你內心的成見。內在的恐懼往往會扭曲外在的事物，而水元素的脆弱情感成分，總是會讓數字7無法成長、超越現況。

在感情中，這種「投射」現象往往最容易發生。我認識一個女孩，男友對她既冷漠又自私，但女孩覺得她爸爸對媽媽也不會主動噓寒問暖（但爸爸沉默的態度，其實是不善表達），所以女孩將男友的態度解釋為「因為他當我是自己人，所以我們這是平淡卻長久的愛，當然不需要太多熱情和討好」。在這個例子中，「水之7─投射」的作用，變成了一種被自己的期待扭曲，一味相信自己想要相信的人，因此看不見顯而易見的真相。如果要達到數字7的成長，唯有認知到自己的逃避和狹隘後，才有可能突破。

彩虹之7

耐心 Patience

牌名：耐心

‧元素：土。

‧牌圖解說：這是一個幸福洋溢的準媽媽，安然等待著寶寶出生。雖然上方陰晴圓缺的月亮，暗示要等到生產的那一刻還需要一段時間，但這些時間並不是白白度過的，寶寶需要這些時間讓身體和頭腦都發育成熟，以便健康的面對人世。這張禪卡意味著如果沒有耐心，最好的結果就不會顯現。

對應塔羅牌的「錢幣7」

牌名：錢幣7

‧元素：土。

錢幣7

圖中的人若有所思地看著從樹上結出來的七個錢幣，雖然農作物看起來生長得很好，收穫也會很穩定，但是這個人顯然認為一直維持目前的收穫量是不夠的，他很想知道有什麼方式可讓農作物的收成再提高。但是之前的耕作方式已經很穩定了，想要再進步不能急躁地改變原有的模式，以免失去原來的優勢。反而是要長期觀察，找出問題所在或是可以再改善的地方，讓收成更上一層樓。我們都知道沒辦法揠苗助長，要突破原有的限制得要從各方面觀察，也許是土質要改良，也許是肥料要換，也許是耕作方式要改進……一個小小的地方就有可能影響全局。這張牌代表的是要以謹慎的耐性，一步一步照著自己想要的目標前進。

錢幣代表的是土元素的扎實性和穩定性，一直緩慢又踏實的持續前進；而數字7是往前突破和升級，由此可知，錢幣7是用一種很謹慎又不張揚的方式，慢慢往前邁進。這張牌的進步可以說是「不求贏過所有人，只求今天的自己贏過昨天的自己」；因為有這樣的耐性，很多事情一旦成形就會非常可靠，而且幾乎可以確保永遠都在前進中（雖然速度不快）。所以這張牌象徵的是：實事求是，以及充滿實踐力（土元素）的求知（數字7）精神。

彩虹之7——耐心

這張禪卡的「耐心」與「錢幣7」略有不同，並非一步一步小心地前進，而是放手，讓事情隨著自己的節奏醞釀成形，不急躁也不強求。從這張禪卡的牌圖（懷孕的女人）配上牌名「耐心」，就可知道這是一個非常需要時間的過程，如果太快達成或太早看到成果，反而是不好的。每件事情都有它的自然節律，就像不同季節有不同的水果和蔬菜，即便科技進步到可以用各種方式催熟農作物，但只要不是當令的作物往往容易腐爛，不僅栽種過程容易生病，收成的作物在口味上也會略遜一籌。

•強摘的果子不甜，時候到了，一切自然就會順理成章

「錢幣7」的土元素是低調、一步一腳印的，所以它的特質就是很努力地掌握每個環節，去「製造」出想要的成果，過程會比較艱辛，細節也很繁瑣。但彩虹代表的土元素不一樣，彩虹象徵過程中的活動，充滿了自然而然的性質，包含天時、地利、人和等要素，所以不像錢幣代表的土元素那麼具有「控制」性質。數字7則是代表了想要從原有的層次再提升，而彩虹代表了會用一種「讓出空間，讓一切該發生的自然發生」的狀態。如果是用彩虹的方式來達到數字7的進步，那麼應該抱持著一種「做好所有該做的事，成果自然會顯現」的心態，與「錢幣7」細心規畫每個步驟是有很大不同的。

牌圖中懷孕的過程，同樣是不能催促的，要有足夠的時間讓一切步驟逐漸成型，就像圖中上方的月亮有陰晴圓缺一樣，誰都無法在不恰當的時候，表現出最完美的形態。如同食物的烹調也需要火候，智慧累積也一樣需要人生的歷練。很多事情如果是速成的，表面上看起來好像目的達到了，但內在不夠成熟就會不穩定，往往不堪一擊；很多我們覺得是浪費時間的過程，或覺得在原地踏步，其實都是一種「打磨」，人生中的每個經驗都不會是白費的。

我曾聽一個靈修的人說過，心靈的成長需要作為，也需要等待，努力有努力可以培養出來的特質，而沉潛也有沉潛所培養出來的特質，這兩種過程都是我們需要的，沒有一方可以取代另外一方。如果用一些速成的方法，讓自己的靈性頻率快速提高，其實沒有用，因為你達到了那個高度，但是心靈的支撐度不夠，最後還是要回頭把缺繳的功課給補齊。

所以，不如就讓該發生的一切都發生，不要去區分有用或沒有用，很多事情都要到最後一刻，你才會知道為什麼會發生，而最終的成果才會是完整的。

數字牌組

8號牌

在物質世界中，8已經達到頂點了，等於是世俗層面中的最終一程。
在塔羅牌中，各種元素到了第8號，就表示累積到一個巨大的程度。
8代表眾多、巨大、富足，與華人常說的「8＝發」的意思是相同的。
但數字8也有其缺點，因為8等於是兩個4，數字4的頑固、拒絕改變、封閉，
到數字8時都會加倍，所以8的決斷力、頑強度及意志力都不能小看。
既然堅持加倍，數字8的權力也比4來得更大更穩固，擁有的物質豐盛度也更多。
畢竟在歷經上一個數字7的努力突破原有限制後，數字8的地盤擴大了很多，
變得更強大、更有自信、更能掌握局面，它的權力範圍不再是個人化的，
8已經突破了自己，而它的影響力已經拓展到周邊的人事物上了。
基本上，8是一個好數字，但是搭配不同的元素，結果又不同了。
8是專注度非常高、控制性很強的數字，因此如果目標渙散、需要自由流動的風元素
和水元素遇上數字8，反而會有被限制、甚至喘不過氣來的感覺；
而本身目的性就很強的火元素和土元素，
遇上數字8這種堅持到底、收穫豐碩的數字，就會結合得很好。

火之8——旅行

雲之8——罪惡感

水之8——放手

彩虹之8——平凡

火之8

旅行

Traveling

牌名：旅行

- 元素：火。
- 牌圖解說：旅行者走在險峻的高山道路上，目標看起來像是遠方的太陽，這不禁讓人想起夸父追日的傳說。但這張牌圖表明的是，所有的精彩和危險都在旅途中發生，「終點」只是一個讓我們去走這趟路的理由，而不是整件事的重點。當我們走到中途時，就會發現目標在自己的心中，不在其他任何地方。

對應塔羅牌的「權杖8」

牌名：權杖8

- 元素：火。

以塔羅元素為鑰

權杖8

基本上，塔羅牌的火元素加上數字8是非常好的，看「權杖8」的牌面，八根杖子橫在半空中，還沒有落腳在哪個地方，這代表巨大的爆發力，表示事情是迅速的且在進行中，以及事情在短時間內會有突破性的成就；由於還沒有定論，成果的規模有無限的可能性。

在短時間內能夠進度飛快，不是沒有原因的。數字8本來就是巨大的意思，而且8的巨大和豐富是「累積」出來的，就跟鑽石、石油的形成需要千萬年時間一樣，一旦被開採出來，身價也非同凡響，所以數字8蓄積的能量是非常龐大的。再來看火元素，具有引爆、開始、突破及前進等特質，像一個前鋒帶頭往前衝刺，但由於持續力和後座力一向不足，所以只能用在短期的突破或最後的臨門一腳。然而，一旦有數字8當火元素的後盾，情況就不同了，事情一旦啟動，就會形成很大的規模；就像在社會上沉潛越久磨練越久的人，一旦出手就必定是要做大事的。這張火元素8號牌，既有百米短跑的爆發力，又能有跑馬拉松的持久性，不管是短期的成就或最後的成果，都會非常可觀。

火之8——旅行

這張禪卡可以說是延續了塔羅牌「權杖8」而來，「權杖8」的火力和耐力都很充足，可以走很長遠的路，達成很大的目標；而禪卡的「火之8」號牌，顯示的是一個旅程中的景象，我們看到最終的成果是偉大的，但通往成果的路途在牌圖上占有較大的比例，因此要強調的不是終點的太陽，而是到達終點之前，那段彎曲、甚至險峻的道路。這意味著，我們不能把達到目標前所走的路途當成工具而已，事實上，一個「目標」並不是具體存在於某個地方，而是會在你行進的過程之中，一點一滴的被你自己塑造出來，並在一個適當的時機點，在你還沒意識到時，會發現自己已經到目的地了。

•人生就像一場旅行，重要的是過程而不是結果

這讓我想起，不管是以前我在網路上寫兩性文章，或現在從事占星塔羅解讀的工作，常常都會遇到一種人。他們非常想知道：「我什麼時候／要怎麼做，才會找到真命天子／女。」遇到這樣的人，我常常是費盡唇舌也無法讓他們了解我真正想說的話。在愛情裡，沒有一個叫做「真愛」的寶藏被藏在某個地方，然後老天爺故意要開你玩笑，或小器的不願把獎品給你，所以讓你在感情路上一直受挫，被耍得團團轉，最後只能靠小祕訣或是高人相助，才能把你的真愛拿到手。其實，不是這樣的。感情路上每一段看起來像是失敗、甚至損失慘重的關係，都是不知不覺的在改變你內外在的某些部分，慢慢的形塑你，等到你變成一個完整且堅強的人時，完美的對象才會出現；而在你準備好之前，就算完美對象來到你面前，你一樣認不出來，兩人也不會適合。

這張禪卡之所以用「旅行」為牌名，是因為旅行的精髓在於過程，而不在於我們要達到的目的地。試想一下，我們不管在國內外旅行，每一天最後的終點都是旅館，如果有了哆啦A夢的任意門，從一間旅館換到另一間旅館，那我們還需要旅行嗎？旅行的重點就在於路途上的所見所聞，那會滋養我們並幫助我們拓展視野，每多了一趟旅行經驗，我們就會變得跟之前有些不同，而不在於我們的護照上蓋了多少國家的簽證，或是我們買了什麼紀念品回家。有一個故事常讓我聯想到「火之8」：有個很飢餓的人，他去買大餅來吃，因為很餓，吃了一張又一張，吃到第七張才吃了一半，他終於覺得飽了，這時卻聽他懊悔地說：「早知道吃這半張餅就飽了，那我就不用吃前面那六張餅了。」故事聽起來可笑，但我們可能常常落入這樣的心態。

在我們生活的環境中，「目標」是重要的，但「火之8－旅行」這張禪卡告訴我們，「過程」的豐富以及為我們自己帶來的改變，遠比我們短淺眼光設定的所謂「最終目標」，對我們更有意義。

罪惡感 Guilt

牌名：罪惡感

· 元素：風。

· 牌圖解說：頭上有美麗的花，這個人卻看不到，擋住他視線的雲象徵一些無用的憂慮和責備，讓他困在自己充滿防衛和後悔的世界裡，看不到真正美好的事。不只罪惡感會讓人錯失美好的一切，所有的負面情緒，包括悲觀、自責、擔心、憂慮等，都會讓你對眼前的幸福視而不見。

對應塔羅牌的「寶劍8」

牌名：寶劍8

· 元素：風。

寶劍8

在塔羅牌系統中，寶劍常常代表傷害和煩惱，在這張牌圖裡，女子被八支寶劍困住，意味著她是被許多新仇舊恨、不好的記憶或對未來的擔憂給困住了。如果我們做事永遠是瞻前顧後，凡事都無法迅速下決定，那麼就會變成像「寶劍8」一樣的狀況了。外在的阻礙，比不上自己內心的恐懼。

風元素通常象徵我們的意識，意識的具體部分就是我們的想法。我們都知道風元素缺乏一個確切的目標和方向，如果沒有核心的價值觀，腦子裡又想東想西的，很容易就會走岔了路，也因為內心不夠堅定，無法堅持理念而變成畏首畏尾。最怕的是，在渾渾噩噩中做出莫名其妙的決定，然後因為結果不理想，下一次就更加保守，如此惡性循環下去。當腦袋裡充斥著負面或沒用的念頭時，生命就等於停在原地了，因為在你不知道下一步該做什麼或不知道自己想要什麼時，不管結果是好是壞，對你來說都有可能造成負面的影響。因此，「寶劍8」需要的，不是衝出難關，而是站在原地，讓心把混亂的狀況釐清，等內心一雪亮，眼睛自然會睜開，手腳也會恢復自由了。

雲之8——罪惡感

塔羅牌「寶劍8」受困的是眼睛與身體；而這張奧修禪卡，則是被一些痛苦的念頭糾纏著，從牌圖上這個人的表情，就可看出她受盡煎熬的心情了。她看起來很痛苦，但牌名的「罪惡感」讓我們知道，她並不是身處在一個很糟糕的狀況中，她周圍的環境沒有問題，但是頭腦裡製造出來的情緒卻讓她無法享受當下的生命。換言之，這是一個愛演內心戲的人：明明生活上沒有具體困擾，卻對自己有很多的苛責和擔憂。

奧修禪卡顯示的狀況常常比塔羅牌超前一步，這種無法活在當下，永遠擔憂自己處理不了問題的狀況，通常要到了風元素9號牌——「寶劍9」才會顯示出來。數字8和9同樣都是很嚴重的程度，而風元素本來就是頭腦裡的想法，頭腦中的念頭如果越來越多，你會漸漸以為自己腦袋中想的事情已經成真了，這種錯覺會讓你看不清楚真相，忘記自己目前並沒有一些實質上的困擾。從牌圖上，我們可以看到明明上方有美麗的花朵，一切都很美好，但是頭腦（雲霧）中各種負面思想卻把這些花擋住了，意味著這種人看不到生活中到處都是轉機和美好的一面。

● 無謂的擔心是一種詛咒，錯誤的責任會讓你背負著罪惡感

牌名稱為「罪惡感」，但我覺得這可以代入所有的負面情緒，比如擔憂、恐懼、懊悔、沮喪等等，因為這些情緒，都跟罪惡感一樣會占據我們的頭腦，使我們無法認清真相，把自己困在一重又一重的煩憂裡面。我們應該都看過這樣的人：永遠沒有辦法享受眼前的事物，永遠都覺得事情一定有什麼不對勁，或是不管什麼事情，他都可以找出不滿意和擔憂的地方。有個中國民間故事的老婆婆就是這種人，老婆婆有兩個已出嫁的女兒，大女婿是種田的，二女婿是賣雨傘的，下雨天她就擔心大女婿無法下田耕作，晴天她就擔心二女婿的雨傘賣不出去，就這樣輾轉反側，每天晚上都睡不著。我們都知道，其實事情只要反過來想就好了，但這張「雲之8」沒有辦法放過自己，總是覺得自己不夠好或不夠盡心盡力；但其實他擔憂的，常常是可能根本不存在的問題。

現代的人也大都有這樣的毛病，所做的事不是求發展自我，只求消除不安。尤其是很多為人父母的，恐懼孩子未來的生計，因此逼孩子去培養技能和考熱門科系，恐懼讓他們可以無視孩子真正的天分和興趣，而過度的努力和太重的責任感往往又會把人帶到錯誤的路上。如果為了做「正確」的事，而要否認自己的渴望、否認自己的天分、剝奪自己的快樂，那麼又何苦來哉？

這張禪卡告訴你，必須停止風元素那種想算計一切以消除自己不安的心態，「擔心」本身就是一種詛咒。適度放手，讓事情本身有成長的空間，不然扼殺的不只是自己，還有你重視的所有人事物。

水之8

放手 Letting Go

牌名：放手

- 元素：水。
- 牌圖解說：一顆小水珠即將掉入湖中，一旦它掉進去了，小水珠的形態就不復存在，而這會是一種死亡。但這樣的結果不見得是壞事，因為唯有小水珠死去，才能融入大湖中，用一個更高的形式存在。唯有放掉舊的，才能迎接新的，緊抓住現有的一切不想改變，就沒有新的可能性。

對應塔羅牌的「聖杯8」

牌名：聖杯8

- 元素：水。

聖杯8

塔羅牌的「聖杯8」有背離現有的一切，想再去找更美好的其他可能性的意思，抽到這張牌，明顯可知，當事人對他目前的狀況是不滿的。下一張的「聖杯9」，象徵心想事成、美夢成真，而「聖杯8」少了一個杯子，表示最後或最重要的那個部分還在缺乏狀態。所以牌圖中的人轉身離去，想去找最後的那個杯子，找到後就變成「聖杯9」，也就是達到願望，可以讓自己滿意了。

數字8是數字4的兩倍，在「聖杯4」中，欲振乏力、提不起勁的性質就已經很明顯了，在「聖杯8」中，這種懶散的感覺加強成為一種不耐煩，所以終於起身想去找找有什麼改變現況的可能性。所以抽到「聖杯8」，表示你想離開目前的環境，而且是為了更高的可能性，不只為了逃避而已，算是在消極中還是帶有一點建設性。尤其在我的經驗中，凡是抽到這張牌的，幾乎都是想分手、想離職的人，我們就可以知道「聖杯8」急欲改變的心態。

畢竟水元素是需要流動的，數字8是雙重的4，封閉及控制性太強，數字4象徵躲在自己既有的空間內不願改變，而數字8就代表在這樣的空間中待了很久的時間，這一點會讓喜歡舒適及情感交流的水元素（也就是情緒）覺得窒息。

水之8——放手

不同於「聖杯8」的厭煩，這張禪卡顯示出來的，是一種全然的放鬆和釋然。雖然同樣是要離開現有的狀況，但「水之8」的心態不同，它要投入到新的方向時，情緒不是倦怠的，而是帶有很大的信任。牌圖的畫面很美，荷葉上閃閃發亮的那滴水珠，即將掉落到下面的一汪湖水中，然後水珠的命運會如何呢？它會消失在湖水中，可以說是一種死去；但仔細一想，水珠也是水，湖泊也是水，兩者的本質是相同的，只是大小不同而已。所以水珠滴入湖泊後，它的形體消失了，但本質卻還存在，而且是以一種更寬闊的方式存在著。就另一個角度來說，我們可以說水珠昇華了，因為湖泊是無數水滴結合起來的，本質就是水滴，卻浩瀚得多。

• 放手，舊的不去新的不來，因為你值得更好的

廣義來說，水珠等於是「小我」的存在，我們都會希望自己漂亮、有錢、出名、被肯定。所追求的這一切全都是在加強這個「我」的存在，當一個人習慣擁有一切，並認為自己在這個世界上是特別的、獨立的，他就必須跟萬物競爭，才能保持自己的獨特存在。這時要他答應改變就會非常困難，即使是要讓他變得更廣更好，因為那必須瓦解他原本狹隘的自我，才能容納更大的「我」，而瓦解自我是令人恐懼的。奧修說過：「如果你拒絕死亡，你也就是在拒絕生命。」因為生命必須不斷改變和成長，如果停止改變，也就與死亡無異了。以牌圖中的水珠來說，如果它堅持維持小水珠的形態，還是會以另一種方式耗損而後死亡，同時也失去往上發展的機會。

數字8是豐盛，但也代表停留在同一個狀況很久了，必須開始改變；而水元素是一種心靈上的感受。兩者加起來，就是我們在生命的認知上需要提升，並且包容更大的可能性。舉例來說，有個月薪二十萬的工作在等你，但你必須先辭掉現在月薪兩萬元的工作；你命運中有個更好的伴侶，但你必須先離開現在這個不適合的伴侶，身邊的位置才能空出來。所以，你必須要先「放手」，才會有新的可能性。如果抽到這張「水之8—放手」，表示這個人對於改變可能會更不情願，更想抓住舊有的東西不放。這時我會告訴他們，「水之8」雖然要你捨棄你現在覺得很有價值的東西（其實可能是一份爛工作或是會打她們的丈夫，但人就是願意接受已知的壞，不願相信未知的好），那是因為你值得更好的。唯有放掉原有狹隘的思考模式和形態，我們才能擴充內在空間，提升到更高的境界。

彩虹之8

平凡 *Ordinariness*

牌名：平凡

·元素：土。

·牌圖解說：農人漫步在山間，這片美景看起來渾然天成，但仔細一看，就可看出處處都有精心照顧及維護的跡象。這張牌代表的是，美好的成果不是短時間的拚命可以達到的，必須要全身心投入，把努力的過程變成生活常態，才能在不知不覺中達到全方位的富足。

對應塔羅牌的「錢幣8」

牌名：錢幣8

·元素：土。

錢幣8

圖面上的錢幣看起來不像是「賺」來的，而是由圖中這名工匠一點一滴地精雕細琢出來的。如果用瑞士鐘錶工匠的精神來形容，可以很傳神地表達出這張牌的含意：「工匠對產品和服務的研發和製造會採取嚴格標準，他們不會把品質當成上天的恩賜，而是看成競爭的必要條件。工匠會竭盡全力做出最優質的產品，即使其他獲利導向的對手投機取巧，一樣堅持理念。」我們都知道，商品的品質並非決定銷售勝敗的唯一要素，只要擅於行銷和包裝，一樣可以勝出。但對於企業永續經營的理念和價值來說，品質卻是不可或缺的，因為它是最禁得起檢驗，不會受時代淘汰的。

土元素本來就是一個講究整體性的元素，加上數字8有兩倍於數字4的努力和專注，當然就組成一張重視每個細節、甚至吹毛求疵的「錢幣8」。我最常用「經營」兩個字來當這張牌的總結，因為經營是一種根本性、長期性的行為，不是贏得一兩次佳績就夠了，而是要長期維持恆定的水準，並時時調整，才能保持在最佳狀態。土元素加上數字8，成功雖然不會來得太快，但成果一定是豐碩且可以長期保有的。

彩虹之8——平凡

這一組牌都是在「工作」。「錢幣8」專注認真，兢兢業業；而禪卡的「彩虹之8—平凡」，看起來也跟工作融為一體，但態度卻是比較自在，有一種寧靜的感受。因為錢幣的土元素較為嚴肅認真，而彩虹代表的土元素則較為自然樸實。如果要說兩者的差別在哪裡，那應該就是「錢幣8」是把自己投入到工作中，而「彩虹之8」則是把工作變成自己的一部分，多了一些自信和胸有成竹，他的努力已經深入生活，不用在特定的時間地點或事件中才表現出來。

彩虹本來就比錢幣來得隨順因緣，彩虹的土元素有耐心，會允許一切該發生的事發生，然後凝結成最後的成果。因為已經沒有「要努力才行」的心態，反而是已經讓自己變成一個本質上會照顧每個環節的人，所以不用刻意努力，他的「努力」是自然而然的了。只要養成習慣，就不必刻意去「做」，像「彩虹之8」這樣的態度，最能夠長期保持穩定的動力，雖然看似不經意，卻可得到最大的收穫。

• 平凡才能恆久，因為那已成了你真實且自然的一部分

數字8本身有巨大的意思，但在這張禪卡顯示出來的，是它「巨細靡遺」的含意。8不只巨大，也很完整，而且會涵蓋到每一個面，就像是一台機器的每個零件都要照顧好，才能順利運作一樣。牌圖中有個像是農婦的人走在山林中，周邊的花草樹木欣欣向榮，她看起來雖然是來工作的，卻像是在跟這片山林「打交道」，跟每株植物對話一樣。就像我們常常不覺得自己在做家事，只是「順手」收個東西或擦個桌子，這是用一種完全不勉強的心態去做的，不是「努力」，卻蘊含了更多的細膩心思，以及一種真正的關懷；而「關懷」往往比督促和期待更有效果。

我見過一個很成功的房屋仲介，他一點都不覺得自己很努力，他只是熱愛房子，所以帶客戶參觀時，他自己也都興致勃勃，絲毫沒有奔波的疲累。介紹每間房子的優點時，都是他真正認同的而非話術，在完全不違背自我也不勉強的情形下，他的能量可以得到最大的發揮，所以同樣的工作他可以做得比別人好。再舉個例子，一般人買了名牌包都會雀躍不已，覺得意義重大，但是對真正的有錢人來說，再高級的品牌也不過是一家賣東西的商店罷了，他們用慣了好東西，名牌包也就是一個包包而已，沒有太特別的意義。

不要刻意去做一件事，而是要讓自己不做這件事就會變得不對勁，因為那已成為你日常生活的一部分了。這樣一來，就可以完全放掉得失心，擺脫限制，把一件一件的平凡累積成非凡，而別人眼中非凡的事物，對你來說也成了很平常的事了。

數字牌組

9號牌

上一個數字8已經是世俗和物質界的頂點了，到了數字9的階段，
表示已超越了世俗層面，進入了精神面；但是因為剛剛觸及這個層次，
數字9還是帶有較強的「轉變」意味，並不完全代表精神層次。
嚴格說來，它比較像是介於物質和精神之間的轉折點，正在蛻變卻還沒有完成。
雖然9帶有非世俗的超然，但它還是一個動態的數字，不僅因為9是奇數，
也因為「超脫」這兩個字雖然聽起來很空靈，但過程是急速且轉變劇烈的。
要超越原來的層次必須用盡精力，等於你過去所學所想，會在一個短短的時刻內
爆發出來、整合完畢並開始蛻變，這一點都不輕鬆。我們試想一下，
水到了攝氏100度會變成氣體，而水溫到了99度即將變成氣體前，
是不是沸騰得特別強烈？那是因為轉變要開始了。
雖然數字牌最後一個數字是10，但9才是我認知中的最高點。
因為10其實已經進入雙位數，變成了另一個起點，而9才是個位數的最大值。
我們還可以發現陽性元素（風、火）的9號牌較為負面，陰性（水、土）較為正面，
因為陽性元素是耗散結構，時間越長，力量就越減弱；
陰性元素是靜態結構，時間越長會累積得越穩定。

火之9——精疲力竭

雲之9——憂傷

水之9——懶惰

彩虹之9——時機成熟

火之9

精疲力竭

Exhaustion

牌名：精疲力竭

- 元素：火。
- 牌圖解說：圖中的人操控著一台看似結構完整的大型裝置，像機器人一樣的這個東西，想必可以做很多費力的事；但如果只是倒杯水、掃個地，都要透過這台機器去完成，反而是耗時耗力的事。這代表我們不用過度期待完美，要知道在何時何地放自己一馬。

對應塔羅牌的「權杖9」

牌名：權杖9

- 元素：火。

權杖9

火元素在1號牌時，威力是最強烈的，因為火元素代表的就是新生的力量，越是沒有經過雕琢加工，火元素的能量就會越純粹。但是到了數字9的階段，火元素就像是一個天不怕地不怕的年輕人，出社會經過多年碰撞後，雄心壯志被磨損得差不多了，但還抱著最後一點力氣，希望能夠繼續撐持下去。我們在接受最後關頭的考驗時，通常會有兩種可能性，一種就是過關，一種就是沒過關；而「權杖9」的火元素遇上數字9，一種可能性就是把剩餘的力氣用盡，另一種可能性就是激發出前所未有的潛力，至於是哪種結果，就要看看接下來抽到哪一張牌而定了。

雖然到了有點像是英雄末路的階段，但牌圖中的人傷痕累累還是不願放棄，由此可以顯示「權杖9」雖然體力不足，但仍是一張意志力很強的牌。我們想想自己如果沒剩下多少體力，一定會把注意力集中在簡單的一個目標上，沒有精神再去注意其他事了；也因此，「權杖9」可以完成的事情並不多，除非他找到新的能量補充來源。抽到這張牌時，表示雖然事情還有轉機，但是剩下的時間不多了，必須要奮力一搏或有一個新的作戰方式，才能扭轉眼前的劣勢。

火之9——精疲力竭

這一組牌的共同點就是都很疲累，只是疲憊原因不盡相同。「權杖9」是因為火元素的能量已經在1到8號牌中耗損太多了；而禪卡「火之9」則是給自己下了太多額外的目標，將自己的力氣耗費在一些旁枝末節、裝飾性的事情上，真正的目標反而達不到了。

牌圖上的這個人看起來不僅是體力上的耗弱，連神色也枯槁憔悴，可見心理狀況也是急需要充電的。數字9是到了最後關頭的意思，而火元素的特質是堅決，這張「火之9」表示即使事實證明他的做法可能是錯的，還是無法回頭，也沒力氣再去思考要如何修正路線了。這張牌就像一個大政府或企業單位，行政流程冗長，造成效率低落，卻沒有人想主動改變現況，最後時間和金錢都被耗盡了。

●其實把自己逼入絕境的，往往就是自己拒絕改變

塔羅牌的火元素強調的是戰鬥力和企圖心，所以「權杖9」的意思很簡單，就是戰鬥力和企圖心快被用光了，只剩一點點意志力在維持。在奧修禪卡中，火元素強調的是自我性，自尊心強烈，成見也很深、又只想用自己的特定方式來達到目標，所以禪卡「火之9」帶有「死要面子所以不能放棄」及「想證明給別人看」的雙重意味，當然會造成身心上的雙重壓力，也因此「火之9」比「權杖9」更拉不下臉，更沒有辦法放掉目前正在做的事，也就更難以脫身和改變。

牌圖中的人看起來疲累卻堅決，但他操控的那個巨大裝置看似結構堅固，卻是一個大而無當的東西。很多事情，也許不需要經過那麼多的步驟也能做好，但是他可能為了表現自己的盡心盡力，而把每件事情都複雜化，更讓別人無法支援或插手；然後他再來大喊：「為什麼每件事都需要我來做？難道沒有我，這個地球就要停止轉動了嗎？」事實上，他很享受這種「少了我就不行」的感覺，也加強他的「自我價值感」。當然，這也會把他自己綁在這個位置上，權力無法下放，只能鞠躬盡瘁死而後已。

「火之9」花了很多力氣，但都花在控制及證明一些不重要的細節上，這張禪卡讓我想到一位收容流浪狗的愛心媽媽。她整天抱怨著沒錢、沒助手、沒資源，但實際上我接觸過很多其他的愛心媽媽和獸醫師，知道幫過她的人其實很多，但是她永遠都把重點放在「某人說要當義工卻只來幫一點點忙，也沒想想我有多辛苦」、「某某人又沒有比我愛狗，但她是名人，捐錢給她的人就多，這個世界太不公平」……她把所有心思都花在跟別人計較，一心想證明只有她愛狗的方式才是對的，不懂得廣結善緣，當然會讓「有足夠的資源照顧狗」這件事變得越來越困難。

牌名：憂傷

・元素：風。

・牌圖解說：阿難正在經歷他的「靈魂暗夜」，在他覺得一切都無望，人生再也沒有意義時，現有的世界破碎了，卻反而有一個嶄新的視野在等著他。但是這必須要經歷全然的絕望才能達到，因為就在你放棄回到舊有的日子時，新的生命才有展開的空間。

牌名：寶劍9

・元素：風。

寶劍9

牌圖中的人失眠焦慮的樣子，我們一看應該就會有共鳴。因此，即使不懂塔羅牌的人，看到這張牌也會知道大事不妙。這張牌中象徵了有非常嚴重的煩惱，而且還是目前沒辦法解決的，所以除了著急之外什麼也不能做。「寶劍9」與其說是痛苦，不如說是煎熬。

寶劍代表的風元素，來到數字9更是雪上加霜，風元素的煩惱和混亂、寶劍象徵的傷害和痛苦，還有象徵「高點」的數字9一旦結合，當然就成了煩到最高點、混亂到極致！這時讓人煎熬的不只是麻煩的事，還有煩惱時隨之而來的種種負面情緒，就像是把所有不幸的事都拿著放大鏡檢視，不但無法解決問題，反而會感到更加絕望。「寶劍9」這張牌的程度，通常已經鑽入牛角尖裡，拉也拉不出來了，想要幫他一把的人，往往有可能沒幫到，反而會被拉進他的情緒漩渦裡。

這張牌因為腦神經已經極度耗弱，基本上沒有什麼判斷能力，整個人都是被情緒牽著走了。所以抽到這張牌，我都會建議對方，現在什麼動作和決定都不要做，免得把場面越搞越混亂。「寶劍9」的狀況要小心處理，一個想不開，這張牌有可能是憂鬱症或躁鬱症的前兆。

雲之9——憂傷

同樣是煎熬，但是禪卡「雲之9」的煎熬恐怕不是一般生活中的事件，比較接近我們所謂「靈魂暗夜」的感覺；而且哀傷還要更深沉一點，已經快要絕望了。如果抽到塔羅牌的「寶劍9」，我通常會說：「你再煩惱也沒用，應該盡量讓自己從那個情緒當中抽離出來，才能真正面對問題並且解決它。」而禪卡「雲之9－憂傷」的狀況，比較接近「煩惱即菩提」的概念——我們的煩惱並不是外來的，相反的，就是因為我們沒有把自己的每個部分都調適好而產生失衡現象，煩惱就由此而生了。所以你的煩惱只是在告訴你，你的心哪裡出了問題，好讓你趕快去找答案。就像我們大家都不喜歡「痛」，但痛覺是為了告訴你，你的肉體哪裡出現傷口或病變了，你才知道要趕快去治療。沒有煩惱和痛覺，你就永遠不可能知道你身心的缺口在哪裡。

風元素象徵的煩惱，在數字9的階段不只達到最高點，數字9也有「轉化、臨界點」的含意，就像越接近開悟的修行者，魔考最多。「雲之9」象徵的就是這黎明到來之前，最黑暗的那個時刻。

● 逆轉勝：考驗不到最後一刻，都還有絕地大反攻的機會

《奧修禪卡》原著中，說明這張禪卡中的人物就是阿難。阿難在佛陀的弟子中是「博學強記第一」，許多佛經就是他記住佛陀的話語記錄下來的。在我的看法中，這項才能就是他無法開悟的原因，因為博學強記是頭腦屬性（也就是風元素）的才能，卻不是真正的智慧。為什麼佛陀不立文字？就是因為語言和文字只是傳達的工具，如果太執著於文字，反而會忘掉尋找真理。阿難最擅長的就是語言和文字，記憶力又超強，這種聰明才智反而讓他無法擺脫語言文字的限制（語言和文字都是在風元素隸屬的範圍之內），在文字中浸泡太久，面臨需要放掉念頭的轉型時刻（就是風元素9的意思），就會成為內心衝突！阿難跟隨在佛陀身邊長達四十二年，卻一直沒能開悟，卻在佛陀過世、一夜痛哭後就成道了。因為徹夜哭泣讓他變得無法思考，只能用心去感受；換句話說，他拋掉頭腦的同時，等於也拋掉了障礙。

反過來說，假如他心性樂天，乖乖用老方法修行，不去煩惱的話，這個解脫也就不會發生了。因此在這裡，煩惱就是幫他開悟的起點。要表現這種「因為頭腦太好反而形成知障，在最後關頭撞牆」——「風元素＋數字9」的狀況，風元素性質超強的阿難真是唯一也是最佳的代表人物了。這張「雲之9—憂傷」，把塔羅牌風元素10號牌「萬念俱灰」但「置之死地而後生」的含意，提前做了一個預告。

水之9

懶惰 Laziness

牌名：懶惰

・元素：水。

・牌圖解説：牌圖中的男人所做的一切，我們應該都不陌生，在我們的生命經驗中，每次覺得一切都沒問題時，就是問題開始要出現了。他看起來完全放鬆了，不再保持警覺、也不再往前進，這讓他缺乏了應變能力，在事情有了狀況時，他會無法力挽狂瀾，很容易就被瓦解。

對應塔羅牌的「聖杯9」

牌名：聖杯9

・元素：水。

聖杯9

塔羅牌的「聖杯9」很單純，這是一張志得意滿的牌，曾經夢想過的種種，現在都擁有了。因此每次抽到這張牌時，我都會特別高興，這張牌的綽號就是「美夢成真牌」、「心想事成牌」，象徵當事人的願望有很大的機會可以順利完成。當然，「聖杯9」既不是火元素也不是土元素，所以這張牌的心滿意足，精神層面大過於實質層面，而且純屬個人的感覺，同樣的事發生在其他人身上，或許別人就不覺得有什麼。這是因為水元素是情感上的愉悅，而數字9又到了最高點，所以「聖杯9」的感覺就像在雲端一樣飄飄然，覺得自己別無所求了。

「聖杯9」唯一的小缺點，要從旁觀者的角度才能看到。這張牌很珍惜它的幸運，它會很陶醉在自己的好運中，並以為這會是人生最後的結局；而缺點就藏在這種心態裡。「聖杯9」很容易得意忘形，從一開始的感恩，到最後會覺得一切必須要長久維持下去才合理，在這種時候他會看不到外界的人事物，眼光和格局也開始變得比以前偏狹，因為他的注意力都放在他目前的幸福生活上，不想再冒任何險，也不想再面對其他挑戰了。太安逸的日子，長期下來是會瓦解鬥志的。不過解讀「聖杯9」這張牌時，重點還是要放在幸福和站在顛峰的感受部分。

水之9——懶惰

這一組牌的含意差不多，但是從牌名及牌圖畫法就可知道，「聖杯9」中很隱性的負面特質——得意忘形，在這張禪卡中被強調出來了。塔羅牌「聖杯9」的正面特質比較強烈，我常說這是一張「高潮牌」，就像童話故事一樣有個美好的結果；但在禪卡「水之9」中，這個美好結果並不是句點，只是一個逗點，如果停留在這個地方，那麼接下來的一切就會全部走樣。

解讀「水之9」的牌義要從「聖杯9」延伸過來。「聖杯9」代表一件事情總算走到大家期待已久的重頭戲了，以愛情來說，這張牌如果在曖昧關係中出現，代表的是告白的那一刻，從朋友邁入戀人關係；如果是情侶抽到這張牌，代表的是求婚或結婚那一刻。「聖杯9」的故事往往就是「王子與公主，從此過著幸福快樂的日子」這個劇終，大家都預期故事會永遠維持在幸福的這一刻。但是在現實世界，婚禮過後的日子，往往不會是所有問題的答案，反而常常是許多問題的開始。在這個時候，就是由「水之9—懶惰」來凸顯這件事了——同樣的志得意滿，但這種滿足反而削弱了他的力量。太舒服的日子，會讓一個人變得不思長進，最後很容易葬送自己原來的一切。

●更好才是最好，因為你永遠都有進步空間

這張禪卡的圖案是一個放鬆的男人，看起來就像是走到人生最滿意的這一刻，他覺得故事已經到結局了，所有的成就和幸福是他應得的，畢竟為了這一天，他之前已經付出了許多努力和心血。難道在成功了之後，不代表他的人生考試已經過關了，從此可以享受他努力的成果了嗎？他又為什麼要繼續花心血往前邁進，離開目前這個完美的現況呢？

奧修大師說：「活著的東西不可能完美，因為完美必須是一種停留在某個高點的狀態，它不能改變，一旦改變就不完美。」所以人是不能停下來的，只有死亡才能把你的幸福凝結在這一刻，只要你活著，人生就不會是終局，你永遠要預期有下一個改變，就像「水之9—懶惰」牌圖中，男人背後開始碎裂的世界。以房子來說，剛裝潢好又新又美麗，但是房子需要去住去使用，如果你希望它永遠維持在最美的狀態，唯一的方法就是不要居住；但如果你不住，又為什麼要裝潢呢？所以每一次的成果，都只是下一段旅程的基礎。在塔羅牌系統中，這種覺得「一切都已經走到終點，不會再改變了」的狀況，通常是在水元素10才會出現，但這張禪卡已經把這個性質表現出來了，可能是一種警告意味吧？

數字牌

彩虹之9

時機成熟 *Ripeness*

牌名：時機成熟

· 元素：土。

· 牌圖解說：這些果實看起來熟透了，再不摘取就要掉落到地面；但是就算任它掉落也沒什麼不好，果實埋入土中，果核就會開始長根發芽，變成一株新果樹。不管這些果子是被吃掉或掉到地上，總之它們無法繼續留在樹上了，這個階段已經完成，要進入下一關。

對應塔羅牌的「錢幣9」

牌名：錢幣9

· 元素：土。

錢幣9

這張牌可能是很多女人都嚮往的生活方式，圖中的女人看起來優雅而安適，身邊的一切都恰如其分地包圍著她。畫面中她只有一個人，代表她的生活都是按照自己既定的規律，不需要配合他人，雖然看起來不夠圓滿完整，但是對她本身來說，這已經是一個最佳的狀態了。「錢幣9」又叫「小貴婦牌」，圖中女子身上的衣服布滿金星符號，金星代表維納斯，也就是愛、美、和平，這代表她是一個不愁金錢、品味高雅、外型美麗的人；換言之，一般女人最重視的條件她都擁有了，在這個狀況下，她雖然並不排斥其他人進入她的生活，但因為她對自己目前的生活非常滿意，所以要她改變狀態來配合別人是不太可能的。不管是婚姻對象或朋友，都要能融入她的生活圈，因此她遇到理想對象的機會會比較少。這張牌對金錢、工作、健康運都很好，獨獨是愛情運差了一點，但通常都是當事人本身不想改變現況，並非沒有追求者出現。

土元素是財富象徵，而且是需要長時間經營的，數字9就代表時間已經過很久，一個階段「快要」完成了。所以土元素的錢幣加上數字9，代表之前的努力及踏實，已經把資產（土元素）累積得夠多，一切已經成形，努力有了部分的成果，是可以開始享受並繼續往下累積的時刻了。

彩虹之9——時機成熟

我們可以把這張禪卡想成是彩虹系列上一張奇數牌——「彩虹之7—耐心」的下一步；在「彩虹之7」中，一切都還在醞釀、尚未成形，需要時間來讓每個部分都成熟，才能結出一個最恰到好處的成果；而到了「彩虹之9」，代表所需要的步驟及程序都已經歷完成了，時機已成熟。以想做生意的人來說，第一桶金已經儲備好了，可以藉著這些資源再去成就更大的可能性。

不管在塔羅牌或奧修禪卡，土元素9都可以代表「個人階段」的成熟，同樣都呈現一種「穩定」的狀態。但塔羅牌的「錢幣9」是趨向「越來越穩定」，到了下一張牌「錢幣10」，才會透露出「完整」的意味；而奧修禪卡的「彩虹之9—時機成熟」，它的穩定已經包含了完整的意味在內，不但已經完成了這個階段所有的工作，也要開始用累積下來的經驗，開始另外一段旅程了。

因為錢幣代表的土元素是堅固、穩定的，所以「錢幣9」牌圖中的小貴婦，對於自己長期努力累積下來的優渥生活非常滿意，希望一直維持現況不要改變。但彩虹的土元素是代表物質世界的變化和多彩多姿，因此「彩虹之9」並不打算穩定地過同樣的日子而不改變，反而會想看看這個階段已經完成了，那麼下一個階段是什麼？接下來的人生又會有什麼樣的變化？

●有些事情不能重來，所以每個時刻都要好好過

果實已經熟透，一是等人摘下來吃到肚子裡，這也是它的另一個轉變；一是自然掉落到地面，也許被土壤吸收變成養分，也許被路過的動物吃掉，然後開始它接下來的旅程。「彩虹之9—時機成熟」牌圖上的果子，不管是掉在地上腐爛或被吃掉，終究都會消失，但是以奧修觀點來說，這才是一個完美的句點。雖然果實看起來像是快結束了它的生命，但是這種結束的方式卻代表它徹底完成了一顆果實該經歷的所有階段，它已經完整了，沒有別的事情要經歷了，所以也就到了結束「果實」這個身分的時刻。奧修說過，真正活過的人不會害怕死亡，因為他徹底經歷過，就可以毫不留戀地徹底超越。如果你會為了愛情結束而哀泣，表示你沒有真正愛過；你會恐懼死亡，表示你沒有真正活過。「彩虹之9」中的果實，正因為它徹底存在過，所以它不會害怕最終掉落的時刻。只有一些沒有徹底經歷現在這個階段的人，才會抗拒進入下一個階段。

數字牌組

10號牌

進入到10這個兩位數，等於所有的事情全部完成，有了一個成果，可以知道結局是什麼了。數字10是一個句點、一個最後形成的圓圈，這有兩個解釋的方向：往好的方面說，10等於是到達目的，從此不用再費力忙碌；往負面點的方面來說，10也等於是劃下休止符，而另一個階段尚未開始，原來的情況卻已定型，沒有變化的空間了，所以會有一種僵化的感覺。

數字10出現時，通常代表一個已成定數的局面，如果出現在「未來」位置，恭喜你，這表示事情漸趨圓滿；但如果出現在「過去」位置，代表穩定的局面已是過去式了，現在可能必須要開創另一個可能性，或者要突破某種限制。

10等於事情形成了一個固定形態，而且如果沒有意外，將會持續好一陣子。

水、土等陰性元素遇到數字10，會是一個舒適又滿足的狀態，因為陰性元素一直在過程中累積，為的就是享受這最後的成果；但如果是火、風等陽性元素，遇到數字10就會有麻煩。

因為陽性元素需要不斷前進和改變才能維持存在的形態，一旦已成定局，動態的能量就會失去出口，其中激烈的火元素會讓衝突封在圓圈內，形成內傷；而風元素的速度一旦被10困住，風的形態將不復存在。

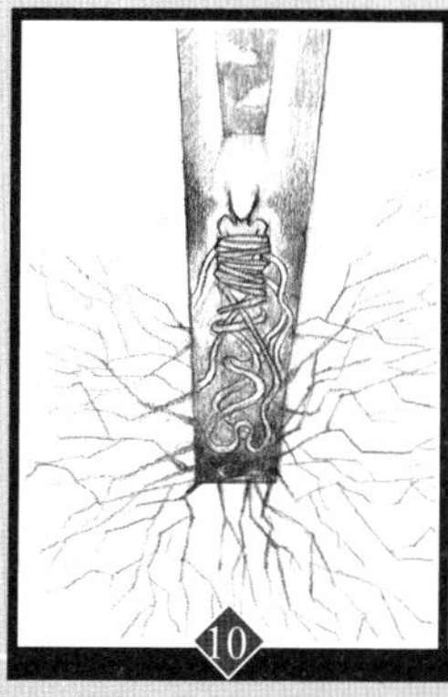

火之10——壓抑

雲之10——再生

水之10——和諧

彩虹之10——四海一家

火之10

壓抑 Suppression

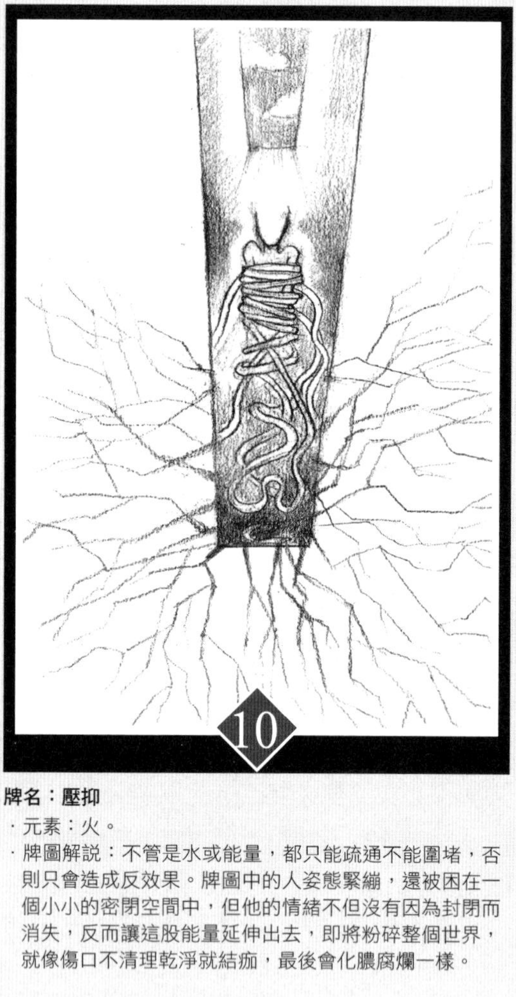

牌名：壓抑

‧元素：火。

‧牌圖解說：不管是水或能量，都只能疏通不能圍堵，否則只會造成反效果。牌圖中的人姿態緊繃，還被困在一個小小的密閉空間中，但他的情緒不但沒有因為封閉而消失，反而讓這股能量延伸出去，即將粉碎整個世界，就像傷口不清理乾淨就結痂，最後會化膿腐爛一樣。

對應塔羅牌的「權杖10」

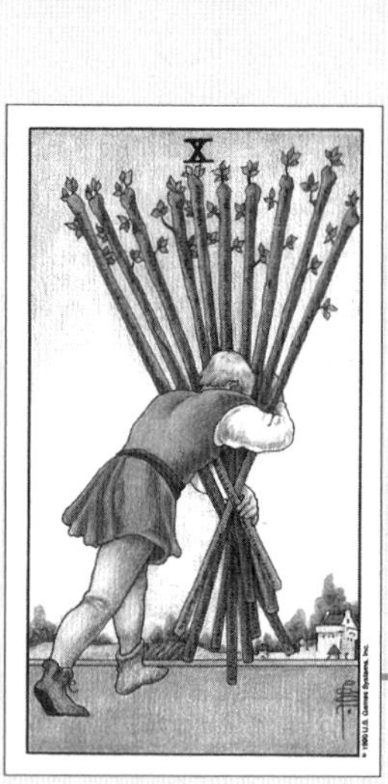

牌名：權杖10

‧元素：火。

權杖10

上一張「權杖9」時，火元素牌的能量已經僅剩最後一道防線了，數字9代表正要往更高一個層次躍進，但又還沒轉化完畢，加上火元素到了後期會比較耗弱，擁有的能量不足以在短時間內轉型成功，所以到了數字10，不但沒有進展到脫離疲軟的狀態，反而承受了更大的壓力。

壓力、束縛、辛苦，是「權杖10」常見的關鍵牌義。我們說過數字10等於一個句點，也是「已成形的圓圈」，就是說數字10的範圍已經劃定了，火元素不能把自己的腳步跨出去。火元素代表熱情、理想、活力和企圖心，一個充滿抱負和野心的年輕人，如果進入一個制式化、僵硬的環境（數字10），想必會受到很大的煎熬，最後不是充滿挫折地離開，就是任由自己的活力一天天削弱，而且一天比一天找不到出路。看看牌圖中的人被十根棍子壓制住，一邊被壓還要一邊抱著這堆棍子走路，這代表體力上的負荷，但又不能放下，因為只要一放手，權杖就會散落一地。這代表一種無法照自己的理想把事情完成，但又不甘心放棄的心態！正是火元素這種不願認輸的心態，才會讓整件事情陷入僵局，如果可以放手，也許事情還簡單一點。這張牌象徵的是壓力不僅來自於外在環境，也來自當事人自己本身某些不知變通的執念。

火之10——壓抑

想像一個正被高溫加熱的密封鍋，底下的火不斷加熱，內部熱氣不斷往上竄，卻沒有任何出口可以疏散這股熱能，最後很有可能導致整個鍋子從內部炸開來。奧修禪卡的「火之10－壓抑」描述的就是這樣的景況，承受的是體力與心理的雙重壓力，除了體力上的疲累外，還有心理上的煎熬，給人更耗損能量的感覺。

現在台灣（甚至於大部分國家）的就業市場，就給人火元素10號牌的感覺，每個人傾盡所能地勞心勞力，只換得基本的生存條件，沒有多餘的資源再讓你做其他選擇。火元素沒有辦法停止下來，又不會輕易放棄或結束，而數字10又是一個「一切已成定局」的情況，這就等於是已經注定沒有結果，所有的努力只是像老鼠跑轉輪一樣徒勞無功。至於第三世界的貧民也一樣，他們必須先跟有錢人借錢，然後用這筆錢謀生，但獲利通常只夠溫飽一天，第二天又必須再借本錢，永遠沒有脫身的一天。這種承受莫大壓力，卻連放棄都沒辦法的狀況，就是火元素10號牌性質的最好寫照。

● 壓抑讓你逃無可逃，你要為潛在的爆發尋找一個出口

奧修禪卡與塔羅牌相對應的這一組牌，兩張牌中的人頭都被壓得低低的，其相同點是壓力、沒有出口、無力掙脫；但兩者又有何不同點呢？看看「火之10—壓抑」牌圖的下方及兩旁都有明顯裂痕，特意點出了一個地方：所有的怨懟和失望不會就這樣憑空消失，它們只是被壓抑、被遺忘或被刻意忽視，但潛意識中仍舊會把這些情緒累積起來，一旦承受不了就會像高溫鍋子一樣被炸開。

《奧修禪卡》一書是用「發瘋」來形容這種狀況，並建議以靜心來對治。當然這是我們自己一個人時可以有的選項，但如果規模擴大到「群體」的鍋蓋炸開，失去理智，就是暴動的開始。歷史上每個例子，不管是政府、企業或體制，都終究會被火元素10最後的爆發給炸毀，然後又開始一個新的循環。與其等到最後的爆炸，不如早點開個宣洩口，因為一般人只要稍有餘裕得以喘息一下，通常不會願意改變現有的局面，畢竟人更害怕面對未知。只是所有的既得利益者，好像都不太懂得怎麼給人留餘地，所以「火之10」後半段——裂痕爆開後的狀況，在這個世界上恐怕會一次又一次地無限循環。

數字牌

雲之10

再生 *Rebirth*

牌名：再生

‧元素：風。

‧牌圖解說：駱駝代表沒有睜開雙眼的愚昧的人，會跟著大眾腳步行走，也會人云亦云。獅子代表自我的意志，以及掌控一切的能力；但是掌控到了最後，會發現一切萬物自有它的規律，不需要花力氣去維護。最後新生的小孩，就用最純淨的心去經驗這個世界，不再受困也不再試圖操控。

對應塔羅牌的「寶劍10」

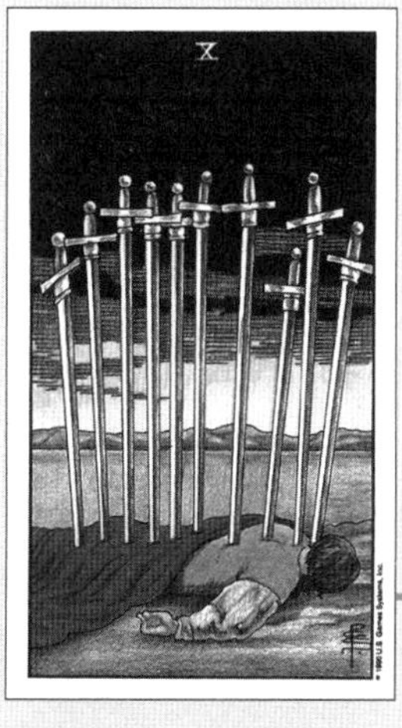

牌名：寶劍10

‧元素：風。

寶劍10

一般來說，「寶劍10」都不是什麼好牌，光是畫面上被十把劍釘死在沙灘上的景象就夠可怕的了，這不是垂死，而是死透了。但我不得不說，上一張「寶劍9」的焦慮和煩躁已到了幾乎要發瘋的狀況，相較之下，「寶劍10」至少有一種平靜的感覺；而且他的死亡並不是血淋淋的，只是沒有任何掙扎的機會，一切都已蓋棺論定了。就某種意義來說，圖中遠方有曙光展現，新的一天又要開始，至少最痛苦的時刻在這張牌中沒有看到，那個時刻已經在「寶劍9」中出現，也就是已經過去了。

所有事物的極點，其實是在數字9而非數字10，因為10是定局，既然沒有什麼好掙扎的，風元素的煩惱就不存在了。這就像我們去法庭旁聽，最焦慮的時候一定是等待宣判前，宣判一完，不管結果如何，焦慮已經不再了。有一段話說得好：「如果事情往好的方向發展，你就不用煩惱；如果事情往壞的方向發展，你煩惱也沒有用。就是事情不利卻又有希望，煩惱才是最多的。」而「寶劍10」，就是那個不用煩惱或煩惱也沒用的時刻了。這很符合風元素加上數字10的含意，因為動態的風元素缺乏目標又過於善變，一旦被數字10框住，不會像火元素那樣努力衝撞，而是會直接被消滅。

雲之10──再生

風元素10的豁然開朗（或說是萬念俱灰）的性質，在奧修禪卡中已經表現在「雲之9」的階段了，所以在「雲之10─再生」中，主要的含意就是進入一個新時刻新階段。這張禪卡的牌圖也感覺有意境且愉快多了，象徵我們一層一層地蛻變和成長，每一次的死亡就是下一次的重生，只是這個過程並不輕鬆，仍舊要經歷過不少教訓才能達成。

《奧修禪卡》一書對「雲之10」的解說是：「這張卡描繪的意識進化，可在尼采的《查拉圖斯特如是說》（*Also sprach Zarathustra*）一書找到。他談到三個層面：駱駝、獅子和小孩，駱駝是昏睡的、無趣的、自我滿足的。他生活在妄想裡，以為他是山峰，但是事實上他非常介意別人的意見，幾乎沒有任何屬於他自己的能量。從駱駝裡面脫穎而出的是獅子，當我們了解到我們一直在錯失生命，就會開始對別人的要求說『不』。我們脫離群眾，單獨而驕傲，吼出我們的真理，但這還不是終點。到了最後有小孩出現，既不是順從的，也不是叛逆的，而是天真和自發性的，並對他自己的本性很真實。」（這一段比喻，被稱為尼采的「精神三變」論述）。

●每一個階段的結束，就是下一個階段的開始

「雲之10」是風元素牌，象徵的是心智方面的進化，所以尼采的「精神三變」說法最適合用於風元素牌。從塔羅牌的「寶劍10」可以看出，風元素10號牌被認為是徹底的毀滅，所以這張牌常有「哀莫大於心死」的牌義關鍵字；但是往好的一面看，風元素也代表價值觀和理念，如果能勇於推翻自己的理念和價值觀，那麼心智上的成長一定會比其他任何層面的成長都來得有幫助。因為心智上的突破，本來就是所有層面中最難突破的一個區塊。

任何進化都必須付出代價，你想要生出新的想法、接納新的信念，你就要推翻掉舊的想法和信念，就像乳牙必須掉落，才有空間容許恆齒長出一樣。只是我們都會留戀舊有的事物，如果放手得太乾脆，就好像在否定從前的自我一樣。現在非常流行所謂的「吸引力法則」——所有的事物都是被自己的想法吸引過來的；但這只說對了一半，經由我們自己實驗結果，顯示出「發射出一個好的信念之前，要先清掉先前舊有的負面信念。因為負面的情緒和信念會造成阻力，讓好信念的吸引力無法發揮預期效果」。而「雲之10—再生」所描述的，就是每一個舊有的信念被突破後，新的正面信念就會創造出更美好的下一個階段。

水之10

和諧 Harmony

牌名：和諧

- 元素：水。
- 牌圖解說：海豚的頻率對人類有療癒作用，會使人放鬆及愉悅。這張牌中的海豚從心輪游到眉心輪，代表心情的平靜帶來頭腦的寧靜，是真的代表了可以放鬆、到達一個安全地帶的牌。人跟海豚是不同種族的生物，但在這個時刻，一切的差異性都不存在，「分別心」也在這種關係中消溶掉了。

對應塔羅牌的「聖杯10」

牌名：聖杯10

- 元素：水。

聖杯10

通常不管什麼問題，抽到「聖杯10」總會讓人鬆了一口氣。這張牌不只是快樂幸福，還是一種整體性的圓滿，而且這種狀態應該是可以長期保持下去的。上一張的「聖杯9」代表的是衝到某個頂點——比如情感、喜悅達到高峰，只是一個短暫片刻性的極樂，終究不是常態；但是「聖杯10」不同，聖杯的水元素同樣代表愉悅的情感，而數字10是穩定、進入另一個有未來性的階段，所以這張牌可以說是「高原期」，爬到某個頂點後可以持續用同樣高度往前進，平穩且不易改變。因此，「聖杯10」的快樂雖然不如「聖杯9」的強烈，也沒有「聖杯9」那樣戲劇化，卻多了一份安定及滿足。

在「聖杯9」的階段，我們重視的是個人的感覺，在我們自己達到某個顛峰或實現某個夢想時，欣喜雀躍是可想而知的。但是這種快樂只屬於我們自己獨享，我們的成就、夢想可以感染他人，卻終究是我們自己的成績單，無法轉讓給他人。這就很像修行的人，內在靈性如果突破只能是自己的，別人不能遵循你的方式來修行，也無法體會你看到的境界。但「聖杯10」的喜悅和圓滿是整體的，沒有大起大落，它代表的不只是你個人的幸福快樂，你的朋友家人也都跟你處在同樣的幸福狀態下，雖然缺乏亢奮的情緒，但是平靜的幸福比激昂的情感更能持久也更真實。

水之10——和諧

這張禪卡呈現出來的不是人與人之間的和諧圓滿，而是人跟海豚之間的，代表這張牌所關心的「整體」，不再只限於身邊看得到的人，還擴展到其他物種身上，是一種真的跟整個世界都能和平共存的感覺。這樣的好處是，「聖杯10」常有的那種無趣感，不會在「水之10」中出現，反而是「聖杯9」的顛峰狀態會在「水之10」中變成一種長期的延續性質，因為我們的精神層次一旦提高，體驗過後就不太可能再走回頭路了。

海豚可以說是這張禪卡的重心，海豚對身心靈領域的人來說是很特別的動物，在海洋生物中，智商最高的就是章魚和海豚，智力約是七到九歲的人類。但重點不在於智商，因為海豚對於「數據類資料」的容載量比靈長類低，但腦部神經元及迴路卻比靈長類多，所以海豚的聰明不是在理性的智商方面，而是情感智商。眾所皆知，海豚是一種有靈性及有語言組織能力的動物，所以在身心靈界，海豚常常被視為「療癒」的典型象徵，甚至在國外「與海豚共泳」還是一種常見的治療方式。據說海豚的頻率可以為人類帶來「和諧」的波長，「海豚療法」尤其在自閉症孩童身上更顯成效。

●調整好自己的頻率，可以跟自己相處良好，自然也能跟外界融洽共處

牌圖中的海豚從人的「心輪」出發，蜿蜒游到「眉心輪」位置，心輪代表與他人的互動及對外界的慈悲；而眉心輪代表一個人的洞察力和直覺。海豚把心輪溫柔的喜悅，帶進了聰明但孤僻的眉心輪位置，就等於把整體的意識帶入個人的意識之中，讓個人的思考及眼界，能以「心」為出發點，那就是一種慈悲了。牌圖中的這個人透過海豚的幫助，將可擴大自己的意識範圍，並跟整個世界的意識起共鳴。

在奧修禪卡中，水元素不僅僅是感情，還代表了人類的大愛和善念；而數字10的整體，也不僅局限在人類社會的層次，10代表的是整個地球的一體性，所以我們如果能夠突破人與人、甚至物種與物種之間的限制，就可接收到他（牠）們的感受，也就不會做出傷害他人的事。因為只要我們的意識夠清明，就可以察覺到，如果我們傷害他人，也就等於在傷害自己。因此「水之10—和諧」代表著：如果你可以跟自己和平共處，就可以跟整個世界和平共存，如果你帶著善念對待他人，也可以回過頭來影響自己內心的狀態。因為我們和外界的關係，都是從自己的內心投射出去的，人跟宇宙是一體的，如何對待他人就等同如何對待自己。

數字牌

彩虹之10

四海一家 We Are The World

牌名：四海一家

・元素：土。

・牌圖解說：不同顏色的人群剪影圍成一個完整的圓圈，代表不同族群的兼容並蓄。這些人的姿態愉快且活躍，表示對自己身為群體的一份子都很滿意。這張牌代表你的存在不只是你一個人的事，有許多的人編織出一個社會系統，才能讓你安然地身處其中。我們個人的好壞，就代表了群體的好壞，這是無私的一張牌。

對應塔羅牌的「錢幣10」

牌名：錢幣10

・元素：土。

錢幣10

「錢幣10」明顯的就是一張豪宅牌，一家三代加上寵物都同堂，在「家庭的硬體構造」（房子）及「家庭的功能性」（成員齊全）這兩方面都很完整。土元素和水元素都是陰性元素，都有包容和承載的特質。但是水元素比較偏向情感上的支持，所以「聖杯10」強調的是親情上的融洽；土元素則比較偏向實質上的支持，所以「錢幣10」強調的是家庭的良好經濟狀況、家人間的緊密關係（先不管相處模式如何）。此外，如果家庭功能健全，還可以成為個人的靠山，或是背後支持的「資源」。以這種角度來看，「錢幣10」代表的就不只是家庭，而是整個家族了。

牌圖中左邊的白髮長者，身上穿的衣服和「錢幣國王」一樣都畫滿了葡萄（畫面出現葡萄或果實，都代表「富裕」），葡萄可以釀成葡萄酒，是經濟價值非常高的農作物，所以可以被當成「經濟實力」來看待。另外，這張牌也有一種「終於到達目的地」及「身處其中」的感覺，前面九個數字的錢幣牌，雖然都是土元素，但都還在路上，一直要到10號牌抵達終點，這份收穫才算是安穩入袋了。對照上一張「錢幣9」的小貴婦牌，「錢幣10」的基礎更雄厚了，就像是一家公司變身為財團了。

彩虹之10——四海一家

「四海一家」這個名稱，明顯的就是土元素10「由個人推展到社會整體結構」的性質，除了構圖是一群人手牽著手圍繞地球之外，值得注意的地方還有：人群的色調也分成四個部分，就像「火之4」的色彩一樣，這代表所有的人雖然合作無間，但每個人的性質各有不同，就是因為有各種不一樣的才華、性格、行為模式，才能組合出一個多元化的整體（四個顏色的接觸面，混合色也出現了，這代表不同顏色的人之間，是彼此連結的）。這讓我想到常常在書上看到的一段話：「無數個不完美的人，才能組成一個完美的整體。」這句話用在「彩虹之10—四海一家」這張禪卡上，真是再貼切不過了。

• 無數個不完美的人，才能組成一個完美的整體

人是群居動物，在社會上，個人的獨特性和自我固然重要，但是每一個個人，都還是整體社會的一個單位。我們的食衣住行都得靠各方面不同的專業人士來提供，整個社會才能良好運作。

回到上一張牌「彩虹之9」，對照起來就可感受到這兩張禪卡的因果關聯，在「彩虹之9」中，成熟的果實是靠整棵樹來供養，但果實的形態不能一直生存下去，因為這個形態只是個過程，就像我們常聽到的「取之於社會，用之於社會」，最後不管果實是被吃掉或被土壤吸收，它都是滋養了其他的生命，並跟所有存在這片土地上的植物有了連結。

彩虹的土元素是一種三次元生命的演出，數字10等於這種生命的全體。就像我們認為自己是一個人，我們就是標準的獨立單位，但實際上我們的器官也都是獨立個體，甚至縮小到每個細胞也一樣。由此可知，每個微小個體都是更大個體的一份子，而且都是組成世界或宇宙的其中一個小小分子。這張「彩虹之10—四海一家」的歡欣鼓舞，其實給了我們很大的啟示：我們之所以會想跟整個世界對抗，之所以會有不安和焦慮、之所以會自私自利，都是因為我們以為自己跟整個宇宙是分離的，跟其他人是沒有關係的，所以必須你爭我奪。但如果我們可以意識到，自己和其他人都是在一個整體之內，當你可以放下分別心時，你就會發現整個世界都是互相依存、無分彼此的。既然沒有人可以孤立或傷害你，這時你會更明白不需要為了自己的生存，而把所有外界的人事物都當成是威脅。相反的，整個世界都是你的支持者，你不只是你自己，你是偉大整體中的一份子。這種歸屬感和真正的平和寧靜，比起「錢幣10」的物質資源，更像是真正可靠的財富。

BM0028

奧修禪卡占卜書

──以塔羅元素為鑰，貫穿靈性與現實兩層面的終極占卜

作　　者　天空為限
責任編輯　于芝峰
特約主編　莊雪珠
封面設計　小子
內頁構成　舞陽美術・張淑珍
插　　畫　張心語
校　　對　莊雪珠、魏秋綢

發 行 人　蘇拾平
總 編 輯　于芝峰
副總編輯　田哲榮
業務發行　王綬晨、邱紹溢、劉文雅
行銷企劃　陳詩婷
出　　版　橡實文化ACORN Publishing
地址：231030新北市新店區北新路三段207-3號5樓
電話：（02）8913-1005　傳真：（02）8913-1056
網址：www.acornbooks.com.tw
E-mail：acorn@andbooks.com.tw
發　　行　大雁出版基地
地址：231030新北市新店區北新路三段207-3號5樓
電話：（02）8913-1005　傳真：（02）8913-1056
讀者服務信箱：andbooks@andbooks.com.tw
劃撥帳號：19983379戶名：大雁文化事業股份有限公司

印　　刷　中原造像股份有限公司
初版一刷　2013年 7 月
初版15刷　2024年 3 月
I S B N　978-986-6362-75-0（平裝）
定　　價　360 元

國家圖書館出版品預行編目(CIP)資料

奧修禪卡占卜書：以塔羅元素為鑰，貫穿靈性與現實兩層面的終極占卜 / 天空為限作. -- 初版. -- 臺北市：橡實文化出版：大雁文化發行, 2013.07
336 面；17 x 23 公分
ISBN 978-986-6362-75-0 (平裝)

1.占卜

292.96　　102005925